Die missionarischen Herausforderungen
unserer Kirchen in der säkularisierten Gesellschaft

Beihefte zur Ökumenischen Rundschau Nr. 131

Petra Bosse-Huber | Daniel Benga | Wolfram Langpape (Hrsg.)

Die missionarischen Herausforderungen unserer Kirchen in der säkularisierten Gesellschaft

XV. Begegnung im bilateralen theologischen Dialog zwischen der EKD und der Rumänisch-Orthodoxen Kirche

EVANGELISCHE VERLAGSANSTALT
Leipzig

Bibliographische Information der Deutschen Nationalbibliothek
Die Deutsche Nationalbibliothek verzeichnet diese Publikation in der Deutschen Nationalbibliographie; detaillierte bibliographische Daten sind im Internet über http://dnb.dnb.de abrufbar.

Printed in Germany

Das Buch wurde auf alterungsbeständigem Papier gedruckt.

Cover: Kai-Michael Gustmann, Leipzig
Satz: Steffi Glauche, Leipzig
Druck und Binden: Hubert & Co., Göttingen

ISBN 978-3-374-06809-8 // eISBN (PDF) 978-3-374-06810-4

www.eva-leipzig.de

Vorwort

Die 15. Begegnung zwischen Vertretern der Rumänischen Orthodoxen Kirche und der EKD fand unter dem Thema »Die missionarischen Herausforderungen unserer Kirchen in der säkularisierten Gesellschaft« statt. Dieses Thema greift die Ergebnisse früherer Dialogbegegnungen unserer Kirchen, insbesondere diejenigen der Jahre 1985, 1998 und 2014, wieder auf.[1] Die Absicht dieser Dialogrunde war die Vertiefung, das Weiterdenken und die neue Betrachtung der früheren Dialogergebnisse im aktuellen europäischen Kontext, der ständig neue Herausforderungen für die Mission der Kirche stellt. Der Austausch von best-practice-Beispielen im Umgang mit der Säkularisierung in den beiden Kirchen war auch eine wichtige Komponente bei dieser Begegnung.

Als Einführung in diese Dialogbegegnung möchten wir die zentrale Diskussionslinie skizzieren, die sich bei der Behandlung des Themas durch die einzelnen Vorträge hindurchzieht und die oft nicht entlang der Konfessionsgrenzen, sondern vielfach quer zu ihnen verläuft. Dem vorausgehend soll jedoch auf eine grundlegende Gemeinsamkeit verwiesen werden, die die Basis der gemeinsamen Behandlung der Themenstellung bildete: Mission wird übereinstimmend verstanden als *missio Dei*, als ein Handeln Gottes, innerhalb dessen der Christ als Einzelner und die Kirche in ihrer Gesamtheit ihren Beitrag leisten, das aber nicht durch das menschliche Handeln konstituiert ist. Diese Gemeinsamkeit kommt in der gemeinsamen Absage an die Vorstellung von Mission als einer Größe menschlicher Machbarkeit, die durch Zwang oder Macht über die Gewissen ausübbar wäre, zum Ausdruck. Der Erfolg von Mission wird erhofft und im Gebet

[1] Für eine weiterführende themengeschichtliche Darstellung sei auf den Beitrag von Prof. Dr. Viorel Ioniță in diesem Band verwiesen.

erbeten, die Akteure der Mission sind selbst Hörende desselben Wortes, das sie verkündigen, auch sie sind Teilhabende an den Lebensvollzügen der Kirche in Liturgie und Gebet, zu deren Teilhabe sie in der Mission aufrufen, auch sie sind auf die tägliche Verwandlung durch Wort und Geist Gottes angewiesen, ebenso wie die Menschen, zu denen sie im Vollzug der Mission sprechen. In Summe könnte man diese grundlegende Gemeinsamkeit beschreiben in dem Satz: Mission ist Bitte um das Kommen des Heiligen Geistes, um die Herzen der Menschen zu erneuern und verwandeln.

Die divergierende Gesprächslinie, die sich ausgehend von diesem fundamentalen Konsens durch die Vorträge dieser Tagung zieht, betrifft unserer Wahrnehmung nach insbesondere die Frage, ob Mission eine Handlungsrichtung hat, die sich unmittelbar gegen Säkularisationsprozesse richtet, oder ob sich Mission grundsätzlich unter den Bedingungen von Säkularität, die sie nicht aufzuheben versucht, vollzieht. Dabei ist jedoch die Wahrnehmung wichtig, dass der Begriff »Säkularität« in den verschiedenen Vorträgen eine große Bandbreite abweichender inhaltlicher Bestimmungen erfährt, die zu einem großen Teil auch historisch bedingt ist:

Unsere Kirchen haben in der Vergangenheit sehr unterschiedliche Erfahrungen mit dem Staat gemacht: Auf der einen Seite bringen wir die Erfahrung eines weltanschaulich agierenden Staates mit, der in seiner Religionspolitik offensiv materialistisch Position bezogen hat und repressiv die Religionsausübung behinderte, mit allem Leid, das die Kirchen in solchen weltanschaulichen Staaten erfahren haben. Auf der anderen Seite kommen wir mit der langjährigen Erfahrung eines weltanschaulich neutralen freiheitlichen Staates, der die Tätigkeit der Religionsgemeinschaften als einen konstitutiven Beitrag zur Sinnstiftung, die er selbst nur begrenzt leisten kann und will, wahrnimmt und daher ein kooperatives Verhältnis zu Kirchen und Religionsgemeinschaften einnimmt. So gehört zu den Früchten dieser Begegnung die Einsicht, dass es nicht den einen Begriff von Säkularität geben kann, der sich auf die verschiedenen Epochen und Weltgegenden anwenden ließe. Was als Inhalt von Säkularisierungsprozessen verstanden wird, ist untrennbar verbunden mit der eigenen geschichtlichen und gesellschaftlichen Erfahrung. Wenn die Vorträge dieser Dialogbegegnung also sehr unterschiedliche Verhältnisbestimmungen von Mission und Säkularität zeigen, so spiegelt dies in hohem Maß auch die divergierenden inhaltlichen Bestimmungen des Begriffs von Säkularität wider: Wird Säkularisierung verstanden als die Ausbreitung eines Materialismus, der als Antwort auf alle Fragen und Probleme nur noch materielle Mittel kennt? Wird sie verstanden als Verlust der breitenwirksamen

Prägekraft des christlichen Glaubens, der neuen religiösen Formen und neuen Formen der Selbsttranszendierung Raum gibt? Oder besteht sie aus dem Rückzug des liberalen Staates aus der geistlichen Gesetzgebung, der konstitutiv ist für die Freiheit der Religionsgemeinschaften? Diese unterschiedlichen Bestimmungen spiegeln sich wider in den Zielvorstellungen missionarischen Handelns der Kirche: Zielt es auf Verständigungsprozesse, die eine versöhnte Verschiedenheit herstellen möchten, die gerade als Vorbild gelingender Gestaltung von Pluralität in die Gesellschaft hineinwirken können, oder will es eine Refokussierung der gesellschaftsinhärenten Suche nach Sinn auf den Inhalt christlicher Verkündigung und damit eine Begrenzung zunehmender Pluralisierungsprozesse erreichen? Die Antworten auf diese Fragen müssen sich wechselseitig nicht ausschließen. Besonders interessant ist aber, dass sich diese unterschiedlichen Zielsetzungen im vorliegenden Dialog gerade nicht auf die Autoren der verschiedenen Konfessionen verteilen lassen, sondern dass das Spektrum im Umgang mit Pluralität sich nicht mit den Konfessionsgrenzen in Deckung bringen lässt. Dasselbe lässt sich zeigen in der Frage, ob wir uns derzeitig in einer fundamentalen Krise des Christentums oder in einer Zeit großer Chancen und Möglichkeiten befinden. Während des Dialogs haben die orthodoxen Theologen die weitverbreitete Ansicht relativiert, dass die orthodoxe Theologie die Moderne nur als ein negatives Phänomen betrachtet habe und betrachten könne.

So lassen sich gerade in der Vielstimmigkeit der vorliegenden Vorträge gemeinsame Überzeugungen herausstellen:

Auf beiden Seiten der Konfessionsgrenzen wird die Rolle der Kirche und ihrer Tradition als Deutungsgemeinschaft der Heiligen Schrift zur Sprache gebracht, die eine Wahrnehmung der Pluralität der eigenen religiösen Quellen zulässt und sie als in einer Deutungsgemeinschaft ausgelegte Quellen dennoch gerade nicht der Beliebigkeit oder dem Individualismus preisgibt.

Unabhängig von den verschiedenen Bewertungen gesellschaftlicher Pluralität kommt im vorliegenden Band die gemeinsame Überzeugung zur Sprache, dass die Säkularisierungsprozesse der Gegenwart es verbieten, die eigene Kirche als einen unveränderlichen monolithischen Block zu sehen, der unabhängig von den Bedingungen der Gegenwart von den Christen zu allen Zeiten in gleicher Weise aufgesucht würde, sondern dass es heute mehr denn je notwendig ist, in die Lebensbedingungen der Menschen hineinzublicken und sie in ihrer je eigenen Situation aufzusuchen. Mit in diesem Band abgedruckten Worten von Metropolit Serafim: Wer heute im Namen der Kirche Mission ausübt, muss »auf die Suche nach den Gläubigen gehen, und zwar dorthin, wo sich diese befinden: zu Hause, im Krankenhaus, am Arbeitsplatz, auf der Straße ...«

Der im Jahre 1979 begonnene Dialog zwischen der Evangelischen Kirche in Deutschland und der Rumänischen Orthodoxen Kirche zeichnet sich aus durch die gemeinsame Erfahrung und ein über 40 Jahre hinweg gewonnenes Vertrauen. Obwohl die Mitglieder der beiden Delegationen immer wieder gewechselt haben, haben sich die Dialogteilnehmenden im 40. Jubiläumsjahr über die geschwisterliche, vertrauensvolle und offene Atmosphäre gefreut. Die von Gebeten gerahmten Begegnungen, die Exkursionen in die verschiedenen Gemeinden und Klöster und allgemein die Möglichkeit der Teilnahme am vielfältigen kirchlichen Leben der anderen Kirche haben zum Abbau vieler Vorurteile geführt und eine wesentliche Rolle beim gegenseitigen Kennenlernen gespielt. Die Leiter und die Mitglieder der beiden Delegationen sind dafür sehr dankbar und hoffen, dass die nächsten Dialogrunden zu einer noch tieferen Kenntnis unserer jeweiligen Traditionen führen werden.

Für die Herausgebenden:

Petra Bosse-Huber

Inhalt

Kommuniqué der fünfzehnten Begegnung im Bilateralen Theologischen Dialog zwischen der Evangelischen Kirche in Deutschland und der Rumänischen Orthodoxen Kirche (Goslar XV)

I.

Vom 29. Juli bis 01. August 2019 fand die 15. Begegnung im Bilateralen Theologischen Dialog zwischen der Evangelischen Kirche in Deutschland und der Rumänischen Orthodoxen Kirche (Goslar XV) zum Thema »Die missionarischen Herausforderungen unserer Kirchen in der säkularisierten Gesellschaft« statt. Hierzu hatte die Rumänische Orthodoxe Kirche ins sozial-pastorale Zentrum »Heiliges Kreuz«, Kloster Caraiman, Buşteni, eingeladen.

Das Treffen fand im 40. Jubiläumsjahr des Dialogs statt.

An der Begegnung nahmen die folgenden Personen teil:

Delegation der Evangelischen Kirche in Deutschland

Bischöfin Petra Bosse-Huber, Leiterin der Abteilung Ökumene und Auslandsarbeit im Kirchenamt der EKD, Hannover (Delegationsleiterin)
Pfr. Prof. Dr. Bernd Oberdorfer, Augsburg
Dekanin Birgit Schlegel, Groß-Gerau-Rüsselsheim
Oberkirchenrat Dirk Stelter, Kirchenamt der EKD, Hannover (Koordinator)
Pfr. Prof. Dr. Henning Theißen, Greifswald
Pfr. Philipp Walter, Schönau-Rumbach
Prälaturpfarrerin Senta Zürn, Reutlingen

Delegation der Rumänischen Orthodoxen Kirche

Metropolit Dr. Serafim von Deutschland, Zentral- und Nordeuropa (Delegationsleiter)
Pr. Prof. Dr. Daniel Benga, München/Bukarest (Koordinator)
Pr. Prof. Dr. Dr. h.c. Viorel Ioniţă, Genf/Bukarest
Pr. Prof. Dr. Ioan Moga, Wien
Pr. Prof. Dr. Constantin Pătuleanu, Bukarest
Pr. Prof. Dr. Stelian Tofană, Klausenburg
Pr. Prof. Dr. Ioan Tulcan, Arad
Pr. Prof. Dr. Ioan Vicovan, Jassy
Pr. Assist. Dr. Cosmin Pricop, Bukarest

Gäste

Pfr. Dr. Matthias Binder, Marburg
Pfr. Dr. Hans Bruno Fröhlich, Schäßburg
Pfn. Dr. Dagmar Heller, Bensheim
Vikar Benedikt Jetter, Backnang
Pfr. Prof. Dr. Stefan Tobler, Hermannstadt

II.

Zu dem Thema »Die missionarischen Herausforderungen unserer Kirchen in der säkularisierten Gesellschaft« wurden die folgenden Referate gehalten:

Metropolit Serafim
»Die Koordinaten der christlichen Mission im heutigen Europa«

Pr. Prof. Dr. Viorel Ioniţă
»Ergebnisse der bisher geführten Gespräche zu Fragen der Mission und der Säkularisierung im Dialog zwischen unseren Kirchen«

Bischöfin Petra Bosse-Huber
»Mission aus evangelischer Perspektive«

Pr. Prof. Dr. Stelian Tofană
»Die Mission des Wortes Gottes in einer säkularisierten Welt. Eine biblische Perspektive«

Pfr. Prof. Dr. Bernd Oberdorfer

»Sola Scriptura? Das protestantische ›Schriftprinzip‹ und seine Präsenz im Leben und in der Verkündigung evangelischer Kirchen in posttraditionaler und (post-?)säkularer Gesellschaft«

Pfr. Prof. Dr. Henning Theißen

»*Leiturgia*, *martyria*, *diakonia* – Stichwörter zur Freiheit der Kirche in der (post-)säkularen Welt«

Pr. Prof. Dr. Daniel Benga / Pr. Prof. Dr. Ioan Moga

»Ecclesia in saeculo. Geschichtlich-patristische Betrachtungen über die Kirche in der säkularisierten Welt«

Dekanin Birgit Schlegel / Pfr. Philipp Walter / Prälaturpfarrerin Senta Zürn

»Praktische Herausforderungen kirchlicher Arbeit heute. Drei Perspektiven«

Pr. Prof. Dr. Ioan Tulcan / Pr. Prof. Dr. Constantin Pătuleanu

»Missionarische Strategien der Rumänischen Orthodoxen Kirche in der säkularisierten rumänischen Gesellschaft. Theologische und praktische Aspekte«

Metropolit Serafim eröffnete die Dialogbegegnung mit einem Einführungsreferat, in dem er die Koordinaten der Mission im heutigen Europa darstellte. Der Metropolit unterstrich die Tatsache, dass die Mission der Kirche in erster Linie den verlorenen Schafen gilt, denen jede spirituelle Orientierung fehlt. Das heutige pastorale Wirken richtet sich nicht mehr in erster Linie an Massen von Gläubigen, die fromm dem Wort des Priesters lauschen, sondern es ist heute eine sehr persönliche Pastoral und Seelsorge, die sich an den Gläubigen als Einzelnen richtet. Der Orthodoxen Kirche steht in dieser Hinsicht das Sakrament der Beichte zur Verfügung.

Ebenso wurde betont, dass die christliche Missionsaufgabe nicht nur dem Priester zuzuordnen ist, sondern der ganzen Pfarrgemeinde. Die Gläubigen werden angezogen von Gemeinden, in denen der Priester sich als wahrer Hirte erweist, der mit Herz und Seele für seine Gläubigen da ist, weil er ein mitfühlendes Herz hat, der für sie betet und sie auf den Weg zum Seelenheil anleitet.

Weiterhin hob der Metropolit hervor, dass der heutige Mensch abstrakter Informationen und wissenschaftlicher Erkenntnisse überdrüssig ist. Vielmehr braucht er ein lebendiges und liebevolles Wort, das sein Herz anrührt. Er braucht Menschen als Beispiele vor Augen, die auf authentische Weise die Liebe Gottes verkörpern, und er braucht offene Gemeinden, die ihn bei seiner spirituellen Suche unterstützen.

Viorel Ioniță rief die Ergebnisse der 14 bis jetzt abgehaltenen Begegnungen des 40-jährigen Dialogs zwischen der Evangelischen Kirche in Deutschland und der Rumänischen Orthodoxen Kirche in Erinnerung. Sie sollten als ein Ganzes betrachtet werden. Diese Ergebnisse ergänzen sich gegenseitig; und auch wenn einige Themen wiederholt wurden, war das keine Wiederholung, sondern eine Vertiefung. So wurden Fragen der Mission wie auch der Säkularisierung in diesem Dialog bereits angesprochen und wurden, sofern sie erneut auftauchten, vertieft und ergänzt. In diesem Sinne könnten die folgenden Fragen bei dieser 15. Tagung Berücksichtigung finden:

1. Aufgrund der bereits diskutierten Aspekte der Mission in diesem Dialog ist zu fragen, wie sich die Mission beider Kirchen als Verkündigung zu ihrer sozialethischen Verantwortung verhält.
2. Beide Kirchen leben und entfalten ihre Mission in säkularisierten Gesellschaften, auch wenn der Stand der Säkularisierung in den jeweiligen Ländern verschieden sein mag. Welche Erfahrungen haben die Kirchen hinsichtlich ihrer Mission durch ihre Auseinandersetzung mit der Säkularisierung bisher gemacht?
3. Welche Methoden der Verkündigung sollen die Kirchen in Anbetracht der säkularisierten Gesellschaft, in der sie ihre Mission entfalten, nutzen?
4. Was können die Kirchen voneinander aus ihrer jeweiligen Auseinandersetzung mit der säkularisierten Gesellschaft lernen?

Bischöfin Petra Bosse-Huber wies darauf hin, dass Mission spätestens seit der EKD-Synode 1999, die speziell Mission thematisierte, ein Querschnittsthema der EKD ist. Leitend sei das Verständnis von Mission als »missio Dei«: Gott selbst ist das Subjekt der Mission, er selbst handelt an allen Beteiligten, sowohl an den vermeintlichen Gebern wie an den vermeintlichen Empfängern. Mission sei mithin als reziprokes Geschehen zu verstehen, das zudem nur global zu denken sei. Weiterhin betonte sie die unauflösliche Verbindung von Mission und Bildung, Mission und Entwicklungszusammenarbeit sowie Mission und Diakonie.

Zwei Anregungen aus der jüngst von der EKD-Kammer für weltweite Ökumene verfassten Publikation »Kirche sein in einer globalisierten Welt. Zur Weggemeinschaft von Mission und Entwicklung« (EKD-Texte 125, Hannover 2015) gab sie weiter:

1. Die Evangelische Kirche in Deutschland soll Lernprozesse unterstützen, die Mission als religiösen Bildungsprozess begreifen. Dies soll in der theologischen Ausbildung berücksichtigt werden.
2. Die Evangelische Kirche in Deutschland soll mehr Menschen für weltweites Engagement motivieren. Die Kirche braucht eine neue Generation von Engagierten.

Stelian Tofană wies darauf hin, dass der nachösterliche Auftrag Jesu (Matthäus 28,19f.), den er den Aposteln gegeben hat, sich hauptsächlich auf den missionarisch-kerygmatischen Aspekt der kollektiven apostolischen Arbeit der christlichen Kirche aller Zeiten und aller Orte bezieht. Diese missionarische Arbeit der Kirche heißt Evangelisierung.

Die Zentralität seines Evangeliums bezieht sich auf die Bemühung der christlichen Kirche, das Evangelium Jesu Christi und seine Person in den Mittelpunkt der Welt und des christlichen Lebens zu stellen (Apostelgeschichte 2,14–41).

Er benannte folgende Ursachen der Unfruchtbarkeit des Wortes Gottes in der modernen Welt:

1. Lektüre des Wortes Gottes ohne Glauben: Das Evangelium als Kraft Gottes wirkt nur in denen, die es glauben (Römer 1,16; 1. Thessalonicher 2,15) und es nicht als einfaches menschliches Wort wahrnehmen.
2. Lesen und Hören des Wortes Gottes außerhalb der Kommunion des Heiligen Geistes und des Gebets: Der Heilige Maximus Confessor sagt: »Der wahre Sinn der Worte des Heiligen Geistes wird nur denen offenbart, die des Heiligen Geistes würdig sind.«
3. Trennung des Wortes Gottes von der eucharistisch-liturgischen Erfahrung: Nach der Emmausgeschichte (Lukas 24) offenbart sich der »Christus des Wortes« vollständig erst im »Christus der Eucharistie«.
4. Trennung des göttlichen Wortes von der Realität des Alltags: Die Geschichte von David und Nathan (2. Samuel 12,1–13) zeigt auf, wie die Ereignisse des täglichen Lebens mit dem Wort Gottes in Beziehung zu setzen sind.
   Nur zentriert auf Christus, den Gekreuzigten, Auferstandenen und Verherrlichten, und sein Wort, kann die heutige Gesellschaft, in ihrer Gesamtheit verstanden, ihre Identität, ihren Wert wiedererlangen.

Bernd Oberdorfer brachte zum Ausdruck, dass die Berufung auf die Heilige Schrift als kritischer Norm und inspirierender Quelle des Glaubens der leitende Impuls der Reformation war. Den Gläubigen sollte die Bibel in verständlicher und zugänglicher Gestalt zur Verfügung stehen (Bibelübersetzung, Bibeldruck). Die Reformatoren stellten sich dabei bewusst in die apostolische Tradition. Gleichwohl blieb die Bibel immer auch ein kritischer und erneuernder Impuls in der Kirche gegenüber der Kirche, z. B. im Pietismus. Auch die historisch-kritische Methode diente der Intention, das Gegenüber der Bibel zur Kirche zu sichern. Dennoch machte die neuzeitliche Entdeckung der Geschichtlichkeit der biblischen Texte die Frage der Autorität der Bibel als Wort Gottes zu einer dauernden Herausforderung.

Für die Gegenwart diskutierte Oberdorfer unterschiedliche Deutungen der Säkularisierung und zeigte beispielhaft auf, wo und wie Fragen der Bibel, ihrer Auslegung und ihrer Autorität auch heute den Protestantismus bewegen. Ein neues Interesse der Kulturwissenschaften an der Narration als anthropologischer Grundstruktur (»Homo narrans«) eröffnet auch neue Chancen dafür, die orientierende Kraft biblischer Narrationen erneut zur Sprache zu bringen.

Henning Theißen behandelte in seinem Referat die kirchlichen Lebens- und Wesensäußerungen von Gottesdienst (*leitourgia*) sowie Zeugnis (*martyria*) und Dienst (*diakonia*) als Ausdruck der Freiheit der Kirche in der säkularisierten Welt. Die Kirchen tragen mit ihrem öffentlichen Beten, besonders in Gestalt der Fürbitte für die Welt, zur Verwirklichung ideeller Güter wie Geschwisterlichkeit und Vergebungsbereitschaft bei, von denen jede Gesellschaft lebt. Die Freiheit öffentlichen Betens beruht auf der Glaubensgewissheit, dass Gott in der Welt am Werk ist, und besteht unabhängig von der konkreten rechtlichen Ordnung einer Gesellschaft.

Die Freiheit der Kirche, mit ihrem Zeugnis und Dienst an einer säkularisierten Welt christliche Werte zu vertreten, beruht nicht direkt auf Gottes Wirken, sondern darauf, dass die Kirchen aufgrund ihrer glaubens- und lebenstragenden Überzeugungen im Hintergrund der vertretenen Werte bestehende Wertekonflikte austragen können, ohne dadurch die kirchliche Gemeinschaft zu gefährden. Das kann in der säkularisierten Welt Beispiel gebend wirken.

Daniel Benga ging in seinem Referat von einigen Merkmalen der Säkularisierung aus: dem autonomen Selbstverständnis des Menschen, der Emanzipation von seiner früheren Gottesbezogenheit, der Leugnung des Schöpfungsglaubens und dem Missbrauch der Schöpfung durch die heutige Konsumgesellschaft. Er präsentierte und analysierte eine Reihe von patristischen Zeugnissen aus den Schriften der Apologeten des 2. und 3. Jahrhunderts, die als Basis für mögliche Antworten der Kirche auf die Herausforderungen der heutigen Säkularisierung dienen können.

Die Aussagen der Kirchenväter der ersten Jahrhunderte fassen das »eucharistische und asketische Ethos« der Orthodoxie zusammen, das in Gebet, Dankbarkeit und asketischer Mäßigung als Gegenmittel zur heutigen umweltzerstörerischen Lebensweise wirken kann. Das Verständnis Gottes als Herr und Vater des Weltalls kann heute eine neue Relevanz für die Schönheit der Schöpfung und für eine tragfähige Anthropologie der Gottebenbildlichkeit beanspruchen, die den Menschen bis zur Vergöttlichung hin aufwertet.

Theologen und alle Christen sollten in einer für die Weit überzeugenden Weise von der Schönheit des Menschen und der Herrlichkeit Gottes und seiner Schöpfung sprechen. Darüber hinaus sollten sie auch wieder Seele der Welt werden und ihr neue gemeinschaftsstiftende Einsichten und überzeugende Lebensweisen, die auf Liebe, Gegenseitigkeit, Vertrauen und Gemeinschaft beruhen, vermitteln.

Ioan Moga relativierte die weitverbreitete Ansicht, dass die orthodoxe Theologie die Moderne nur als ein negatives Phänomen betrachtet habe und betrachten könne. Er bezog sich auf die Beiträge zweier rumänischer Theologen am Anfang des 20. Jahrhunderts, Nicolae Bălan und Iuliu Scriban. Angesichts des radikal antimodernistischen Programms Roms jener Zeit betonten diese beiden Theologen, dass die Orthodoxe Kirche den Entwicklungen in der modernen Kultur und Gesellschaft offen gegenübersteht und sich den modernen Fragestellungen nicht verschließen darf. So sprach Iuliu Scriban sich für einen Konservatismus in Glaubensfragen und eine Offenheit zu den »Entwicklungen der Gesellschaft« aus: »Das Christentum ist ewig modern [...]. Dadurch blüht das Christentum immer wieder auf und verliert nie an Aktualität.« (1911)

Der pro-Moderne-Diskurs dieser rumänischen Theologen war Teil einer Bildungsoffensive für die orthodoxe Priesterschaft in den ersten Jahrzehnten des 20. Jahrhunderts: Eine solide, moderne Bildung war für sie die Voraussetzung, dass die Orthodoxe Kirche auch in der modernen Gesellschaft missionarisch wirken kann. Heute belegen religionssoziologische Studien, dass Religion in postsäkularen Gesellschaften Osteuropas mit orthodoxer Mehrheitsbevölkerung zu einem eigenen Typ von Modernität beiträgt.

Birgit Schlegel berichtete exemplarisch aus einem Dekanat mittlerer Größe in der Metropolregion Rhein-Main. Hier wohnen Menschen unterschiedlicher Traditionen und Kulturen aus ungefähr 120 Nationen, darunter ca.

66.000 Evangelische, die zum Teil als christliche Minderheit, zum Teil in einem volkskirchlich geprägten Umfeld leben. Daraus ergeben sich vielfältige Herausforderungen für die kirchliche Arbeit.

In einer Zeit der zunehmenden Ausprägung von Diversität in der Gesellschaft und des Rückgangs der Kirchenmitgliedschaft (um durchschnittlich 1,8 % EKD-weit) sowie des auffälligen Bedeutungsverlustes der Taufe auch unter Evangelischen setzt das Dekanat Akzente auf öffentliche Seelsorge, Entwicklung neuer Gottesdienstformen, -zeiten und -orte, Themen der gesellschaftlichen Verantwortung und eine öffentlichkeitswirksame Kommunikation, die die Bedeutung der Kirche als Begleitung auf dem Lebensweg und für das Zusammenleben in der heutigen Gesellschaft deutlicher macht.

Philipp Walter beschrieb ausgehend von Erfahrungen seiner pastoralen Tätigkeit in einer südwestdeutschen Landgemeinde die Entstehung neuer Sakralisierungen und ritueller Formen, zu deren Verständnis und Deutung die klassische Säkularisierungsthese nicht ausreicht. Er ermutigte die Kirchen, sich vor dem Wettbewerb auf dem Markt der Religionen nicht zu scheuen und auf die Kraft ihrer Rituale zu vertrauen.

In ihrem Beitrag warf *Senta Zürn* die Frage auf, ob Spiritualität säkular, d. h. frei von Religion bzw. Weltanschauung sein könne. Sie beschrieb aus eigener Erfahrung, wie schwer sich Schüler im evangelischen Religionsunterricht tun, wenn sie in ihren Familien keine Einführung in den christlichen Glauben hatten, und wie Geistliche/Lehrer in guter Weise mit ihnen umgehen können. Patentrezepte gibt es (eher) nicht. Der Austausch zwischen den Konfessionen über gelungene Beispiele kirchlicher Mission heute erschien ihr gewinnbringend.

Ioan Tulcan äußerte sich zum zunehmenden Säkularisierungsprozess, den er als eine echte und dauerhafte Herausforderung für die Kirche darstellte, da dieses komplexe Phänomen dem heutigen Menschen den Eindruck induziere, dass alle seine Probleme nur durch physische, materielle und natürliche Mittel vom Menschen selber gelöst werden könnten.

In der orthodoxen Theologie gilt die christliche Mission als Anwendung der Trinitätstheologie auf Wesen, Präsenz und Sendung der Kirche in der Welt. Die Sendung der Apostel in die Welt durch den Erlöser basiert auf der Tatsache, dass Christus selbst durch den Vater im Heiligen Geist in die Welt gesandt worden ist (Johannes 20,21–23).

Tulcan entfaltete Mission in ihrer christologischen, pneumatologischen und ekklesiologischen Dimension. Diese Realität des von Jesus Christus verkündigten Himmelreiches wird in der Eucharistie erschlossen. Durch die eucharistische Liturgie öffnen sich die Türen des Himmelreiches weit, indem diese Liturgie die endgültige Vollendung der Schöpfung zum Ausdruck bringt und sie den Menschen die Möglichkeit bietet, im Voraus und als Vorwegnahme die unsagbaren Gaben dieses Königreiches zu schmecken.

Constantin Patuleanu erinnerte an die hoch entwickelte diakonische Tradition der Rumänischen Orthodoxen Kirche, die vom kommunistischen Regime brutal unterbrochen wurde, und stellte an zahlreichen Beispielen ihren Wiederaufbau dar. Die Diakonie bildet seit der politischen Wende 1989 in Rumänien eine zentrale Säule ihrer missionarischen Aktivität.

Die Fülle von diakonischen Einrichtungen, Aktivitäten und missionarischen Zentren des Rumänischen Patriarchates kann man in drei Richtungen schematisieren:

1. sozial-diakonische Einrichtungen im Rumänischen Patriarchat und in den Bistümern der Rumänischen Orthodoxen Kirche,
2. »Basilica«-Stiftungen: Radio Trinitas, Trinitas TV, Nachrichtenagentur Basilica, die Zeitung »Lumina« (das Licht), die Pressestelle des Rumänischen Patriarchates, Pilgeragentur,
3. missionarische Strategien für Kinder und Jugendliche, pastorale und missionarische Projekte: »Alege Şcoala!« (Wähle die Schule!), »Hristos împărtăşit copiilor« (Christus den Kindern mitgeteilt), »Şcoala de Duminică« (Sonntagsschule), Begegnungen der orthodoxen Jugendlichen u. a.

III.

Die Diskussion der Referate führte die beiden Delegationen zu den folgenden Überlegungen und Einsichten:

1. Zur Frage der Säkularisierung

Bei der Verwirklichung ihrer Mission, die sie an und in der Welt haben, können beide Kirchen darauf aufbauen, dass die Probleme und Herausforderungen, die mit Säkularisierung bezeichnet werden, nicht neu sind, sondern in den bisherigen Dialogbegegnungen schon mehrfach bedacht worden sind. Verändert hat sich in den letzten Jahren die politische Gestalt

Europas. Die Vereinigung Europas mit allen damit verbundenen Spannungen hat das Thema Säkularisierung in früheren Dialogbegegnungen dringlich gemacht. Die Zunahme von Migration in Europa und die damit verbundene wachsende Bedeutung von Migrationskirchen zum Beispiel in Deutschland zeigen die große Bedeutung dieser Veränderungen für die Kirchen an. Heute sind in Rumänien und in Deutschland unterschiedliche Varianten der Säkularisierung zu beobachten, die von der europäischen Aufklärung ausgelöst worden sind. In Deutschland hat im 20. Jahrhundert die Trennung von Staat und Kirche verschiedene Formen von säkularer Gesellschaft hervorgebracht. In der frühen Bundesrepublik entwickelte sich eine partnerschaftliche Beziehung von Staat und Kirche. In der damaligen DDR und in Rumänien hat die aufgezwungene Säkularisierung des kommunistischen Weltanschauungsstaates den Gegensatz zwischen der christlichen Kirche und der säkularen Welt hervortreten lassen. Diese Unterschiede legen nahe, typische Vorgänge der Säkularisierung wie den Rückgang kirchlicher Bindung und das Nachlassen christlichen Bildungswissens und christlicher Werte im Kontext zu betrachten. Auch der theologische Umgang mit der Moderne und die damit verbundenen Verständnisse von Säkularisierung stellen sich für die evangelische und die orthodoxe Theologie differenziert dar.

Beide Kirchen wissen sich in ihrem Umgang mit der Säkularisierung vor die Aufgabe und unter die Hoffnung gestellt, voneinander zu lernen. Der Dialog beider Kirchen ist ein Schritt auf diesem Lernweg. Dabei nehmen die Erfahrungen der Rumänischen Orthodoxen Kirche in Deutschland und der Evangelischen Kirche A.B. in Rumänien eine Schlüsselrolle ein. In ihnen zeigt sich, wie Prozesse der Säkularisierung in einer Region Europas mit den kirchlichen und gesellschaftlichen Entwicklungen in einer anderen Region zusammenhängen. Eine gemeinsame Auseinandersetzung mit der Säkularisierung könnte beiden Kirchen helfen, die Gemeinschaft der Kirche im Heiligen Geist zu entdecken.

2. Zur Frage der Mission

Beide Kirchen stimmen darin überein, dass die Säkularisierung heute eine vordringliche Herausforderung für die Mission darstellt. Sie erblicken in der Mission den Herzschlag der Kirche und den Quell ihrer Lebendigkeit.

Im Bewusstsein ihrer unterschiedlichen liturgischen Traditionen und in dankbarer Anerkennung der Vielzahl von Möglichkeiten, in denen Gott sich den Menschen mitteilt, stimmen beide Kirchen darin überein, dass sie den Gottesdienst als den zentralen Ort der lebendigen Begegnung mit

Gottes Wort und dem Heilsmysterium in Christus betrachten. Die Feier des Gottesdienstes bildet den Ausgangspunkt zur Beantwortung der Frage, wie die Kirche ihre Mission angesichts der Herausforderung der Säkularisierung am besten zur Ehre des Dreieinigen Gottes und zum Heil der Menschen ausrichtet. Den Geistlichen, die die Feier der Liturgie leiten, kommt bei der Gestaltung der kirchlichen Mission besondere Verantwortung dafür zu, dass die Kirche den Adressaten ihres missionarischen Zeugnisses vorlebt, was sie verkündigt. Sie dürfen durch ihr Verhalten das Zeugnis der Kirche nicht unglaubwürdig machen. Hierzu sind alle Gläubigen berufen.

Die missionarische Dimension des Gottesdienstes hat biblische Grundlagen. Als exemplarisch hierfür kann die biblische Schilderung der Emmausjünger (Lukas 24,13–35) gelten, die das Wort des auferstandenen Christus erst im Rückblick von der mit ihm geteilten Mahlsgemeinschaft umfassend erkennen. In entsprechender Weise erlaubt der liturgische Zusammenhang von Wort- und Eucharistiefeier der Christenheit, das Gedächtnis an Jesu Kreuz und Auferstehung durchgängig in der eucharistischen Haltung der Dankbarkeit zu feiern. Dankbarkeit für Gottes schöpferisches Wirken und seine Heil schaffende Gnade oder, mit den Worten der Emmausgeschichte gesagt, ein »brennendes Herz« ist ein wesentlicher Teil dessen, dass die Kirche der Menschheit ihr missionarisches Zeugnis vorlebt.

Nach orthodoxer wie evangelischer Überzeugung nimmt die Mission der Kirche auf der Grundlage der Bibel und der altkirchlichen Zeugnisse spezifische Ausprägungen an, die die heutige Gestaltung der Mission mitbestimmen. Sie hängen mit den Gegebenheiten am Ort der jeweiligen Kirchen zusammen, lassen aber auch gemeinsame missionarische Herausforderungen und Strategien zu ihrer Bewältigung erkennen. Beide Kirchen entwickeln besondere missionarische Anstrengungen in ihrem Zeugnis an Kinder, Jugendliche und Familien. Die Kirchen in Deutschland wenden sich verstärkt denjenigen Menschen zu, deren kirchliche Beheimatung häufig mit dem Eintritt ins Erwachsenenalter und Erwerbsleben abbricht.

Die Kirchen wollen Weggefährten mit brennendem Herzen sein, die den Menschen den seit der Taufe zurückgelegten Weg deuten und weisen können. Dafür müssen sie sich in stärkerem Maße als bisher den Kommunikationsformen der heutigen Zeit, die von der Digitalisierung geprägt sind, öffnen.

Die vom Gottesdienst ausgehende Mission der Kirchen ist im Zeitalter der Säkularisierung eine ebenso große wie schöne Bildungsaufgabe. Beide Delegationen betonen besonders die Wichtigkeit und Notwendigkeit des

Religionsunterrichtes an den öffentlichen Schulen, der in Deutschland im Grundgesetz verankert ist. Die Aufgabe der Kirche kann kaum weniger umfassend sein als die Fülle und Herrlichkeit der Gnade, mit der sich der dreifaltige Gott offenbart. Die Kirche stellt mit dem Zeugnis ihrer Mission nicht nur einer säkularisierten Welt die Botschaft der Sündenvergebung vor Augen, sondern geht als Wegbegleiterin den Menschen in ihrer Bedürftigkeit nach, um ihre Herzen neu für die Schönheit der Schöpfung, die Wunder ihrer Wohlordnung und die Botschaft von ihrer göttlichen Berufung im Glauben zu entfachen.

IV.

Die Begegnung wurde von Gebeten gerahmt, die teils von evangelischer, teils von orthodoxer Seite geleitet wurden. Hierfür danken die Delegationen Senta Zürn, Cosmin Pricop, Philipp Walter und Birgit Schlegel.

Eine Exkursion führte die beiden Delegationen auf Einladung des orthodoxen Dechanten (*protoiereu*) Dănuţ Benga nach Kronstadt. Hier besuchten sie die orthodoxe Kathedrale »Entschlafung Mariens«, die evangelische Schwarze Kirche, die orthodoxe Kirche Heiliger Nikolaus von Scheii und die evangelische Bartholomäus-Kirche. Für alle Teilnehmenden waren die Zeugnisse aus dem Leben der Gemeinden, denen sie begegneten, sehr eindrucksvoll. Die Delegationen danken Dechant Benga für seine große Gastfreundschaft und die Führung durch Kathedrale und Altstadt und Bereichsleiter PR Dr. Frank-Thomas Ziegler, der die Teilnehmenden in die Geschichte der Schwarzen Kirche mitnahm. Pr. Vasile Prodea empfing die Delegationen in der Kirche Heiliger Nikolaus, und Pr. Prof. Dr. Vasile Oltean ließ die Geschichte der auf dem Gelände der Kirche gelegenen ersten rumänischen Schule und Druckerei lebendig werden. Gemeindekurator Dr. Albrecht Klein zeigte den Teilnehmenden Kirche und Friedhof der Bartholomäusgemeinde und gab eine eindrückliche Schilderung von der Auffindung des historischen Abendmahlskelchs der Gemeinde, der 100 Jahre verschollen gewesen war. Allen Genannten sind die Delegationen sehr dankbar dafür, dass sie auf diese Weise Anteil am vielfältigen kirchlichen Leben in Kronstadt nehmen konnten. Der Besuch in Kronstadt schloss mit einem festlichen Abendessen aus Anlass des 40. Jubiläumsjahres des Dialogs, zu dem Dechant Benga die Teilnehmenden eingeladen hatte.

Beide Delegationen drücken Patriarch Daniel und Abt Archimandrit David ihren herzlichen Dank für die Gastfreundschaft im sozial-pastoralen Zentrum »Heiliges Kreuz«, Kloster Caraiman, aus.

Für den geschwisterlichen, vertrauensvollen und offen geführten Austausch sind beide Delegationen dankbar. Sie empfehlen ihren Kirchen die Fortsetzung des Dialogs. Als mögliche Themen regen sie an: die Spiritualität in unserer Zeit, Gemeinde- und Jugendpastoral sowie Religionsunterricht an öffentlichen Schulen; von besonderem Interesse sind zudem die Themen der Hermeneutik und der Rezeption der Dialoge zwischen der Evangelischen Kirche in Deutschland und der Rumänischen Orthodoxen Kirche.

Metropolit Serafim
von Deutschland,
Zentral- und Nordeuropa

Bischöfin Petra Bosse-Huber
Leiterin der Hauptabteilung
Ökumene und Auslandsarbeit

TEIL I

Das Verständnis von Mission und Säkularität im Dialog

Koordinaten der christlichen Mission in Europa heute

Metropolit Serafim[1]

Im Jahr 1999 war ich zu einer vom Weltkirchenrat organisierten Konferenz in Amersdorf in Holland eingeladen, um über ein ähnliches Thema wie das unsrige zu sprechen, und zwar »Unser Verständnis der christlichen Mission im Europa von heute«. Diese Konferenz richtete sich an ein breites Publikum, nicht nur an theologische »Spezialisten« wie uns heute und hier. Ich sprach damals über die zentrale Bedeutung Jesu Christi für unsere Mission und über die Persönlichkeit des Missionars als Medium der Weitergabe der erlösenden Wahrheit, aber auch über den aktuellen europäischen Kontext der Mission. Wenn ich auch alles, was ich damals über den Erlöser Christus als Subjekt der Mission und über den christlichen Missionar vor 20 Jahren gesagt habe, heute wiederholen könnte, so könnte ich heute kaum dasselbe über den europäischen Kontext sagen, der sich im Laufe der Zeit gravierend gewandelt hat.

Vor 20 Jahren befand sich Europa in seinem Einigungsprozess nach dem Fall des Eisernen Vorhangs 1989. Die von der Herrschaft des Kommunismus befreiten osteuropäischen Länder hofften auf einen materiellen Wiederaufbau und eine spirituelle Wiedergeburt durch ihren Beitritt zur Europäischen Union. Heute hat der Enthusiasmus für das vereinte Europa spürbar abgenommen, und das nicht nur in Ost- und Südosteuropa, das in der Zwischenzeit vor allem zu einem Umschlagplatz für westliche Waren und einer Ressource für Wirtschaftsmigranten geworden ist, die als Billigarbeitskräfte eingesetzt werden, sondern auch im Westen. Denken wir als Beispiel nur an den »Brexit« und zentrifugale Tendenzen in einigen Staaten der Europäischen Union. Hinzu kommen der an Paranoia grenzende Liberalismus im Blick auf die Bestimmung von Familie und Ehe, das Phänomen

1 Ins Deutsche übersetzt von Pfr. Prof. h.c. Dr. Jürgen Henkel, Selb.

der Globalisierung und der Migration, die die europäische Gesellschaft und auch die christlichen Kirchen spalten.

Wir erleben heute in Europa zweifellos die größte Krise des Christentums in seiner ganzen Geschichte, ausgelöst vom Materialismus und Individualismus der Industriegesellschaften, aber auch jener heutigen liberalen und permissiven »Moral«, die zur spirituellen Versklavung führt. Unsere Welt verarmt spirituell immer mehr, je weiter sie sich technisch und wissenschaftlich fortentwickelt. Wir müssen schmerzlich feststellen, dass unser Weltwirtschaftssystem auf Egoismus basiert. Wir produzieren immer mehr, um den Wunsch nach immer mehr Produkten zu befriedigen, um Bedürfnisse zu stillen, die wir erst suggerieren und stimulieren bis hin zur Pathologie der geschlechtlichen Entgrenzung und Zügellosigkeit. Das Prinzip des Lustgewinns ist das Fundament des wirtschaftlichen Liberalismus. Gefangen in der Imagologie dieser Welt, seiner geistlichen Fundamente und der Erfahrung des Lebens in Christus beraubt, verliert der moderne Mensch nicht nur den Sinn für gut und böse, sondern auch das Gespür für die Sünde, also für seine Verantwortung gegenüber Gott. Heute wissen nur noch wenige Menschen um die unveränderliche Wahrheit, die das Christentum bezeugt, aus der aber die ewigen Moralgesetze und auch die Gesetze der Natur hervorgehen. Viele seit ewigen Zeiten für alle Welt gültige Wahrheiten werden heute nicht einmal mehr im Entferntesten anerkannt, wie etwa: Wie definiert sich eine Familie? Was bedeuten in der Familie Mann und Frau? Die grundlegende Wahrheit, dass die naturgemäße Familie als Vereinigung aus Mann und Frau besteht, wird von Gendertheorien relativiert, mit der Single-Familie einer Person mit Kind oder Kindern gleichgesetzt oder auf einen Vertrag reduziert, der jederzeit und sooft gewünscht aufgekündigt werden kann. Die Globalisierung und die Säkularisierung dringen machtvoll auch in die Kirche ein!

Hier können wir auch *en passant* an das Wachstum des Islam in Europa denken, der durch die Geburtenrate der Muslime und die Einfachheit seines Dogmas und seiner Moral an Zulauf gewinnt. Dem modernen Menschen, der alles durch den Filter seines Verstandes sieht und wahrnimmt, kann das Christentum als zu mystisch und in seiner Lehre und Praxis zu komplex erscheinen.

Das Phänomen der Globalisierung beschäftigt vor allem uns Rumänen in ganz besonderem Maße, haben wir doch die höchste Rate an Wirtschaftsmigration unter allen europäischen Völkern: über sieben Millionen Rumänen haben unser Land seit der Befreiung von der kommunistischen Diktatur verlassen. Das stellt über ein Drittel der Bevölkerung dar. Rumänien ist ein Land, das in Auflösung begriffen ist! Meine Aufgabe und die

Aufgabe unserer Priester im Westen bestehen darin, unsere überall verstreuten Landsleute ausfindig zu machen bis in die kleinsten Dörfer und ihnen zu helfen, ein geistliches »Zuhause« in einer Pfarrgemeinde zu finden. Wobei wir unsere Pfarreien nur unter großen Opfern aufbauen können aufgrund des Fehlens gottesdienstlicher Räume und finanzieller Mittel. Aktuell gehören zu jeder rumänischen Diasporagemeinde in Deutschland durchschnittlich 10.000 Getaufte! Oft kommt es vor, dass das vorrangigste Bindemittel nicht einmal so sehr die Liturgie ist, sondern die rumänische Sprache. Wir freilich haben ihren Glauben zu fördern und zu stärken, wir haben ihnen neu beizubringen, was es heißt, Christ zu sein: deinem Nächsten zu helfen, dich mit Christen anderer Traditionen zu treffen und die religiöse und ethnische Identität eines jeden zu respektieren und zu schätzen. Hier sind wir auch unseren katholischen und evangelischen Brüdern und Schwestern im Glauben zu Dank verpflichtet, bei denen wir Verständnis und Hilfe für unseren Dienst finden.

Die zunehmende Armut, die sozialen Ungerechtigkeiten und die galoppierende Entwicklung hin zu einer ausschließlich materialistischen Gesellschaft, die nicht mehr wie noch vor 20 Jahren andere – meist fernöstliche – Spiritualitäten, sondern schlicht und ergreifend nur noch immer mehr sinnliche Befriedigung sucht, hat zu einer globalisierungskritischen konservativen Gegenbewegung geführt, allerdings nicht im positiven Sinne, sondern in einem negativen und fundamentalistischen Sinne. Diese Strömung ist in Ost- und Westeuropa gleichermaßen sichtbar.

Doch wir dürfen als Christen nicht pessimistisch sein. Gott wirkt auch heute auf geheimnisvolle Weise, vielleicht mehr als zu anderen Zeiten, denn »wo die Sünde mächtig geworden ist, da ist die Gnade noch viel mächtiger« (Römer 5,20). Und so können wir bei vielen Menschen, gerade auch jungen Menschen, ein »Bedürfnis nach Religion« erkennen, eine Suche nach dem Sinn des Lebens, der aus nichts anderem bestehen kann als aus Gott. Und solche jungen in der Kirche engagierten Menschen sind dann viel engagierter in ihrem gelebten Glauben und ihrem Respekt vor der Tradition als manche älteren Menschen. Das persönliche Suchen nach Gott wird auch bei vielen Menschen sichtbar, die sich in Nöten befinden. In schweren Prüfungen sucht der Mensch Gott mehr als unter normalen Umständen, erhofft er sich doch von Ihm Hilfe und Rettung aus allerlei Not. Und Gott hilft und stärkt jene, die ihre Hoffnung auf Ihn setzen: »Denn keiner wird zuschanden, der auf dich harret« (Psalm 25,3).

Wenn früher in einer traditionellen christlichen Gesellschaft der Priester darauf wartete, dass die Gläubigen zur Kirche kommen, um ihnen

Christus in Seinem Wort und im Sakrament der Eucharistie gegenwärtig auszuteilen, so muss er heute auf die Suche nach den Gläubigen gehen, und zwar dorthin, wo sich diese befinden: zu Hause, im Krankenhaus, am Arbeitsplatz, auf der Straße ... – und sie in den Schoß der Kirche zurückbringen. Jesus empfand Mitleid mit den Menschen: »Die große Menge jammerte ihn, denn sie waren wie Schafe, die keinen Hirten haben« (Markus 6,34). Und Jesus sendet Seine Jünger aus, um die verlorenen Schafe zu suchen. Unsere Mission gilt in erster Linie den verlorenen Schafen, denen jede spirituelle Orientierung fehlt. Unser pastorales Wirken richtet sich nicht mehr in erster Linie an Massen von Gläubigen, die fromm dem Wort des Priesters lauschen, denn diese Massen existieren gar nicht mehr, sondern es ist heute eine sehr persönliche Pastoral und Seelsorge, die sich an den Gläubigen als Einzelnen richtet. Uns Orthodoxen steht in dieser Hinsicht das Sakrament der Beichte zur Verfügung. Die Beichte ist ein besonders wichtiges Mittel der persönlichen Seelsorge, das zwischen dem Priester und dem Gläubigen eine seelische Verbindung von Vater und Sohn herstellt.

Doch nicht nur der Priester ist ein Missionar, sondern die ganze Pfarrgemeinde, freilich nur dann, wenn sie einladend und einig ist und wenn sie Herzenswärme ausstrahlt. Eine solche Pfarrgemeinde hilft den Gläubigen, persönlich die Erfahrung der Vereinigung mit Christus zu machen, sowohl im Gebet der Kirche als auch in den sozialen Aktivitäten der Pfarrei. Die Gläubigen werden angezogen von Gemeinden, in denen der Priester sich als wahrer Hirte erweist, der mit Herz und Seele für seine Gläubigen da ist, weil er ein mitfühlendes Herz hat, für sie betet und sie auf den Weg zum Seelenheil anleitet.

Ein letztes Wort sei mir gestattet. Ich glaube, dass wir Christen – und in erster Linie wir Diener der Kirche – durch unseren schwachen Glauben und durch eine falsche Anpassung an diese Welt am meisten Verantwortung tragen für die große Krise des Christentums heute. Wenn das Salz seine Würze verliert und nicht mehr salzt, dann ist es zu nichts mehr wert und kann nur noch weggeworfen werden (vgl. Matthäus 5,13)! Genauso für die Krise verantwortlich sind unsere scholastischen Theologien, die losgelöst sind von der lebendigen Quelle der Liturgie, des mystischen Gebets und der Askese. Diese Theologien haben uns daran gewöhnt, den Glauben als rein intellektuelle Übung zu praktizieren. Sie arbeiten mit Denksystemen, die das Leben konzeptionalisieren und auf Rationalismus reduzieren. Der heutige Mensch hat aber abstrakte Informationen und wissenschaftliche Erkenntnisse satt, er braucht ein lebendiges und liebevolles Wort, das sein Herz anrührt. Er braucht Menschen als Beispiele vor

Augen, die auf authentische Weise die Liebe Gottes verkörpern, und er braucht offene Gemeinden, die ihn bei seiner spirituellen Suche unterstützen, Gemeinden, die auch fähig sind, jede Spaltung zu überwinden, und die dadurch zugleich zum Nährboden für die Einheit der Welt werden.

Mission aus evangelischer Perspektive

Petra Bosse-Huber

Gern möchte ich Sie an dieser Stelle mit der Arbeit unserer Kammer für weltweite Ökumene bekannt machen. Die Kammer ist ein Expertengremium, das sich in den vergangenen Jahren unter anderem auch mit der Frage der Mission beschäftigt hat. Mission ist ein Thema, das unsere Fragestellung berührt, deshalb stelle ich diese Überlegungen hier vor. Zugleich möchte ich an einigen Stellen Beobachtungen und Fragen einflechten, die in diesem Papier nicht so stark berücksichtigt werden, weil sie erst deutlicher im Gespräch mit Ihnen, mit unseren orthodoxen Geschwistern, werden.

1. Die globale Entwicklung als Ausgangspunkt

Unsere Kammer hat nach einem heutigen evangelischen Missionsverständnis gefragt und dazu einige statistische Beobachtungen an den Anfang ihrer Betrachtung gestellt. Eingangs hält die Kammer fest, dass sich – rein zahlenmäßig gesehen – das Schwergewicht des weltweiten Protestantismus vom globalen Norden in den globalen Süden verlagert hat.[1] Sie schreibt: »Der weltweite Protestantismus ist gegenwärtig viel weniger durch die Kirchen und die theologischen Profile des sogenannten ›Globalen Nordens‹ geprägt, als dies noch vor einhundert Jahren der Fall war.«[2]

Heute wachsen im weltweiten protestantischen (und auch im römisch-katholischen) Spektrum Kirchen pfingstlich-charismatischer Prägung. Die

1 Vgl. Kirche sein in einer globalisierten Welt. Zur Weggemeinschaft von Mission und Entwicklung, herausgegeben von der Evangelischen Kirche in Deutschland (Texte 125), Hannover 2015, 7.

2 Ebd.

traditionellen Kirchen in Europa, zu denen auch die Evangelische Kirche in Deutschland zählt, nehmen dagegen zahlenmäßig ab, wie die religiöse Statistik für Deutschland zeigt[3]: Während vor fünfzig Jahren die überwiegende Mehrheit der Bundesbürger entweder der Evangelischen oder der Römisch-Katholischen Kirche angehörte, sehen wir, dass heute noch etwa 62 Prozent der Bundesbürger überhaupt einer christlichen Religionsgemeinschaft angehören. Dabei sind von den ca. 81 Millionen Einwohnern ca. 24 Millionen evangelisch und 24 Millionen katholisch, 1,5 Millionen orthodox, 330.000 freikirchlich (Methodisten, Baptisten, Pfingstkirchen usw.), etwa ebenso viele altorientalisch, um nur die größten christlichen Gruppen zu nennen.

Hier ist anzumerken: Der Trend zur Entkirchlichung in Deutschland muss differenziert betrachtet werden, denn er variiert je nach Regionen (Ost/West) und bezieht sich v. a. auf die beiden »Großkirchen« der katholischen Kirche und der evangelischen Kirche, während die Migrationskirchen wachsen.[4] Dies gilt nun nicht nur für evangelische Freikirchen, sondern – etwas, das wir manchmal in der evangelischen Perspektive nur wenig berücksichtigen – selbstverständlich auch für die orthodoxen und die altorientalischen Kirchen in Deutschland!

- Kirchliche Wachstums- und Schrumpfungsprozesse als Indikatoren für Gesamtentwicklungen sind also differenziert zu sehen und dürfen nicht an pauschale Schlagworte gekettet werden, wie das manchmal medial geschieht, gerade das können wir beim Blick auf die kirchliche Statistik in Deutschland als ersten Punkt festhalten.

Kommen wir zu einem zweiten Punkt, den die Kammer hervorhebt: Die Entwicklung im globalen Süden mit dem Wachstum kirchlicher Gruppen enthält auch einen weiteren Impuls zur Differenzierung für die Sicht der Kirchen aus Zentraleuropa, wie die Kammer klar auf den Punkt bringt: »Weltweit gesehen ist die Herausforderung der Säkularisierung eher die Ausnahme als die Regel.«[5]

Die Kammer hält deshalb ganz klar als zweiten Punkt fest:

- Diese Erkenntnis, in einer Ausnahmeregion zu leben, sollte uns zur Vorsicht veranlassen, allzu rasch Entwicklungen als unumkehrbar

3 Vgl. Evangelical Church in Germany. Facts and Figures, Hannover 2011, 5.
4 Ebd., 5.
5 Vgl. Kirche sein in einer globalisierten Welt (s. Anm. 1), 8.

anzusehen, also z. B. eine scheinbar »zwangsläufige« oder »unumkehrbare« Säkularisierung anzunehmen.

2. Rückwirkungen dieser Veränderung auf die Missionsbewegungen

Behalten wir diese beiden Faktoren im Kopf, erstens: Der Schrumpfung bei uns steht global an anderer Stelle ein Wachstum gegenüber und zweitens: Zu der Dynamik unserer Entwicklung gibt es weltweit gegenläufige Tendenzen. So ist es nicht erstaunlich, dass sich auch das Verständnis von Mission angesichts dieser veränderten Lage gewandelt hat.[6] Diese traditionelle Vorstellung war die einer Mission von Nord nach Süd und im deutschen Kontext auch einer kirchlichen und staatlichen Entwicklungshilfe von Nord nach Süd.[7] Die Kammer reflektiert nun diejenigen Tendenzen, die gegenläufig sind, also von Süd nach Nord laufen.

Hier möchte ich eine Ergänzung einschieben:

In einem Gespräch mit der Orthodoxie ist es nun unbedingt notwendig, einzuhaken und die Kammer für weltweite Ökumene zu fragen: »Gibt es keine anderen Himmelsrichtungen abgesehen von Nord und Süd? Wo ist der Osten geblieben?« Diese Frage ist berechtigt, denn während die Darstellung des sogenannten »globalen Nordens« im theologischen und entwicklungspolitischen Diskurs fast ausschließlich durch diejenigen stattfindet, die man auch »dem Westen« zurechnen darf, fällt »der Osten« seit der politischen Wende weitgehend weg. Doch schärft genau dies nicht den Blick für die Differenzen. Deshalb ist ein Ort wie der hiesige und ein Austausch wie der unsere so wichtig, sonst wird unser Selbstverständnis auf die Dauer verengt und wir erkennen nur das, was wir ohnehin schon wussten.

Als Ergänzung zu der wichtigen Beobachtung der Kammer, dass ein einseitiger Transfer von Nord nach Süd nicht länger stattfindet, möchte ich deshalb hier festhalten:

6 Vgl. a. a. O., 8–10.

7 Zum Paradigmenwechsel vgl. grundsätzlich: David Bosch, Transforming Mission. Paradigm Shifts in Theology of Mission, American Missology Series, New York 1991 (deutsch: Mission im Wandel. Paradigmenwechsel der Missionstheologie. Gießen/Basel 2012).

– Neben der Nord-Süd-Polarität dürfen wir weder kirchlich noch gesellschaftlich die Ost-West-Polarität vergessen.

3. Theologische Grundlagen eines ökumenischen Missionsverständnisses

Nachdem ich versucht habe, die statistischen religiösen Veränderungen der Gegenwart im Anschluss an den Text der Ökumenekammer zu skizzieren, komme ich nun zu den theologischen Grundlegungen der Mission, die unser Text hervorhebt. An erster Stelle nimmt er der Mission die falsche Vorstellung, selbst etwas »machen« zu können. Mission, so sagt unser Text, ist immer »Missio Dei«[8]. Das heißt: »Gott selbst [ergänze: ist] das Subjekt der Mission [...]. Er selbst handelt«.[9] »Nicht Jüngerinnen und Jünger, Helferinnen und Helfer oder Missionarinnen und Missionare führen durch ihr Tun das Reich Gottes herbei. Gott selbst handelt an allen Beteiligten, sowohl an den vermeintlichen ›Gebern‹ wie auch an den vermeintlichen ›Empfängern‹«.[10]

Wenn Gott handelt, hat folglich menschliches Machtstreben zu unterbleiben: Eine grundlegende Konsequenz der Theologie der *Missio Dei* ist die »Ablehnung jeglicher Gewalt in der Missionierung als inadäquat und dem christlichen Glauben nicht angemessen«, wie dies im gemeinsamen Dokument zwischen Ökumenischem Rat der Kirchen, Weltweiter Evangelischer Allianz und Päpstlichem Rat für den Interreligiösen Dialog unter dem Titel »Mission Respekt« festgehalten worden ist.[11] »Missionare müssen aushalten«, formuliert das Papier, »dass Menschen das Reich Gottes auf Erden nicht selbst verwirklichen«.[12] Deshalb haben wir Gott zu bitten »um die bevollmächtigende Gegenwart des Heiligen Geistes (vgl. Mt 26,6–13; Mt 19,13–15; Joh 4). Denn es ist sein Geist, der die Verwandlung bewirkt. Unser persönliches Handeln bleibt unvollkommen.«[13]

In diesem Sinne ist *»Mission«* aber auch an die anderen Zeugnisse des Wirkens des Geistes gebunden, nämlich an die Verkündigung und das Miteinanderteilen der Frohen Botschaft des Evangeliums durch Wort (grie-

8 Vgl. Kirche sein in einer globalisierten Welt (s. Anm. 1), 16.

9 Ebd.

10 Ebd.

11 Siehe die Website www.missionrespekt.de (zuletzt abgerufen: 25. Juni 2020).

12 Kirche sein in einer globalisierten Welt (s. Anm. 1), 17.

13 A. a. O., 19.

chisch: *kerygma*), durch die Tat (griechisch: *diakonia*), durch das Gebet und den Gottesdienst (griechisch: *leiturgia*) und durch das Zeugnis des christlichen Lebens (griechisch: *martyria*).[14] Zusammenfassend lässt sich also zur theologischen Grundlegung der Mission festhalten:

- Mission ist Handeln Gottes durch Seinen Geist.
- Mission gehört in den Zusammenhang von Verkündigung, Wohltätigkeit, Gebet und Zeugnis.

4. Mission als reziprokes Geschehen

Freilich ist das zuvor gezeichnete Bild einer Mission von Nord nach Süd schon für die Vergangenheit nicht ganz vollständig. Schon im 19. Jahrhundert gab es neben den Missionsgesellschaften, die als Vorgänger der heutigen Missionswerke in Asien und Afrika wirkten, die sogenannte Innere Mission, die sich an die Deutschen selbst wendete und Verkündigung mit sozialer Arbeit verband. Von ihnen unterschied sich die Arbeit der Missionswerke, die – etwa bei der Ersten Weltmissionskonferenz in Edinburgh – unter der Zielsetzung arbeiteten, den vermeintlich »heidnischen« Süden einem vermeintlich »christlichen« Norden anzugleichen.[15] Heute versteht sich die Arbeit der Missionswerke nicht länger als einseitiges Wirken in den Ländern Asiens und Afrikas. Sie definiert sich vielmehr als Partnerbeziehung[16] zwischen Kirchen in Asien und Afrika und der Evangelischen Kirche in Deutschland.[17] Als weitere Punkte halten wir deshalb fest:

- Mission ist ein reziprokes Geschehen: »Die Partnerkirchen laden sich gegenseitig zu Besuchen, Begegnungen und Gesprächen ein und pflegen den Austausch. Die Anwesenheit von Vertretern der jeweiligen Partnerkirchen bei Amtseinführungen und besonderen Gottesdiensten und Anlässen ist ein gutes Beispiel für das gelebte Miteinander«.[18]

14 A. a. O., 19f.
15 Vgl. a. a. O., 17.
16 Vgl. zum Begriff der »Partnerschaft«: Klaus Schäfer, Partnerschaft als Leitbegriff ökumenischen Engagements, in: Evangelisch-lutherische Kirche in Norddeutschland (Hrsg.), Zukunftsfähige Partnerschaften gestalten. Handbuch für ökumenische Partnerschaftsarbeit der Nordkirche, Hamburg 2013, 8 ff.
17 Vgl. Kirche sein in einer globalisierten Welt (s. Anm. 1), 30 ff.
18 A. a. O., 33.

- »es gilt eine gegenseitige, geregelte Rechenschaftspflicht über gemeinsame Angelegenheiten zum verantwortungsvollen Umgang zwischen Partnern gehören soll. Zum Beispiel gilt dies für die Verwendung von Geldern für gemeinsame Projekte, die einvernehmlich erfolgen soll«.[19]
- »Schließlich sind Partnerschaften ›Einübung in den ökumenischen Welthorizont‹ und ›Befreiung des christlichen Gewissens aus der parochialen Begrenzung‹«.[20]

Beide Seiten versuchen dabei auch und gerade ihre Gemeinden, d. h. ihre »Basis«, miteinander in Partnerschaften zu verbinden.[21]

Ein Überblick zeigt ein weites Spektrum etablierter und erfolgreicher Kooperationsformen im institutionellen Rahmen. Diese Kooperationen haben nun wieder eine besondere Bedeutung für die innere Mission, denn sie sind für die Gemeinden in Deutschland von Bedeutung. »Gleichwohl«, so räumt unser Text ein, »ist partnerschaftliche Projektarbeit nicht unkompliziert.«[22]

- Halten wir also fest: Mission ist keine Einbahnstraße, sondern »kommt zurück«. Vielleicht nicht im Programm der evangelikalen »Reverse mission«, durchaus aber als kulturelle Rückwirkung und geistliche Inspiration für die evangelischen Gemeinden in Deutschland.

5. Mission und Bildung

Durch die Programme der Stipendien- und Bildungsarbeit wird ein solcher Austausch institutionalisiert.[23] Der hohe Rang der Schule im evangelischen Kontext entspricht dem reformatorischen Erbe.[24] Entsprechend, wie unser Papier aufführt, bieten die Missionswerke

19 Ebd.

20 A. a. O., 34.

21 Vgl. a. a. O., 36.

22 A. a. O., 37. Der Text spricht auch sehr offen das ökonomische Gefälle an, das zwischen den reichen Kirchen des Nordens und den deutlich ärmeren Kirchen des globalen Südens besteht und das die Zusammenarbeit zu einer Herausforderung machen kann (vgl. a. a. O., 11 ff.).

23 Vgl. die Überschriften a. a. O., 45: »Bildungsarbeit«; a. a. O., 46: »Ökumenisches und globales Lernen«; a. a. O., 48: »ökumenisches Lernen global«.

24 Vgl. a. a. O., 45.

- »Stipendien an, um jungen Menschen die Möglichkeit zu geben, im internationalen Kontext Erfahrungen zu sammeln und zu lernen. So kommen in jedem Jahr Studierende aus unseren Partnerkirchen und darüber hinaus nach Deutschland und deutsche Studierende verbringen Studienzeiten im internationalen Kontext«.[25] Hier spielt zunehmend auch der Gedanke eine Rolle, dass die Erfahrung der Spiritualität der Partnerkirchen ein missionarischer Gewinn für die eigene Kirche, in die die Kandidaten zurückkehren, sein kann.
- Die Bildungsarbeit der Missionswerke und weiterer Partner »geschieht nicht nur mit Partnern in anderen Ländern, sondern auch mit Gemeinden anderer Sprache und Herkunft in Deutschland«.[26] Dies ist der bereits mehrfach in unserem Vortrag erwähnte reziproke Aspekt, verbunden mit einer Einsicht in den Prozess der Globalisierung, der sich nicht nur an anderen Orten, sondern auch in unserem eigenen Land vollzieht.
- Missionswerke laden Partner ein, »um zeitlich befristet in deutschen Gemeinden zu leben und zu arbeiten. Meist handelt es sich um Vikare und Vikarinnen bzw. Pastoren und Pastorinnen, die im Gemeindedienst oder in ökumenischen Werkstätten und Bildungseinrichtungen tätig sein sollen. Die Partnerkirche gewinnt dadurch ein Gesicht und neue Formen der Beschäftigung mit weltweiten Themen werden möglich.«[27] Dies ist nochmal eine Variante der Horizonterweiterung für deutsche Gemeinden: Nicht allein die eigenen Themen und Perspektiven spielen eine Rolle, sondern auch im Blick auf die Zukunft der eigenen Kirche können die internationalen Besucher wichtige Impulse geben.

6. Fazit und Empfehlungen

Zusammenfassend hat die Arbeitsgruppe der Evangelischen Kirche in Deutschland die folgenden Einsichten aus evangelischer Perspektive festgehalten: Erstens: Weltweites und lokales missionarisches Engagement gehören zusammen. Und zweitens: Mission, Entwicklung und Bildung gehören zusammen. Sie sind zentrale Entwicklungsfaktoren sowohl im Land wie auch weltweit.

25 A. a. O., 48.
26 Ebd.
27 A. a. O., 51.

Auf der Grundlage dieser Einsichten hat die Kammer der Evangelischen Kirche die folgenden Anregungen gegeben: Erstens: Die Evangelische Kirche soll Lernprozesse unterstützen, die Mission als religiösen Bildungsprozess begreifen.[28] Dies soll in der theologischen Ausbildung berücksichtigt werden.[29] Und zweitens: Die Evangelische Kirche in Deutschland soll »mehr Menschen für weltweites Engagement motivieren. Die Kirche braucht eine neue Generation von Engagierten«.[30]

[28] A. a. O., 57.
[29] A. a. O., 57 f.
[30] A. a. O., 59.

Ergebnisse der bisher geführten Gespräche zu Fragen der Mission und der Säkularisierung im Dialog zwischen unseren Kirchen

Viorel Ioniță

1. Allgemeine Vorbemerkungen zu unserem Dialog

Das von den Leitungen unserer Kirchen vorgeschlagene Thema für diese Begegnung wurde im Laufe des 40-jährigen Dialoges zwischen diesen Kirchen zum Teil bereits behandelt. Damit eine eventuelle Wiederholung der schon behandelten Aspekte dieses Themas vermieden wird, sollten wir uns kurz daran erinnern, was zu diesem Thema gemeinsam schon beschlossen wurde. Die 14 bis jetzt durchgeführte Begegnungen in diesem Dialog können nach ihrem thematischen Inhalt in drei Einheiten geteilt werden. Die erste Einheit bezieht sich auf die ersten sechs Begegnungen von 1979 bis 1991, auf denen ausschließlich theologische und keine sozialethischen Themen behandelt wurden, unter anderem damit alle möglichen Berührungen mit der politischen Lage bzw. mit den rumänischen politischen Behörden von damals vermieden werden konnten.[1] Dennoch wurden die betreffenden theologischen Themen nicht abstrakt behandelt, sondern ständig in Verbindung mit dem konkreten Leben der beteiligten Kirchen. Die zweite Einheit schließt die drei Begegnungen von 1995 bis 2000, bzw. die VII., VIII. und die IX. Begegnung, ein. Auf diesen Begegnungen wurden theologische Themen, aber in sozialethischer Perspektive, behandelt und die dabei behandelten Themen waren: 1. *Gemeinschaft der Heiligen – Berufung unserer Kirchen und ihre Erfüllung in der säkularisierten Welt* (Selbitz – Deutschland, 1995), 2. *Dienen und Versöhnen. Eu-*

[1] Viorel Ioniță, Der bilaterale theologische Dialog zwischen der EKD und der Rumänischen Orthodoxen Kirche. Auswertung und Perspektiven, in: Irena Zeltner Pavlović / Martin Illert (Hrsg.), Ostkirchen und Reformation 2017. Begegnungen und Tagungen im Jubiläumsjahr, Dialog und Hermeneutik 1, Leipzig 2018, 200.

ropäische Integration als Herausforderung an unsere Kirchen (Bukarest – Rumänien, 1998) und 3. *Die Kirche und ihre politisch-gesellschaftliche Verantwortung heute* (Herrnhut – Deutschland, 2000). Die dritte Einheit bezieht sich auf die vier Begegnungen, (X bis XIII) vom Jahre 2002 bis 2013: auf diesen Begegnungen wurden eminent ekklesiologische Fragen in ökumenischer Perspektive behandelt. Die XIV. und bis jetzt letzte Begegnung im Jahre 2016 behandelte das Thema: »Erneuerung als geistliche und missionarische Aufgabe unserer Kirchen«, was als ein Beitrag zum 500-jährigen Jubiläum der Reformation gedacht war. Von Interesse für uns sind auf dieser Tagung vor allem die Begegnungen der zweiten Einheit.

Zum Ablauf des bis jetzt durchgeführten Dialogs zwischen unseren Kirchen sind wir Rumänen unserem deutschen Partner sehr dankbar dafür, dass alle 14 Begegnungen auf Deutsch sorgfältig durch die Veröffentlichung aller Beträge wie auch der Kommuniqués dokumentiert wurden. Darüber hinaus wurden von einigen Begegnungen je ein Protokoll der Diskussionen zu den gehaltenen Referaten mitveröffentlicht. Durch diese Diskussionen wurden die Referate weiter vertieft und dadurch stellten sich auf einer Seite die Gemeinsamkeiten und auf der anderen Seite die Unterschiede zu den debattierten Themen heraus. Die wichtigsten Ergebnisse dieses Dialogs sind zweifelsohne die gemeinsam angenommenen Kommuniqués, aber für eine ausführliche Bestandsaufnahme des Dialogs von Bedeutung sind sowohl die Beiträge von beiden Seiten wie auch die dazu geführten Diskussionen.

2. Die Frage der Mission und der Säkularisierung in diesem Dialog

2.1 Während der ersten Begegnungen bis zur politischen Wende in Rumänien

Im Auftrag der beiden Kirchen wurde dieser Dialog bis jetzt zweimal ausgewertet: zum ersten Mal im Jahre 1998, dann zum zweiten Mal im Jahre 2014 und aufgrund dieser Auswertungen stellten sich die Perspektiven der Fortsetzung dieser Gespräche klarer heraus. Die Ergebnisse der beiden Auswertungen wurden als gemeinsame Berichte an die Kirchenleitungen der Evangelischen Kirche in Deutschland und der Rumänischen Orthodoxen Kirche geschickt. In der Auswertung vom April 2014 unter dem Titel: »Dialog einer wachsenden Dienstgemeinschaft« waren alle drei oben erwähnten sozialethischen Themen unter dem folgenden Gesichtspunkt zusammengefasst: *Das gemeinsame Zeugnis unserer Kirchen im säkulari-*

sierten Europa. Dazu wurde bemerkt, dass diese Thematik in den Jahren 1998 und 2000 von besonderer Bedeutung war,

> »weil sich Rumänien zum damaligen Zeitpunkt darauf vorbereitete, Mitglied der EU zu werden. Vor diesem Hintergrund stellten beide Seiten fest, dass ›Europa [...] nicht nur eine Gemeinschaft versöhnter Völker und Staaten, sondern auch eine Gemeinschaft versöhnter Kirchen brauche. Mit ihrem sozialethischen Zeugnis könnten die Kirchen das politische Gewissen wecken, damit verstärkt auf Solidarität, Gerechtigkeit, Gleichberechtigung, Chancengleichheit und den Schutz von Minderheiten geachtet wird.‹«[2]

Das Thema der Mission wurde also in diesem Dialog vor allem in sozialethischer Perspektive diskutiert, sei es im europäischen Kontext oder im Kontext der deutschen bzw. der rumänischen säkularisierten Gesellschaften. Der Kontext, in dem diese beiden Kirchen ihre Mission entfalten, wurde aber nicht nur als säkularisiert betrachtet, sondern auch als pluralistisch. Die erste Begegnung, auf der die Frage der Mission bzw. der Berufung unserer beiden Kirchen behandelt wurde, fand vom 27. November bis 5. Dezember 1995 im Haus der *Communität Christusgemeinschaft Selbitz* in Bayern statt. Nicht zu übersehen ist, dass die Kirche dabei als *Gemeinschaft der Heiligen* betrachtet wurde, oder anders gesagt, die Gemeinschaft der Heiligen als eine Glaubensaussage über Grundstrukturen der Kirche, wie Professor Heinz Ohme auf der Tagung in Selbitz es formulierte. Die Formulierung über »die Berufung unserer Kirchen« im Hauptthema der Begegnung von 1995 wurde in den Referaten von beiden Seiten durch den Ausdruck »der prophetische Dienst« umformuliert.

Das Hauptthema der Tagung von Selbitz wurde durch vier Referate in zwei Paaren dargestellt: das erste Paar: 1.) *Der prophetische Dienst des Christen in Zeiten säkularer Umbrüche* (durch Professor Dr. Adolf Martin Ritter), und 2.) *Der prophetische Dienst der Kirche in Zeiten säkularer Umbrüche* (durch Lektor Dr. Dorin Oancea). Das zweite Paar bezog sich auf die folgenden Aspekte: 1.) *Gemeinsames Zeugnis der Christen in einer pluralistischen Gesellschaft* (Assistenzprofessor Ioan Caraza), und 2.) *Gemeinsames Zeugnis der Christen in einer pluralistischen Gesellschaft* (Bischof Rolf Koppe). Von den ersten zwei Referaten von Bedeutung für uns

2 Dialog einer wachsenden Dienstgemeinschaft. Gemeinsamer Bericht an die Kirchenleitungen der Evangelischen Kirche in Deutschland und an die Rumänische Orthodoxe Kirche über den Stand ihres bilateralen theologischen Dialogs, in: Irena Zeltner Pavlović/Martin Illert (Hrsg.), a. a. O., 526.

auf der Tagung hier im Kloster Caraiman ist vor allem der Beitrag von Prof. Ritter, weil der Autor eine ausführliche Darstellung der langen und tiefgreifenden Diskussion über den Begriff Säkularisierung gibt, nicht nur im deutschsprachigen Raum, sondern auch auf der europäischen Ebene, vor allem durch Berücksichtigung der Studienarbeit der Konferenz Europäischer Kirchen zu dieser Frage und einschließlich einiger orthodoxer Stimmen zur Säkularisierungsproblematik. Die langen Debatten über den Säkularisierungsbegriff wurden von Prof. Ritter in den folgenden Schlussfolgerungen wie folgt zusammengefasst: 1.) Die »Ambivalenz« der Säkularisierung, oder mit anderen Worten: »neuzeitliche Zweckrationalität«, muss nicht als stigmatisierender Fluch formuliert werden, und 2.) Der Säkularisierungsprozess ist – im abendländischen Bereich jedenfalls – weitgehend abgeschlossen. Es geht dort nicht mehr darum, über seine Legitimität oder Illegitimität zu befinden, sondern sich seinen Folgen zu stellen.[3] Zur Frage, was heute mit dem prophetischen Dienst der Christen gemeint sein könnte, meinte Prof. Ritter, dass in Anbetracht der zwei Hauptgefahren, von denen menschliches Leben heute weltweit bedroht ist – einerseits die Unterdrückung und andererseits die Fragmentierung des Lebens – es darauf ankommt, »Kirche, christliche Gemeinde als ›Haus des Gespräches‹, des Dialoges mit Gott und untereinander erfahrbar zu machen, als Ort an dem sich Identität und Gemeinschaft finden lassen.«[4]

Auf der anderen Seite fasste Lektor Dorin Oancea die allgemeine orthodoxe Vorstellung von Säkularisierung zusammen als »eine während der Aufklärung und in ihrer Nachfolge vollzogene Änderung im Selbstverständnis des Menschen, der sich unabhängig von Gott empfindet; wobei aber die Strukturen seiner früheren Gottesbeziehung noch weiter behalten werden. In diesem Fall bedeutet die Säkularisierung ein autonomes Selbstverständnis des Menschen, seine Emanzipation von seiner früheren Gottesbezogenheit usw., so dass Gott aus seinem täglichen Leben als Bestimmungs- und Beziehungsfaktor praktisch ausgeschlossen wird.«[5] Diese Sicht ist ziemlich verbreitet in der rumänischen orthodoxen Theologie. Vor ein

3 Adolf Martin Ritter, Der prophetische Dienst der Christen in den Zeiten säkularer Umbrüche, in: Rolf Koppe (Hrsg.), Siebtes Gespräch im bilateralen Theologischen Dialog zwischen der Rumänischen Orthodoxen Kirche und der Evangelischen Kirche in Deutschland (= Goslar VII), vom 27. November bis 5. Dezember 1995 in Selbitz, Hermannsburg 1999, 78.

4 A. a. O., 84.

5 Dorin Oancea, Der prophetische Dienst der Kirche in Zeiten säkularer Umbrüche, in: Rolf Koppe (Hrsg.), a. a. O., 94.

paar Jahren hatte ein junger rumänischer orthodoxer Theologe die Säkularisierung folgendermaßen beschrieben:

> »Die Säkularisierung ist das Phänomen der Entsakralisierung der Welt als Folge der Tendenz, das Heilige unter die Autorität des Profanen zu bringen. Säkularisierung ist der Prozess, der die Religion in allen Bereichen des gesellschaftlichen Lebens beraubt, von der Kunst bis zur Philosophie, von der Justiz bis zur Wissenschaft, von der Bildung bis zur Politik, Bereiche die sich jeweils als autonome Prozesse entwickeln. Heute hat dieser Säkularisierungsprozess solche Ausmaße erreicht, dass, wie die Experten sagen, zum ersten Mal in der Geschichte die religiöse Rechtfertigung der Welt ihre Glaubwürdigkeit verloren hat, nicht nur für Intellektuelle oder für isolierte Menschen, sondern für breite Teile der gesamten Gesellschaft.«[6]

Schließlich möchten wir noch einen Hinweis darauf hinzufügen, wie die Säkularisierung in den Orthodoxen Kirchen betrachtet wird: laut der Entscheidung der umstrittenen Heiligen und Großen Synode der Orthodoxen Kirche vom 18. bis zum 26. Juni 2016 auf Kreta, wird in dem Text über die *Mission der Orthodoxen Kirche in der heutigen Welt*, die Säkularisierung unter die Ursachen des Bösen in der heutigen Welt gezählt.[7]

Auf der Tagung in Selbitz hatte Dr. Dorin Oancea weitere Aspekte der Begriffe sakrale Welt und Säkularisierung angesprochen, die aber den Rahmen unseres Interesses hier sprengen würden. Aufgrund der erwähnten Beiträge und der dazu geführten Diskussionen wurden auf der Begegnung in Selbiz zu Fragen des prophetischen Dienstes der Kirchen in jener säkularisierten und pluralistischen Gesellschaft die folgenden Aussagen in dem gemeinsam angenommenen Kommuniqué formuliert:

> »1. Der prophetische Dienst der Kirchen als Entfaltung des prophetischen Amtes Christi geschieht heute in einer *säkularen* und *pluralistischen* Gesellschaft. Das ist das Ergebnis tiefgreifender Umbrüche in Geschichte und Gegenwart. Die Säkularisierung und als deren Folge die pluralistische Gesellschaft sind in ihrer Begrifflichkeit selbst ambivalent. Ebenso sind die mit ihnen ausgedrückten Phänomene unterschiedlich zu deuten und zu werten.

6 Mihai Himcinschi, Die Säkularisierung – ein zeitgenössisches Problem (Rum.), in: Revista Teologica 2 (2011), 121.

7 Siehe Synodos. Die offiziellen Dokumente des Heiligen und Großen Konzils der Orthodoxen Kirche (Kreta, 18.–26. Juni 2016), Bonn 2018, 25f.

2. Das Ablösen der christlich geprägten europäischen Welt des Mittelalters durch die mit der Aufklärung begonnene ›Befreiung von der selbstverschuldeten Unmündigkeit‹ (Kant) wird im Westen als Ausdruck der Emanzipation von autoritären Strukturen weithin positiv gesehen. Im Osten aber gilt der Begriff Säkularisierung als negativ besetzt, obwohl dasselbe Interesse an der Emanzipation von autoritären Strukturen besteht, denn das Verhältnis Kirche – Welt war anders bestimmt.

3. Die Säkularisierung hatte andererseits die Ausrichtung der Welt und vieler Menschen auf eine ausschließliche Diesseitigkeit zur Folge und bringt mit der Selbstbehauptung des Menschen gegen die Gemeinschaft mit Gott das sündige Wesen des Menschen zum Ausdruck. Es besteht Übereinstimmung darin, dass die Autonomiebestrebung und der Anthropozentrismus allgemeine Phänomene in unserer Zeit sind und sich in verschiedenen Auswirkungen im Osten und im Westen zeigen. Jede Kirche hat als Kirche unter dem Kreuz zu fragen, wo, wann und inwiefern sie durch eigenes Versagen, durch ungenügenden Einsatz im Dienst zur Säkularisation in diesem Sinne beigetragen hat. Zu den negativen Auswirkungen gehört ebenso der menschenverachtende Machtmissbrauch in diktatorischen Regimen wie die Entartung von Wissenschaft und Technik zum Selbstzweck, also die Vernachlässigung der Schöpfung und der lebensnotwendigen Beziehungen des Menschen. Die Kirche unterliegt der Gefahr, bei der Herausforderung durch die Säkularisation nicht mehr die Fülle des durch Christus geschenkten Heils zu bezeugen, sondern sich auf die Dimension säkularen Denkens zu beschränken. Die Kirche wirkt in der Welt in der Kraft der Gnade durch Zeugen Christi in dessen Vollkommenheit, in der apophatischen Fülle des Herzens und Erleuchtung der Vernunft (Bergpredigt).

4. Die politischen, gesellschaftlichen und wirtschaftlichen Umbrüche, die sich in den letzten Jahren in mittel- und osteuropäischen Staaten ereignet haben, lassen auch dort eine pluralistische Gesellschaft sichtbar werden. Der Pluralismus hat seine positive Seite als Grundwert der Verfassung des demokratischen Staates. Er wird verstanden als die Autonomie der sozialen Gruppen, die zum Staat in freier Loyalität stehen. Für die Kirchen eröffnet der Pluralismus die Chance, ohne weltliche Macht sich stärker auf die geistlichen Werte zu konzentrieren und Zeugnis und Dienst in der Gesellschaft wahrzunehmen.

5. Neue Formen der Spiritualität bieten den Kirchen die Möglichkeit zur Erneuerung und entfalten den Reichtum der verschiedenen Gaben, die Gott schenkt. Eine Gefahr stellt jener religiöse Pluralismus dar, der im Wachsen neuer religiöser Bewegungen und weltanschaulicher Heilsangebote seinen Ausdruck findet.

6. In unseren Ländern werden wir jeweils von analogen Phänomenen herausgefordert und können darum auch nur gemeinsam antworten, um glaubwürdig

zu sein. Dabei dürfen unsere Kirchen nicht gegeneinander oder bloß nebeneinander arbeiten, sondern müssen ihr gemeinsames Zeugnis als Teil ihrer Verantwortung begreifen. Denn wir sind gemeinsam ›Mitbürger der Heiligen und Gottes Hausgenossen‹ (Eph. 2,19).

7. Das vielfältige Zeugnis und Leben der Heiligen erscheint in seiner Individualität und Gemeinschaftlichkeit wie eine prophetische Antwort auf die persönlichen und kollektiven Belastungen und Sinnlosigkeiten, aber auch auf die Sehnsüchte unserer Zeit. Davon ermutigt stellen sich unsere Kirchen nüchtern den Problemen der Gegenwart und erhalten Kraft zur Weisheit und Prophetie. Der Reichtum ihrer spirituellen Tradition lässt sie bei ihren Quellen bleiben und zugleich lebensnah sein. Nur so können unsere Kirchen letztlich das notwendige Zeugnis in die konkreten Konfliktsituationen hineinsprechen, um das Evangelium in Leiturgia, Martyria und Diakonia zu verwirklichen und Licht in Christus zu sein.

8. Die fortgesetzte Trennung der Kirchen ist auch insofern ein Ärgernis, als sie zur fortschreitenden Säkularisierung unmittelbar beiträgt. Als versöhnte Verschiedenheit hingegen vermag die ökumenische Bewegung durch Annäherung an die christliche Einheit bei konvergierenden kirchlichen Strukturen und theologischen Traditionen ein Vorbild zu geben für die Gestaltung des Zusammenlebens im Pluralismus sowohl im religiösen als auch im weltlichen Bereich.«[8]

2.2 Die Debatte zur Frage der Säkularisierung als Kontext der Mission

Das zweite sozialethische Thema in unserem Dialog lautete also »*Dienen und Versöhnen, Europäische Integration als Herausforderung an unsere Kirchen*« und wurde auf der achten Begegnung vom 3. bis 8. Oktober 1998 in Bukarest behandelt. Das Unterthema *Der versöhnende Dienst der Kirchen in einer säkularisierten Welt* wurde von den gleichen Theologen wie in Selbiz behandelt und zwar von Privatdozent Dr. Dorin Oancea bzw. von Professor Dr. Adolf Martin Ritter. Der erste Referent hat zur Frage der Säkularisierung vorgeschlagen, die zwei Deutungsformen dieses Begriffes zu

[8] Rolf Koppe (Hrsg.), Kommuniqué der 7. Begegnung im bilateralen Theologischen Dialog zwischen der Rumänischen Orthodoxen Kirche und der Evangelischen Kirche in Deutschland (=Goslar VII), vom 27. November bis 5. Dezember 1995 in Selbitz, Hermannsburg 1999, 15–17.

verbinden, und zwar die Säkularisierung als Verlust der integralen Gemeinschaft mit Gott und die Tatsache, dass für den Christen gleichzeitig das Bewusstsein dieses Verlustes mitschwingen kann.[9] Auf der anderen Seite hat Prof. Ritter in Bukarest zum Begriff Säkularisierung gegenüber seinem Beitrag von Selbitz nur die Bemerkung hinzugefügt, dass »auch die römisch-katholische Kirche in einem intensiven europäischen Konsultationsprozess über das Thema ›Säkularisierung‹ ihr altes ›antimodernistisches‹ Ressentiment aufgegeben und zu einem neuen differenzierten Verständnis der Säkularisierung vorgedrungen ist.«[10] Zur Frage des Kontextes, in dem die Kirchen ihren Dienst der Versöhnung zu leisten haben, hatte Professor Ritter unter anderem die folgende interessante Bemerkung gemacht:

> »Heute geht es um die Frage, ob die Menschheit auf die neuen Erkenntnisse ihrer Grenzen zu reagieren und sich umzuorientieren vermag. Dabei kann es nicht darum gehen, ein Wertesystem zu restaurieren, in dem die Mündigkeit des Menschen, seine Freiheit und Chance zur Selbstbestimmung rückgängig gemacht werden [...] und somit der Säkularisierungsprozess insgesamt diskreditiert wird. Legitim aber ist die Erwartung, dass insbesondere die Ursprungsgeschichte des Christentums Intentionen und Kriterien enthält, die bis heute von handlungsorientierter und gemeinschaftsbildender Relevanz sind.«[11]

Dazu darf man klarstellen, dass die orthodoxe Theologie nicht daran denkt, die Säkularisierung rückgängig zu machen, aber auch nicht, sie positiv zu beurteilen. Auf der achten Begegnung des Dialogs zwischen unseren Kirchen wurden folgende Aspekte des behandelten Themas gemeinsam unterstrichen:

> »Unsere Kirchen leben gegenwärtig in einer besonderen geschichtlichen Lage, in der sie sich von ihrem ureigensten theologischen und geistlichen Proprium her, Botschafter der Versöhnung mit Gott zu sein (2Kor 5,18–20) und Diener

9 Dorin Oancea, Der versöhnende Dienst der Kirchen in einer säkularisierten Welt, in: Rolf Koppe (Hrsg.), Achtes Gespräch im bilateralen Theologischen Dialog zwischen der Rumänischen Orthodoxen Kirche und der Evangelischen Kirche in Deutschland (= Goslar VIII), vom 3. bis 5. Oktober 1998 im Patriarchat in Bukarest, Hermannsburg 1999, 202 f.

10 Adolf Martin Ritter, Der versöhnende Dienst der Kirchen in einer säkularisierten Gesellschaft, in: Rolf Koppe (Hrsg.), a. a. O., 220 f.

11 Ebd.

Jesu Christi zur Verkündigung des Evangeliums (Röm 15,16), herausgefordert wissen, auch im Hinblick auf Europa gemeinsam zu handeln, das sich derzeit in einem komplexen historischen Prozess befindet. Dieser Prozess zielt auf Frieden, Versöhnung, Sicherheit, Freiheit und Zusammenarbeit.

Die Kirchen sind umso mehr zu einem Beitrag hierzu gerufen, als im Leibe Christi alle Völker, Gesellschaften und Menschen in ihrer jeweiligen kulturellen und religiösen Identität in Eintracht verbunden werden sollen. Dass die europäischen Kirchen indessen noch getrennt sind, ist ein Hindernis für die europäische Integration und zugleich ein Ansporn, auch zwischen unseren getrennten Kirchen zu Versöhnung und Gemeinschaft zu gelangen, ohne dass hierdurch die Vielfalt und historisch gewachsene Eigenart unserer Traditionen aufgehoben würde. Die Verantwortung der Kirchen für Europa kann nur gemeinsam und nicht konfessionell getrennt wahrgenommen werden.

Bei ihrem Eintreten für das Gelingen der europäischen Einigung gehen unsere Kirchen von folgenden gemeinsamen, theologisch verantworteten Prinzipien aus, über die wir uns bei unserem Dialog ausgetauscht haben:

- Europa braucht nicht nur eine Gemeinschaft versöhnter Volker und Staaten, sondern auch eine Gemeinschaft versöhnter Kirchen. Es gilt, auch im Blick auf Religions- und Konfessionszugehörigkeit plurale Strukturen zu fördern.
- Europa soll nicht nur eine wirtschaftliche Einheit werden, sondern auch ein Mindestmaß an sozialer Gerechtigkeit für alle seine Bürger verwirklichen. Mit ihrem sozialethischen Zeugnis können die Kirchen das politische Gewissen wecken, damit verstärkt auf Solidarität, Gerechtigkeit, Gleichberechtigung, Chancengleichheit und Schutz von Minderheiten geachtet wird.
- Unsere Kirchen sind im Laufe ihrer langen Geschichte auf unterschiedliche Wege geführt worden und haben eine unterschiedliche Struktur und Spiritualität. Die ganze Christenheit ist trotz ihrer prinzipiellen, in Christus begründeten Einheit in den einzelnen Regionen und Konfessionen unterschiedlich geprägt. Ebenso ist auch Europa nicht uniform, sondern beherbergt eine Vielzahl unterschiedlicher Kulturen. Es muss Raum haben für unterschiedliche spirituelle Ausdrucksformen. Es soll weder politisch noch kulturell zentralistisch oder gar totalitär gestaltet werden, sondern plural und demokratisch.
- Europa darf nicht neuen (oder alten) Formen des Nationalismus, der Selbstüberschätzung oder anderen Formen der kollektiven Ich-Verfallenheit Raum geben. Es soll vielmehr ein Europa von Nationen sein, die aufeinander bezogen sind. Aus christlicher Sicht sollte die nationale Identität als Ort kultureller Gemeinschaft und Kommunikation nach Möglichkeit gefördert werden. Dies kann jedoch nur gelingen, wenn die nationale Identität zugleich

offen ist für die Schaffung einer noch größeren, auch über Europa hinausgehenden Gemeinschaft von Menschen und Völkern und so dem Frieden dient. Deshalb darf der europäische Einigungsprozess keinesfalls auf Kosten der außereuropäischen Staaten und Völker gehen.

- Wenn sich unsere Kirchen bemühen, einen gemeinsamen Beitrag zur europäischen Integration zu leisten, kann es nicht darum gehen, die staatlichen und politischen Institutionen in irgendeiner Weise zu bevormunden. Staat und Kirchen sind wie bisher auch in einem künftigen Europa zu unterscheiden. Die weitgehende Säkularisierung im privaten und öffentlichen Leben gehört zu unserer Welt. Es wird von niemandem bestritten, dass diese Entwicklung sowohl negative als auch positive Auswirkungen hat, wenngleich diese in unseren beiden Traditionen jeweils unterschiedlich gewichtet werden. Hier gilt es, das bereits bei unserer letzten Begegnung in Selbitz begonnene Gespräch weiter zu vertiefen. In der säkularisierten Gesellschaft gehört es zum bleibenden Auftrag der Kirche, an ihren eigenen Werten festzuhalten und sie immer wieder in der Öffentlichkeit zu bezeugen.
- Dieser Auftrag, der gerade auch im Vorgang der europäischen Integration seine Bedeutung hat, verwirklicht sich nicht nur auf paneuropäischer Ebene, sondern auch im konkreten politischen, sozialen und religiösen Kontext unserer Kirchen. In diesem jeweils eigenen Kontext sollten sie für Freiheit, Demokratie und Menschenrechte eintreten, weil die angestrebte Einheit nur so verwirklicht werden kann. Diese Einigung lässt sich des Weiteren nur auf demokratischem Wege erreichen und setzt daher die Beachtung demokratischer Grundsätze im eigenen kirchlichen und gesellschaftlichen Umfeld voraus.

Wie die Evangelische Kirche in Deutschland so hat auch die Rumänische Orthodoxe Kirche ihre positive Einstellung zur europäischen Integration innerhalb der verschiedenen ökumenischen Gremien, vor allem auch in der Konferenz Europäischer Kirchen und ihren wegweisenden Studienprogrammen, wiederholt zum Ausdruck gebracht. Sie sind bereit, sich für ein vereintes Europa einzusetzen und bei der Neugestaltung Europas die Bedeutung der christlichen Spiritualität neu ins Bewusstsein zu rufen. Unsere Kirchen und Völker gehören zu Europa und können bei der Neugestaltung ihres Kontinents einen spezifischen Beitrag leisten.«[12]

[12] A. a. O., 133–135.

2.3 Neue Akzentsetzungen in der Behandlung der sozialethischen Fragen

Das dritte sozialethische Thema, das im Dialog zwischen der EKD und der RumOK besprochen wurde, lautete: *Die Kirche und ihre politisch-gesellschaftliche Verantwortung heute,* und wurde auf der neunten Begegnung in diesem Dialog, die vom 7. bis 12. Oktober 2000 im Tagungs- und Erholungsheim der Evangelischen Brüder-Unität von Herrnhut stattfand, behandelt. Dieses Thema wurde von Anfang an durch ein Unterthema umrissen, wodurch es durch »Bibelhermeneutische, kirchengeschichtliche und ekklesiologische Ansätze« vertieft wurde. In der Dokumentation dieser Begegnung wurde nach jedem Referat eine Zusammenfassung der Diskussion zum betreffenden Beitrag eingeschlossen. Die auf dieser Tagung gehaltenen Referate waren zugespitzt auf die erwähnten Aspekte des Hauptthemas, daher gehen wir direkt zu den gemeinsam angenommenen Aussagen im Kommuniqué von Herrnhut über:

> »Zusammenfassend stellen wir fest: Der neunte Dialog hat zu erheblichen Übereinstimmungen im Blick auf die politische Verantwortung der Kirche in der Gesellschaft geführt. Die Referate und Diskussionen haben grundlegend gemeinsame ekklesiologische und sozialethische Positionen ans Licht gebracht, wobei die Unterschiede der beiden Traditionen jeweils differenzierte Akzentsetzungen zeigten, die als gegenseitige Bereicherung empfunden werden.
>
> - Das Dasein der Kirche wie der Welt gründet auf dem schöpferischen, erhaltenden und erlösenden Handeln Gottes durch Jesus Christus und den Heiligen Geist, der die gesamte Schöpfung der Vollendung entgegenführt. Der ›kosmische Christus‹ hält als ›Pantokrator‹ die gesamte Welt, gerade auch ihre Machtstrukturen, in seiner Hand. Daraus ergibt sich die Verantwortung der Kirche gegenüber der Welt und ihren Ordnungs- und Machtstrukturen einschließlich des Staates.
> - Staat und Kirche sind in ihren gesellschaftlichen Lebensformen auf dieselben Menschen bzw. jeweils auf das gleiche Volk bezogen. So entsteht ein einzigartiges Zusammenwachsen, wobei das Kirchenvolk zu einer eigens ausgeprägten Volkskirche werden kann mit einem deutlich nationalen Charakter innerhalb einer gesellschaftlich gewachsenen Kultur. Angesichts der gegenwärtigen Situation mit ihren unterschiedlichen Graden der Säkularisierung sind diese Gegebenheiten Anlass zu neuem, intensivem Nachdenken.

- Der in der Liebe gründende Dienst der Kirche in der Welt vollzieht sich sowohl in ihrer Diakonie an den Armen als auch im prophetischen Gegenüber und in kritischer Begleitung der politisch-staatlichen Verantwortungsträger. Daraus ergibt sich das Eintreten der Kirche für Frieden und Gerechtigkeit in der Welt und darüber hinaus ihre primäre Bedeutung der rettenden Liebe Gottes.«[13]

3. Einige Schlussbemerkungen

1. Die Frage der Säkularisierung war kein Hauptanliegen dieses Dialoges, doch war sie eine Frage des Kontextes, in dem die Kirchen ihre Mission zu entfalten hatten. Daher wurde diese Frage durch die erwähnten Referate, wie auch durch die darauffolgenden Diskussionen behandelt. Dadurch wurde unterstrichen, dass es im deutschsprachigen Raum während des 20. Jahrhunderts einen »Säkularismusstreit um Ursprung und Schicksal der Moderne«, vor allem innerhalb der Geschichts-Philosophie und in der Religions-Soziologie, angefangen mit Max Weber, gegeben hat, wie Professor Adolf Martin Ritter gezeigt hat. Viel wichtiger war es zu notieren, dass es im deutschen protestantischen Raum eine christliche Rezeption und Kritik der Debatte über die Säkularisierung z. B. durch Dietrich Bonhoeffer gegeben hat. In dieser Hinsicht wird die Säkularisierung theologisch legitimiert »als Funktion des Autonomieverständnisses der modernen ›profanen‹ Welt, die sich von der sog. christlichen Kultur ›emanzipiert‹ hat. Die Befreiung der Welt, die somit ›nur‹ Welt sein darf, ist gleichzeitig auch Befreiung des Glaubens von der Welt.«[14] Professor Ritter sprach weiter von »der Befreiung des Glaubens von der Bindung an eine ideologische Verbindung ›christlicher Kultur‹, was auch aus orthodoxer Sicht zu berücksichtigen wäre.«

2. In der rumänischen orthodoxen Theologie wurde die Frage der Säkularisierung nicht so differenziert diskutiert, sondern im Gegenteil wurde diese Frage allgemein als ein Einfluss von Außen und immer negativ betrachtet. Daher konnte man in diesem Dialog nie zu einer sachlichen Debatte über Säkularisierung kommen. Die unterschiedliche Wahrnehmung der Säkularisierung in unseren theologischen Traditionen wurde im Kom-

13 Dagmar Heller / Rolf Koppe (Hrsg.), Kommuniqué der 9. Begegnung im bilateralen Theologischen Dialog zwischen der Rumänischen Orthodoxen Kirche und der Evangelischen Kirche in Deutschland (Goslar IX), Frankfurt a. M. 2005, 23 f.

14 Ritter, Der prophetische Dienst (s. Anm. 3), 75.

muniqué von 1995 wie oben zitiert und diese Überlegungen könnten einen hilfreichen Ausgangpunkt für unsere Debatten im Kloster Caraiman sein.

3. Auf der anderen Seite wurde die Mission unserer Kirchen heute im Laufe dieses Dialoges entweder als seelsorgerliche, pastorale Aufgabe, vor allem während der ersten fünf Begegnungen dieser Gespräche, berücksichtigt, oder als sozialethische Verantwortung in einem säkularisierten Kontext. Die Frage für uns auf dieser Tagung im Kloster Caraiman ist nun, ob unsere Kirchen mit dem Thema für diese Begegnung von uns nicht einige Überlegungen zur Frage der Mission als Verkündigung des Gotteswortes in der heutigen säkularisierten Gesellschaft erwarten.

4. Aufgrund der bereits diskutierten Aspekte der Mission in diesem Dialog könnten wir uns fragen, wie sich die Mission unserer Kirchen als Verkündigung zu ihrer sozialethischen Verantwortung verhält.

5. Unsere Kirchen leben und entfalten beide ihre Mission in säkularisierten Gesellschaften, auch wenn der Stand der Säkularisierung in unseren jeweiligen Ländern verschieden sein mag. Welche Erfahrungen haben unsere Kirchen aus der Sicht ihrer Mission durch ihre Auseinandersetzung mit der Säkularisierung soweit gemacht?

6. Welche neuen Methoden der Verkündigung sollen unsere Kirchen in Anbetracht der säkularisierten Gesellschaft benutzen, in der sie ihre Mission entfalten?

7. Was können unsere Kirchen voneinander aus ihrer jeweiligen Auseinandersetzung mit der säkularisierten Gesellschaft lernen?

TEIL II

Mission und Verkündigung in biblisch-theologischer Perspektive

Die Mission des Wortes Gottes in einer säkularisierten Welt

Eine biblische Perspektive

Stelian Tofană

Den christlichen Kirchen Europas ist in den letzten Jahren bewusster geworden, dass das Zusammenspiel, die Interaktion, von Säkularismus, Globalisierung und sozialem und theologischem Pluralismus nicht nur eine gründliche theologische Reflexion erfordert, sondern auch konkrete und kohärente Initiativen, um die christliche Identität einerseits und die Rolle des Evangeliums Jesu Christi in der heutigen Gesellschaft andererseits zu bekräftigen.[1]

Die vorliegende Studie soll einen bescheidenen Beitrag zu dieser konstruktiven Anstrengung leisten, das Evangelium im Zentrum des christlichen Lebens als Maßstab für das individuelle und kollektive Verhalten in der heutigen modernen Gesellschaft durchzusetzen.

1. Der Missionsauftrag des Auferstandenen (Mt 28,19–20). Eine exegetisch-missionarische Perspektive

Das Ende des Matthäusevangeliums wird von der Darstellung des Erscheinens Jesu vor den Elf (28,16–20) auf einem Berg[2] in Galiläa bestimmt. Die elf Apostel, ohne Judas (vgl. Apg 1,25), gingen nach Galiläa, wo Jesus

1 Mehr Einzelheiten dazu, siehe Gheorghe Holbea, Identitate şi globalizare în viziune creştină ortodoxă, in: Miliana Şerbu/Constantin Gheorghe (Hrsg.), Globalizare şi identitate naţională, Bucureşti 2006, 85–109; Stavros Photiou, Orthodoxy in the Third Millennium: Eastern Perspectives in Western Society, in: Hellenic Times (N.Y.) 28 (2001), 14f.; Hilarion Alfeyev, Orthodox Witness Today, Geneva 2006, 154.

2 In allen Berichten über die Erscheinung Jesu bei den Aposteln in Galiläa ist kein Berg erwähnt (Mt 26,32; 28,7; Mk 16,14–18; Lk 24,36–49). Es ist möglich, dass

ihnen versprochen hatte, sie zu treffen (Mt 26,32; 28,10), und wohin sie auch durch die Frauen, gemäß der Botschaft des Engels, der ihnen am leeren Grab erschienen war (vgl. Mt 28,7), gesandt worden waren.[3]

Der Bericht über die Erscheinung ist vor allem durch die Betonung der Autorität Christi gekennzeichnet: »Mir ist alle Macht (πᾶσα ἐξουσία) gegeben im Himmel und auf der Erde« (Mt 28,18). Wir stellen fest, dass der Evangelist das Wort ἐξουσία verwendet, was Macht im Sinne von *Autorität, absolute Macht*,[4] bedeutet. Er verwendet nicht das Synonym δύναμις, das auch mit Macht übersetzt werden kann, aber mehr im Sinne von *physischer Kraft*[5] zu verstehen ist. Die Erwähnung dieses Substantivs ἐξουσία ist nicht zufällig. Der Autor wollte betonen, dass der Befehl der »Evangelisierung«, gemeint ist der Verkündigung und der Jüngerschaft, den die Apostel von dem auferstandenen Herrn erhalten hatten und somit erfüllen sollten, *unter der Schirmherrschaft des Begriffes der Autorität beginnt*, genauer gesagt, mit der Bestätigung der Autorität und Souveränität Jesu Christi.

Die Betonung dieses Aspekts ist wichtig, weil *es, ohne einer bestimmten Autorität unterworfen zu sein und auszudrücken, welche Autorität den Referenzstatus desjenigen ausmacht, der sich als Lehrer kundgetan hat, keine Jünger geben und auch keine Jüngerschaft erlangt werden kann.*

Nachdem Jesus diese Autorität bestätigt hat, spricht er den Befehl aus: »Darum geht (πορευθέντες) zu allen Völkern, und macht alle Menschen

die genannten Orte eine Zusammenfassung dessen sind, was über das Erscheinen in Galiläa gesagt wurde, oder dass sogar Jesus Christus diesen Berg in einem seiner späteren Erscheinungen angedeutet hat, was die Evangelisten jedoch nicht berichtet haben (siehe William Hendriksen, Matthew (NTC), Grand Michigan 2007, 996).

3 Einzelheiten bezüglich des Treffens der Apostel mit dem auferstandenen Herrn in Galiläa, siehe Malina J. Bruce, The literary structure and form of Matthew 28, 16-30, in: NTS 17 (1971), 87–103. Bezüglich der theologischen Bedeutung dieser einzigen von Matthäus erzählten Erscheinung Jesu nach seiner Auferstehung sowie die Bedeutung der vom Evangelist vorgenommenen Bedeutungsverlagerung von Jerusalem auf Galiläa, siehe Kingsbury J. Dean, The composition and Christology of Matt 28,16–20, in: JBL 93 (1974), 573–584.

4 Cf. Werner Foerster, ἔξεστιν, ἐξουσία, [...] in: ThWNT, Bd. 2, 1990, 565: »Eine wichtige Rolle spielt ἐξουσία zur Deutung von Werk und Person Jesu. Es bezeichnet die ihm von Gott gegebene Vollmacht und Macht zum Handeln. Ist er der Sohn, so ist auch die ihm gegebene Vollmacht nicht als beschränkte Beauftragung zu denken, sondern als Verwaltung in freier Willenseinheit mit dem Vater zu verstehen«.

5 Siehe Walter Grundmann, Δύναμαι, δνατός, δύνατέω, δύναμις, in: ThWNT, Bd. 2, 311f.

(μαθητεύσατε πάντα τὰ ἔθνη) zu Jüngern; tauft sie (βαπτίζοντες αὐτοὺς) auf den Namen des Vaters und des Sohnes und des Heiligen Geistes[6] und lehrt sie (διδάσκοντες αὐτοὺς) alles zu befolgen, was ich euch geboten habe« (Mt 28,19f.). Das Verbum μαθητεύω transitiv bedeutet »lehren«, »das Evangelium Christi vermitteln«, »zu Jüngern machen«, also »evangelisieren«. Intransitiv gebraucht, drückt das Verbum μαθητεύω »Jünger werden« aus (Mt 13,52; 27,57).[7] Somit kann man sagen, dass das Verbum μαθητεύω in diesem Text eine doppelte Dimension des von Jesus formulierten nachösterlichen Gebotes und damit des Mandats einnimmt:

a) *die kerygmatische Dimension* – das Evangelium zu verkündigen
b) *die missionarische Dimension* – Jünger in der Welt zu machen[8]

Die Sendung der Jünger zur Verkündigung des Evangeliums des Himmelreiches an alle Völker (Mt 28,19) korrigiert die zuvor beschränkte Sendung nur zu »den verlorenen Schafen des Hauses Israel« (vgl. Mt 10,5f.) und drückt damit die universelle Dimension der christlichen Mission aus.[9]

Schematisch dargestellt, umfasst der Befehl der nachösterlichen Mission nach Matthäus drei Partizipien, die gleichzeitig drei progressive Stufen der Evangelisierung definieren:

1. πορευθέντες – den dynamischen Aspekt der Mission
2. βαπτίζοντες – die Handlung der Inkorporation aller in Christus durch die Taufe und den Übergang von einer alten Lebensweise zu einer anderen, ganz neuen
3. μαθητεύσατε – die kerygmatische Dimension der Mission oder die Aktion der »Evangelisierung« der Welt mit dem Absicht, Jünger zu machen.

6 Was die trinitarische Tauformel (Mt 28,19) anbelangt, wurde sie wahrscheinlich in der »matthäanischen Gemeinde« während des Schreibens des Evangeliums verwendet und ersetzte eine frühere Gewohnheit, im Namen Jesu zu taufen (vgl. Apg 2,38; 8,16). Die Taufformel zeigt deutlich, dass die Christianisierung der Völker ein Hauptbestandteil der nachösterlichen Mission der christlichen Kirche wurde.

7 Siehe Einzelheiten dazu, K. Heinrich Rengstorf, Μαντάνω, μαθητής, μαθητεύω, in: ThWNT, Bd. 4, 1990, 465.

8 Cf. Stelian Tofană, Introducere în Studiul Noului Testament. Evangheliile după Matei şi Marcu. Documentul Quelle 2, Cluj-Napoca 2002, 262f.

9 Ähnlich siehe Hendriksen, Matthew (s. Anm. 2), 1000f.

Daher bezieht sich der nachösterliche Auftrag Jesu, den er den Aposteln gegeben hat, hauptsächlich auf den missionarisch-kerygmatischen Aspekt der kollektiven apostolischen Arbeit der christlichen Kirche aller Zeiten und aller Orte.

Unter diesem Gesichtspunkt wird die Mission der Kirche, allen Völkern das Evangelium zu verkündigen, mit der Absicht, Jünger zu machen, ein provokativer Imperativ, der genauso aktuell ist, wie er vor zweitausend Jahren war. Zu dieser Ansicht gelangen wir, wenn wir auch nur den Säkularisierungsaspekt der Welt betrachten, in der wir leben.

2. »Die Evangelisierung« oder »die Zentralität« des Evangeliums in der heutigen Gesellschaft

Zu Beginn möchte ich erklären, dass ich durch den Begriff »Evangelisierung« nicht ein proselytisches Vorhaben beabsichtige, neue Mitglieder durch den Übergang von einer Kirche zu einer anderen zu gewinnen, so wie dieser Begriff von einigen religiösen neuprotestantischen Denominationen verstanden wird. Ich verwende diesen Begriff im Sinne der Verkündigung des Evangeliums Jesu Christi, besonders in Bezug auf *die Zentralität Seines Evangeliums* in der Gesellschaft, in der wir leben. Deswegen muss die »Evangelisierung« nicht als interkonfessionell antagonistische Konfrontation durchgeführt werden, sondern im Geiste, im Zeichen einer Komplementarität.

Folglich beziehe ich mich, wenn ich den Begriff »Evangelisierung« verwende, auf die Bemühung der christlichen Kirche, das Evangelium Jesu Christi und Seine Person in den Mittelpunkt der Welt und des christlichen Lebens zu stellen. Wenn wir heute von »Evangelisierung« als Mission der Kirche sprechen, halte ich es nicht für notwendig, die Bezeichnung »neu« hinzuzufügen, um dadurch ein neues Konzept zu schaffen, nämlich »die neue Evangelisierung«.[10] Im Rahmen der kirchlichen Mission der Evange-

[10] Den Begriff »neue Evangelisierung« hat Papst Johannes Paul II. eingeführt und verwendet, um damit die Mission der Kirche in Lateinamerika zu bezeichnen, wo er im dialektischen Verhältnis zum von den spanischen und portugiesischen Missionaren verwendeten Begriff »einführende Evangelisierung« steht. Aber seit der Enzyklika »Redemptoris Missio« bekam der Begriff »neue Evangelisierung« eine »ökumenische« Dimension (siehe Paulus Ioannes PP. II, Enzyklika Redemptoris missio: Über die fortdauernde Gültigkeit des missionarischen Auftrages, 33 [7. Dezember 1990], http://w2.vatican.va/content/john-paul-ii/de/encyclicals/documents/hf_jp-ii_enc_07121990_redemptoris-missio.html, abgerufen: 10.07.2019).

lisierung der heutigen Welt wird nicht ein »neues Evangelium« verkündet, sondern es wird die Notwendigkeit betont, die Person Jesu Christi und sein Evangelium in den Mittelpunkt des christlichen Lebens und im Allgemeinen in das Zentrum der modernen heutigen Gesellschaft zu stellen.

Wenn ich den Begriff »Evangelisierung« dem Begriff »Verkündigung« vorziehe, so geschieht das in der Überzeugung, dass der Begriff »Evangelisierung« etwas mehr vom Zweck der christlichen Mission zum Ausdruck bringt, nämlich dass man Jesus Christus und seine Lehre in den Mittelpunkt des Lebens dieser Welt stellen muss. Das Wort »Verkündigung« kann beispielsweise auch bedeuten, dass »eine moralische Lehre ausgesagt wird« oder dass zum Aufbau einer Wohltätigkeitsaktion oder zur Förderung der Werte der Gerechtigkeit aufgerufen wird usw., während der Begriff »Evangelisierung« sich nur auf die Verkündigung der Person Jesu Christi und seines Evangeliums bezieht.

Das Neue Testament bietet relevante Beispiele für die Zentralität des Evangeliums und der Person Jesu Christi sowie die Antwort des Menschen auf dessen Verständnis. Einen entscheidenden Beweis dafür finden wir in der Pfingstpredigt des Apostels Petrus, welche die Person Jesu Christi im Hinblick auf seinen Tod und seine Auferstehung in den Mittelpunkt stellt (vgl. Apg 2,14–41). Zutiefst gerührt von den Worten des Apostels stellt die in Jerusalem anwesende Menschenmenge eine Frage, die einzig sinnvolle in dem betreffenden Zusammenhang: »Als sie aber das hörten, ging's ihnen durchs Herz, und sie sprachen zu Petrus und den andern Aposteln: Was sollen wir tun, Brüder?« (Apg 2,37) Petrus antwortete: »Kehrt um, und jeder von euch lasse sich auf den Namen Jesu Christi taufen zur Vergebung seiner Sünden; dann werdet ihr die Gabe des Heiligen Geistes empfangen« (Apg 2,38). Die folgenden Worte sind eine selbstverständliche Schlussfolgerung des Autors der Apostelgeschichte zu den erwähnten Begebenheiten: »Die nun, die sein Wort annahmen, ließen sich taufen. An diesem Tag wurden (ihrer Gemeinschaft) etwa dreitausend Menschen hinzugefügt« (Apg 2,41).

Folglich, wenn Christus für die Menschenmenge zum Mittelpunkt ihrer Denkweise wird, geschieht folgendes: *die Bekehrung der Gemeinschaft, die Taufe und die vollkommene Änderung der Lebensweise.* Der Autor des Buches vermerkt in der Fortsetzung das Wunder, welches das Leben jener Menschen nach ihrer Bekehrung begleitet hat:

»Sie hielten an der Lehre der Apostel fest (τῇ διδαχῇ τῶν ἀποστόλων) und an der Gemeinschaft (καὶ τῇ κοινωνίᾳ) am Brechen des Brotes (τῇ κλάσει τοῦ ἄρτου) und an den Gebeten (καὶ ταῖς προσευχαῖς). Alle wurden von Furcht ergriffen; denn durch die Apostel geschahen viele Wunder und Zeichen. Und alle, die gläubig geworden waren, bildeten eine Gemeinschaft und hatten alles gemeinsam. Sie verkauften Hab und Gut und gaben davon allen, jedem so viel, wie er nötig hatte« (Apg 2,42–45).

Diese Merkmale, die für das gemeinschaftliche und liturgische Leben der ersten Christen kennzeichnend waren, stellten später, laut J. Dupont, ein »Vorbild« für alle christlichen Gemeinschaften dar, an dem sie ihre eigene Treue zum Evangelium Christi und zur Apostelverkündung überprüfen konnten.[11] Tatsächlich beschreibt Lukas mit dieser Erzählung die Anfänge der ersten christlichen Gemeinschaft aus chronologischer Sicht, aber sein Bestreben, den Begebenheiten theologische Bedeutung zu verleihen, erweitert sich zu einer paradigmatisch definierten Perspektive.[12]

Das Beispiel des Lebens dieser christlichen Gemeinschaft sollte danach die ganze Welt verändern und erhielt eine universale soteriologische Bedeutung.

Also muss das Volk das Evangelium nicht nur hören, sondern durch die Art, wie es ausgesprochen wird, muss das Volk überzeugt werden, darauf auch eine Antwort zu geben. Ein verkündigtes Evangelium ohne eine Antwort der Christen ist ein *verstümmeltes Evangelium.*

Heutzutage kann man im Leben der Kirche feststellen, dass die Christen das Evangelium besitzen, sie hören es beim Gottesdienst, sie lesen es persönlich, aber sie haben es nicht in ein Instrument der Veränderung ihres persönlichen Lebens und das anderer Menschen aus ihrem Umfeld, seien es auch Nichtchristen, verwandelt. Die persönliche wie die gemeinschaftliche Heiligkeit ist sowohl *Haupt-Ziel* als auch *Haupt-Weg der Evangelisierung.*

11 Siehe Jacques Dupont, Teologia della Chiesa negli Atti degli Apostoli, Bologna 1984, 17.

12 Für eine Weiterentwicklung dieser Idee, siehe Cadbury B. J., Community of Goods in the Early Jerusalem Church, in: ANRW 26, 2 (1995), 1730–1774; Lucien Cerfaux, La première communauté à Jérusalem (Act 2,41–5,42), in: ETL 16 (1939), 5–30.

3. Die Beziehung zwischen der Person Jesu Christi und seinem Wort als seinem Werk

Das Werk ist im Allgemeinen die äußere Handlung einer Person. Durch ein Werk treten wir in eine Beziehung mit der Person, die dieses Werk gewirkt hat. Das gesprochene Wort ist ein Werk, das von einer Person vollbracht wird, wie eine Brücke, die gebaut wird, damit wir eine Beziehung, eine Kommunikation, mit ihr eingehen. Durch das Hören und Beachten des Wortes schenken wir der Person, die das Wort gesprochen hat, unsere Aufmerksamkeit, und ihr Bild prägt sich in unserem Geiste ein. Wenn uns jemand anspricht, stellen wir alle fest, dass unsere Aufmerksamkeit der betreffenden Person geschenkt wird, und seine Worte nehmen wir nicht wahr als etwas, das uns voneinander entfernt, sondern, im Gegenteil, als etwas, das uns eint, so dass die Distanz zwischen uns und der entsprechenden Person vermindert wird.[13]

Diese Tatsache stimmt vorbildhaft für die Person Jesu Christi, dessen Werk von ihm untrennbar ist.[14] Daher, als Jesus Christus ein belehrendes Wort zum Ausdruck brachte, bildete sein Wort ein Ganzes mit seiner Person, und das, was den Zuhörern Leben schenkt, ist nicht der wortwörtliche Sinn des Wortes, sondern die Verbindung ihres Wesens mit der Person des Erlösers.

Dieses Verhältnis zwischen Christus und seinem Wort oder seinem Werk, als ein einheitliches Ganzes gesehen, widerspiegelt sich deutlich in seiner ganzen öffentlichen Tätigkeit. Als Beispiel kann das Wunder der Brotvermehrung erwähnt werden, das von allen Evangelisten berichtet wird (Mt 14,13–21; Mk 6,30–44; Lk 9,10–12; Joh 6,1–14).

Die Frage, die sich uns stellt, ist: Wie hätte jene Menschenmenge bei Jesus Christus bis spät am Abend bleiben können (vgl. Joh 6,1), wenn seine Person in ihrer vollen göttlichen Pracht und der Macht seines Wortes und Handelns nicht anwesend gewesen wäre bzw. wenn die Menschenmenge durch sein Wort nicht auch seine Person empfangen hätte?

In diesem Sinne kann man sagen: Beim Lesen oder Hören der Worte und der Taten Jesu Christi geschieht es, dass auch heute die Christen Jesus aktuell begegnen. Und er, Jesus Christus selbst, wiederholt, wenn seine Worte und seine Taten gelesen und gehört werden, irgendwie selbst das Sprechen und Handeln durch seine Identifikation mit diesen Worten und

[13] Siehe Einzelheiten in diesem Sinne, Dumitru Stăniloae, Iisus Hristos sau restaurarea omului, Sibiu 1943, 187.

[14] Ebd.

Taten, indem er sie als die Seinigen betrachtet,[15] wobei er gleichzeitig versucht, in uns zu dringen, und dieses auch erreicht. Sein Werk ist eine Brücke, die er permanent dem menschlichen Wesen anbietet, um es mit seiner Person zu verbinden; sein Werk ist seine Offenbarung, sein Zugang zur Welt, es ist das Mittel, wodurch er sich mit uns identifiziert.

Deswegen geschieht es, wenn wir seine Worte aussprechen und hören, dass wir Jesus empfangen, indem wir uns mit Ihm identifizieren, als mit dem, der in Seinem Wort gegenwärtig und von Ihm untrennbar ist, indem wir uns mit Seinem Werk identifizieren. In diesem Sinne wird Sein Wort für uns Nahrung, Essen. Genauer gesagt: Das Lesen der Heiligen Schrift wird mit der Heiligen Eucharistie verglichen, in der das Wort für uns zur Nahrung wird. Der Heilige Maximus der Bekenner behauptet in diesem Sinne, dass auch im Alten Testament die Kommunion mit dem Wort der Heiligen Schrift als Nahrung erwähnt wird, und nennt dazu die Worte des Psalms 119,131: »Weit öffne ich meinen Mund / und lechze nach deinen Geboten; denn nach ihnen hab' ich Verlangen«, oder: »Wie köstlich ist für meinen Gaumen deine Verheißung, süßer als Honig für meinen Mund« (Ps 119,103).[16] Doch um diese Erfahrung erleben und verstehen zu können, benötigt man Glauben.

Die Überzeugung der Kirchenväter, dass die Bibel Jesus ist, da jedes Wort der Heiligen Schrift uns Seine Gegenwart ermöglicht, erschließt sich aus ihren zahlreichen Aussagen. Clemens von Alexandrien zeigt, dass wir uns von den Samen des Lebens, die in der Bibel enthalten sind, ernähren müssen, so wie wir uns von der Eucharistie ernähren.[17] Origenes meint, dass »das heimlich gebrochene Wort eucharistisch verzehrt wird«.[18] Der Heilige Hieronymus äußert die gleiche Überzeugung: »Wir essen Seinen Leib und trinken Sein Blut in der Heiligen Eucharistie, aber auch durch das Lesen der Heiligen Schrift«[19] und der Heilige Gregor von Nazianz setzt das Lesen mit dem Verzehr des österlichen Lamms gleich.[20]

15 Ebd.

16 Cf. Costa M. de Beauregard / Dumitru Stăniloae, Mica Dogmatică vorbită. Dialoguri la Cernica, Sibiu 1995, 125.

17 Clement Alexandrinul, Stromate I, 1, in: Jacques Paul Miqne, Patrologia Graeca 8, 688A.

18 Origenes, In Matthaeum commentariorum Series, 85, in: Migne, PG (s. Anm. 17), 13, 1734A.

19 Hieronymus, In Ecclesiastes, 3,13, cf. Paul Evdokimov, Les âges de la vie spirituelle. Des Pères du desert à nos jours, Paris 1980, 192.

20 Ebd.

4. *Die Ursachen der Unfruchtbarkeit des Wortes Gottes in der modernen Welt*

Durch das Wort schuf Gott das Universum in all seiner Pracht und Schönheit. Durch das Wort Gottes haben die Propheten den Glauben wach gehalten und haben die Menschheit zur Wahrheit, zur Gerechtigkeit geleitet, indem sie oft ihre Strukturen vom Fundament aus verändert haben.

Im Leben der Kirche war das Wort Gottes die Waffe, durch die die Welt für Jesus erobert wurde, durch die der Glaube verbreitet wurde, Völker bekehrt wurden, Sitten verbessert wurden. Nichts kann also der Kraft des Gotteswortes gleichen.

In diesem Zusammenhang tauchen einige Fragen auf, die nicht nur die einfachen Christen angehen, sondern die das ganze ekklesiale, theologische Leben, unabhängig von der Konfession oder Ausdrucksweise des Glaubens, einbeziehen. *Wo zeigt sich heute die Macht des Wortes? Wie ist es möglich, dass die gleiche Waffe, die früher so viele Siege erlangt hat, heutzutage einen anämischen Einfluss auf das Denken der heutigen Menschen ausübt?* In allen Kirchen und christlichen Gemeinschaften wird heute das Wort Gottes gepredigt und sogar sehr häufig. Die Heilige Schrift ist schon lange das verbreitetste und meistgelesene Buch in der ganzen Welt und trotzdem sind die Früchte dieser Lektüre so wenig sichtbar.

Eine Antwort auf diese Frage könnte man im Gleichnis vom Sämann (Lk 8,5–15) finden, in dem Jesus zeigt, dass die Ursache der Unfruchtbarkeit des Wortes Gottes nicht beim Sämann oder beim Samen zu finden ist, sondern bei denjenigen, die zuhören und ihr Herz nicht als guten Acker bzw. fruchtbaren Boden anbieten. Man könnte aus den vorigen Behauptungen schließen, dass wir, die das Wort verkündigen, nicht zu denjenigen gehören, die zuhören und die somit die Ursache der Unfruchtbarkeit darstellen.

Der Sämann ist ein einziger, und zwar Gott, und der Samen ist ein einziger, nämlich sein Wort. Er sät durch uns in dem Maße, in welchem wir ihn aufnehmen, ihn erleben und uns mit ihm identifizieren, so dass er zuerst in unserem Herzen fruchtbar werden muss. Das bedeutet, der Acker, der zu besäen ist, wird zuerst von denjenigen angeboten, die zu diesem Werk berufen sind, und durch sie sät er das Wort weiter aus.[21]

[21] Eine Analyse dieses Aspekts der Fruchtbarkeit oder Unfruchtbarkeit des Wortes Gottes, abhängig von der Auswirkung seiner Botschaft auf die Seele der Person, die es spricht, findet sich bei Stelian Tofană, Evanghelia lui Iisus. Misiunea Cuvântului, Cluj-Napoca 2015, 216–218.

Und nun betrachten wir näher einige Ursachen der Unfruchtbarkeit des Heiligen Wortes in der modernen Welt, in der Welt, in der wir leben, die in ihrem moralischen Gebilde von den schlimmsten Lastern verstümmelt ist, wobei diese Laster oft kultisch verehrt werden und man sogar mancherorts versucht, sie theologisch zu rechtfertigen.

4.1 Die Behandlung des Wortes Gottes mit Unglauben

Für viele Christen mag es stimmen, dass die Bibel nicht nur ein *Staubsammler* ist, sie lesen die Bibel, aber sie kommt ihnen zu veraltet vor und sie meinen, sie entspricht nur vergangenen Zeiten. In diesem Sinne gibt es zahlreiche Menschen, die sich fragen: Welche Botschaft können dem modernen Menschen die Erzählungen von Menschen und Begebenheiten aus längst vergangenen Zeiten vermitteln, außer höchstens einige allgemeinbildende Informationen?

Die Synoptiker vermerken alle, dass Jesus keinen Erfolg im Umfeld seiner Verwandten und Bekannten in Galiläa hatte. Es taucht nun die folgende Frage auf: Warum konnte er nicht auch die bekehren, so wie er es mit den Bewohnern anderer Ortschaften geschafft hatte? Die Antwort ist gar nicht schwer: Weil seine Verwandten und seine Bekannten ihn als einen der Ihren betrachteten, also als einen einfachen Menschen, als den Sohn des Zimmermanns aus Nazareth, also ohne Autorität und ohne göttliche Macht. Matthäus vermerkt dazu:

> »Jesus kam in seine Heimatstadt und lehrte die Menschen dort in der Synagoge. Da staunten alle und sagten: Woher hat er diese Weisheit und die Kraft, Wunder zu tun? Ist das nicht der Sohn des Zimmermanns? Heißt nicht seine Mutter Maria, und sind nicht Jakobus, Josef, Simon und Judas seine Brüder? Leben nicht alle seine Schwestern unter uns? Woher also hat er das alles? [...] Und sie nahmen Anstoß an ihm und lehnten ihn ab [...]. Und wegen ihres Unglaubens tat er dort nur wenige Wunder« (Mt 13,54–58; vgl. Lk 4,16–30).

Weil sie also an seine Göttlichkeit und Macht nicht geglaubt haben, konnten sie sich nicht bekehren. Der Mangel an Glauben in der Aufnahme seiner Taten und Worte hat diejenigen, die ihm zuhörten, von Ihm ferngehalten. Dasselbe geschieht auch heute, in unserer Welt: Die Menschen lassen sich nicht von den feurigen Worten der Heiligen Schrift verwandeln, denn sie lesen sie wie ein einfaches Buch, ohne sie zu akzeptieren und zu glauben, dass sie aus Worten voller göttlicher Kraft besteht, die von der göttlichen Person desjenigen, der sie einmal zum Ausdruck gebracht hat, nicht getrennt werden können. Um sie also zu verstehen braucht man den Glauben und die Hilfe des Heiligen Geistes.

Der Apostel Paulus erklärt den Römern, dass es *eine Kraft Gottes* gibt, die alle selig macht, die daran glauben (Röm 1,16), und das ist möglich, weil Gottes Wort in euch wirkt (ἐνεργειταί), die ihr glaubt (ἐν ὑμιν τοῖς πιστεύονσιν) (1Thess 2,15). Aus diesen Texten lässt sich erschließen, dass das Wort nur dort wirkt, wo es mit Glauben aufgenommen wird, mit der Überzeugung, dass die Kraft Gottes durch das Wort wirksam ist, und nicht dort, wo es als einfaches menschliches Wort wahrgenommen wird.[22]

4.2 Lesen und Hören des Wortes Gottes außerhalb der Kommunion des Heiligen Geistes und des Gebets

Die menschliche Vernunft ist nicht imstande, allein die Schrift zu ergründen und Gott als Subjekt des Wortes zu verstehen, sondern es braucht ein durch die Energien des Heiligen Geistes umgewandeltes Verständnis, welches die Macht der menschlichen Vernunft, des menschlichen Geistes übertrifft. Die Lektüre der Schrift in einem Gebetszustand, unter der Führung des Heiligen Geistes, also inspiriert durch den Heiligen Geist, ist eine Lektüre, in der die Grenzen der einfachen Schöpfung übertroffen werden: Der menschliche Geist wird zu neuen Verständnissen, Überlegungen[23], Interpretationen und Auffassungen fähig, indem er in die Transzendenz Gottes erhoben wird und so von Gott ein rechtes Verständnis empfängt.

Nur derjenige, der die Schriftforschung mit seinem Bemühen auf dem Weg der Vergöttlichung verbindet, befindet sich auf dem Weg dieser Art von Verständnis und ist imstande in die »Tiefen der Schriftauslegung herunterzusteigen.«[24]

> »Der wahre Sinn der Worte des Heiligen Geistes [sagt der Hl. Maximus der Bekenner] wird nur denen offenbart, die des Heiligen Geistes würdig sind, d. h. nur denen, die durch ein langzeitiges Pflegen der Tugenden, wodurch sie ihre Herzen von der Dunkelheit der sündigen Leidenschaften [Süchte] reinigten, das richtige Verständnis der göttlichen Worte von Gott empfangen.«[25]

22 John Breck, The Power of the Word: In the Worshiping Church, Crestwood Tuckahoe / New York 1987, 13f.

23 Cf. Evdokimov, Les âges (s. Anm. 19), 114.

24 Cf. Georg Galitis, Offenbarung, Inspiration und Schriftauslegung nach Orthodoxem Verständnis, in: Una Sancta 2 (1980), 127.

25 Hl. Maximus Abbas, Quaestiones ad Thalassium de Scriptura Sacra, in: Migne, PG

Daher kann zur endgültigen Bedeutung der Schrift allein mit wissenschaftlichen Methoden nicht vorgedrungen werden. Nur das Gebet öffnet unser Herz und macht es verständig für das Licht des Heiligen Geistes, das uns hilft, auf die Ebene desjenigen zu gelangen und das richtig zu verstehen, was die Verfasser der Heiligen Schrift im Zustand der Inspiration geschrieben haben.[26]

Dies ist die inspirierte Lektüre. Nur das Herz, vereint mit dem Geist im Gebet, nimmt im Wort Gottes seine universelle Bedeutung und Kraft wahr.[27] Dies ist genau der Grund, warum in der Liturgie des heiligen Johannes Chrysostomus ein außergewöhnliches Gebet eingefügt wurde, das der Priester im Geheimen spricht, bevor er das Evangelium liest und sowohl für sich selbst als auch für die Christen betet:

> »Lass, menschenliebender Herr, in unseren Herzen das ungetrübte Licht deiner Gotteserkenntnis leuchten und öffne die Augen unseres Verstandes, damit wir die Botschaft deines Evangeliums verstehen. Flösse uns auch die Furcht vor deinen seligmachenden Geboten ein, auf dass wir, alle fleischlichen Begierden überwindend, einen geistlichen Lebenswandel führen und alles nach deinem Wohlgefallen sinnen und tun. Denn du bist die Erleuchtung unserer Seelen und Leiber, Christus, Gott, und dir senden wie den Lobpreis empor samt deinem anfangslosen Vater und deinem allheiligen, gütigen und lebenschaffenden Geist, jetzt und immerdar und in alle Ewigkeit.«[28]

Der Schwerpunkt dieses Gebets liegt auf dem Flehen um *die Erleuchtung des Geistes* und dem *Öffnen der Gedanken* gegenüber dem Verständnis der Bedeutung des Wortes des Evangeliums, das gesprochen werden soll und in dem Jesus Christus gegenwärtig ist. Es ist nicht möglich, das Verstehen und

90, 738, (rumänisch: Sf. Maxim Mărturisitorul, Răspunsuri către Talasie, in: Filocalie 3, Bucureşti 1993, 92). Für Einzelheiten bezüglich der patristischen Sicht der Auslegung der Heiligen Schrift aus orthodoxer Perspektive vgl. Vasile Mihoc, The Actuality of the Church Fathers' Biblical Exegesis, in: James Dunn u. a. (Hrsg.), Auslegung der Bibel in orthodoxer und westlicher Perspektive, WUNT 130, Tübingen 2000, 16f. Für eine protestantische Sicht auf dieses Thema vgl. Ulrich Luz, Die Bedeutung der Kirchenväter für die Auslegung der Bibel, in: Jörg Frey (Hrsg.), Theologische Aufsätze. Wissenschaftliche Untersuchungen zum Neuen Testament 414, Tübingen 2018, 275–299.

26 F. Dreyfus, L'actualisation de l'Écriture. L'action de l'Ésprit, in: Revue Biblique 2 (1979), 162f.

27 A. a. O., 163.

28 Johannes Chrysostomus, Die Göttliche Liturgie der Orthodoxen Kirche, herausgegeben und erläutert von Athanasios Kallis, Mainz 1989, 74.

die Vereinigung mit Ihm durch das Wort zu verwirklichen ohne vorher den Geist, das Denken und das Herz zu verwandeln, und dies geschieht im Gebet mit der Anrufung des Geistes. Es ist also eine Offenheit der Gedanken für das rechte Verständnis und ein vom Geist erleuchtetes Herz für die Aufnahme notwendig, für die Vereinigung mit Ihm.

4.3 Die Trennung des Wortes Gottes von der eucharistisch-liturgischen Erfahrung

Die Liturgie ist für den orthodoxen Gläubigen ein Ort, an dem Christus immer inmitten derer bleibt, die sich zu Seiner Auferstehung bekennen. Darin wird das Leben und das Werk Christi unseres Erlösers wiedergegeben, das in der Heiligen Schrift aktualisiert wird, wobei die Liturgie eine Fortsetzung der Ereignisse der Heiligen Schrift durch die göttliche Gnade darstellt.[29]

In diesem Sinne ist die Schrift, getrennt vom liturgischen und geistlichen Leben der Kirche, nicht mehr das lebendige Wort, sondern nur ein Text des Lernens für intellektuelles Wissen, das bei weitem nicht den Zweck erfüllt, für den es schriftlich festgehalten, bewahrt, aufbewahrt und von der Kirche weitergegeben wurde.

In der Liturgie wird für den orthodoxen Christen die Vergangenheit aus der Schrift aktualisiert und in die Gegenwart versetzt, während die Zukunft vorhergesagt wird. Schließlich wird das Versprechen des Herrn für die Gegenwart als Moment der Gegenwart erlebt:

> »Also [sagt Vater Dumitru Stăniloae], in der Weihnachtsliturgie, in der Liturgie zur Christi Taufe oder zu Ostern wird Christus in den Herzen der Gläubigen geboren, getauft und auf mystische [geheim gelebte] Weise auferweckt.«[30]

Methodius aus Olymp fragt sich:

> »Wie könnte die Kirche neue Gläubige ›gebären‹ durch das Bad der Wiedergeburt? Wenn er nicht wieder vom Himmel herabstieg, wenn er seinen Tod nicht erneuerte, wenn er sich nicht mit der Kirche verband und ihm [dem Bad] nicht die Kraft gab, Christen durch das heilige Bad zu gebären?«[31]

29 Mircea Basarab, Scriptură şi Liturghie, in: Mitropolia Banatului 7–9 (1981), 463.

30 Siehe Dumitru Stăniloae, Teologia Dogmatică Ortodox , Bd. 1, Bucureşti 1978, 62.

31 Cf. Methodii, Episcopi et Martyris, Convivium decem virginum, in: Migne, PG 18, 73A.

Ohne die Geschichte und das Übermitteln der Wahrheit durch die kulturellen Mittel jeder Epoche zu leugnen, interpretieren die Kirchenväter – so J. Zizioulas – die Geschichte im Licht der Eucharistie, und in dieser Erfahrung erhält sie neue Dimensionen,[32] wobei Christus als Mittelpunkt ihrer Existenz vollen Sinn verleiht.

In der eucharistischen Liturgie wird Christus in zwei Formen konsumiert, wie der Hl. Hieronymus es ausdrückt: »Wir essen und trinken seinen Leib und sein Blut in der göttlichen Eucharistie, aber auch bei den Lesungen der Schrift«.[33] Aus diesem Grund muss die Heilige Schrift durch die Augen Christi, der die Eucharistie spendet, betrachtet werden, denn auch sie, so wie Er, dient als geistliche Speise für die Christen. In diesem Sinne sagt Origenes:

> »Wenn wir für Fleisch und Blut des Erretters eine besondere Sorgfalt ausüben, damit kein Krümel fällt und wir es verlieren, dann sind wir zur selben Sorgfalt auch für die Worte Christi in der Schrift gerufen, denn die Sünde ist dieselbe im Fall eines Verlustes.«[34]

Nur im eucharistischen Christus können wir denselben Christus im Wort der Schrift lesen, verstehen und als Sinn durchdringen. Mit anderen Worten, der Christus des Wortes offenbart sich vollständig nur im Christus der Eucharistie. Der kleine Unterschied zwischen den beiden Arten der Kommunion mit Christus wird in der Emmaus-Episode deutlich, die am Tag der Auferstehung stattfand und von Lukas in seinem Evangelium in Kap. 24 dargestellt wird:

Den beiden Jüngern, die am Tage der Auferstehung nach Emmaus gingen, traurig wegen dem, was mit demjenigen, in den sie ihre Hoffnung auf die Befreiung Israels gesetzt hatten, in Jerusalem geschehen war, gleichzeitig von offenen Fragen belastet, schloss sich zu einem gewissen Zeitpunkt ein Fremder an, der mit ihnen reden wollte. Sie kannten ihn nicht. Er schalt sie, und das ziemlich hart, für das nicht-Verstehen der Schriften, die klar und deutlich über die Leiden und das Selbstopfer dessen zeugen, der sie enttäuscht hatte.

Der »Fremde«, kein anderer als Christus der Erlöser, begann die Schriften für sie auszulegen, d. h. die Stellen zu deuten, die über seine Leiden

32 Cf. Ioannis Zizioulas, Verité et communion dans la perspective de la pensée greque, in: Irenikon 4 (1977), 502.

33 Cf. Paul Evdokimov, L'Ortodoxie, Neuchatel 1965, 188.

34 Origene, In Exodum. Homilia 13.3, in: Migne, PG 12, 391.

sprechen, wobei Er ihren Geist erleuchtete, nachdem Er ihnen das Interesse für das Verstehen der entsprechenden Schriftstellen (Lk 24,32) geweckt hatte, damit sie das verstehen können, was sie alleine nicht verstehen konnten, nämlich die Erfüllung der Prophezeiungen über Ihn (Lk 24,25). Der Effekt zeigte sich sofort. So sehr haben die beiden die Worte der Schrift, die der Fremde ihnen auslegte, gelebt, dass sie sich von ihm nicht mehr trennen wollten. So kommt es, dass sie ihn aufrichtig baten, bei ihnen zu bleiben, um ihnen das Wort weiter auszulegen. Sie waren mit Ihm eins. Sie kommunizierten und wurden mit seinem Wort vereint und dadurch getröstet, beruhigt, von Unklarheiten befreit, alle Fragen waren beantwortet.

Aber zu diesem Zeitpunkt der Vereinigung allein mit dem Wort kannten sie den Autor des Wortes noch nicht vollständig. Es benötigte etwas anderes, um Ihn zu kennen, was im nächsten Moment passierte: Christus segnete und brach das Brot, gab es den Jünger zur Nahrung und plötzlich wurden ihre Augen geöffnet und sie erkannten Ihn. Aber ist Er, vor ihnen unsichtbar geworden, ganz verschwunden? Nein! Er wurde mit dem eucharistischen Brot eins mit ihnen als Er es den Jüngern zum Essen anbot. So zelebrierte Er die erste eucharistische Liturgie nach seiner Auferstehung. Und die beiden Jünger waren die ersten, die mit dem Leib Christi in der Eucharistie kommunizierten, mit ihm, der geopfert und getötet wurde, der auferstandenen ist und von den Energien des Heiligen Geistes durchdrungen wurde. Das Erkennen und Vereinen mit Christus wurde also nicht im Wort vollbracht, in dem die Vereinigung mit Ihm anfing, sondern im eucharistischen Christus, in dem es vervollkommnet wurde.[35]

In dieser liturgischen, eucharistischen Erfahrung wird auch ein heiliges Schaudern durch die Begegnung und die Vereinigung mit Christus hervorgebracht und bewusst gelebt: »Und sie sagten zueinander: Brannte uns nicht das Herz in der Brust, als er unterwegs mit uns redete und uns den Sinn der Schrift erschloß?«, fragten die beiden Jünger, nachdem er sich zu erkennen gab, während er das Brot brach (Lk 24,32). Es ist klar, dass die beiden Jünger in Emmaus den historischen Christus suchten, aber ihre Suche endete mit Seiner Offenbarung und der Vereinigung mit dem eucharistischen Christus, der dem Verständnis Seines Wortes auch eine andere Dimension verlieh.[36]

35 Für eine vertiefende Darstellung: Stelian Tofană, Euharistie şi cunoaştere la Emaus (Lc 24:13–35), in: Konfluenzen. Jahrbuch der Abteilung Protestantische Theologie an der Lucian Blaga Universität Hermannstadt/Sibiu (2014–2015), 14f.73–92.

36 Cf. Bartolomeu V. Anania, Noul Testament (comentat), Bucureşti 1993, 145.

4.4 Die Trennung des göttlichen Wortes von der Realität des Alltags

Die größte Versuchung der heutigen Welt bezüglich des Wortes Gottes ist, dass die Ereignisse, die von der Bibel erzählt werden, so gesehen werden, als gehörten sie der zweitausendjährigen Vergangenheit an und würden uns nichts mehr angehen.

Aber alle diese vergangenen Ereignisse sollten als »Rufe ins Heute«, die Gott an uns gerichtet hat, verstanden werden. Jeder Abschnitt aus der Bibel und insbesondere aus dem Evangelium muss als Botschaft Gottes gesehen und verstanden werden, jetzt, da Er versucht, zu uns zu sprechen, unser Haus zu betreten, uns zu retten. Ohne diesen Glauben das Wort lesen, sprechen oder hören bedeutet, außerhalb seines Wortes und seiner Macht zu bleiben.

Ich möchte diesbezüglich auf eine alttestamentliche Stelle aus 2. Könige 12,1–13 hinweisen, die aufzeigt, wie wir die Ereignisse des täglichen Lebens mit dem Wort Gottes in Beziehung setzen müssen. König David beging eine zweifache Übertretung: Er bereitete die Ermordung seines Generals Uriah vor und nahm Batscheba, dessen Frau, zu sich. Der König, ein Mörder und Ehebrecher, wurde von dem Propheten Nathan, dem Gesandten Gottes, besucht, der ihn zur Umkehr aufrufen wollte.

Nathan benutzte ein Gleichnis und sagte König David im Auftrag Gottes:

> »In einer Stadt lebten einst zwei Männer; der eine war reich, der andere arm. Der Reiche besaß sehr viele Schafe und Rinder, der Arme aber besaß nichts außer einem einzigen kleinen Lamm, das er gekauft hatte. Er zog es auf, und es wurde bei ihm zusammen mit seinen Kindern groß. Es aß von seinem Stück Brot, und es trank aus seinem Becher, in seinem Schoß lag es und war für ihn wie eine Tochter. Da kam ein Besucher zu dem reichen Mann, und er brachte es nicht über sich, eines von seinen Schafen oder Rindern zu nehmen, um es für den zuzubereiten, der zu ihm gekommen war. Darum nahm er dem Armen das Lamm weg und bereitete es für den Mann zu, der zu ihm gekommen war. Da geriet David in heftigen Zorn über den Mann und sagte zu Natan: So wahr der Herr lebt: Der Mann, der das getan hat, verdient den Tod!
> Da sagte Natan zu David: Du selbst bist der Mann [...] Du hast den Hetiter Urija mit dem Schwert erschlagen und hast dir seine Frau zur Frau genommen; durch das Schwert der Ammoniter hast du ihn umgebracht. Darum soll jetzt das Schwert auf ewig nicht mehr von deinem Haus weichen; denn du hast mich verachtet [...] Darauf sagte David zu Natan: Ich habe gegen den Herrn

gesündigt. Natan antwortete David: Der Herr hat dir deine Sünde vergeben; du wirst nicht sterben [...]« (2Kön 12,1–5.7.9f.12f.).

Was ist aus dem zitierten Text ersichtlich? Solange David glaubte, dass das Wort des Propheten ihn, sein Leben und seine Taten nicht beträfe und er sich somit außerhalb der erzählten Welt befände, fällte er wertvolle und faire Urteile: »Der Mann, der das getan hat, verdient den Tod!« (2Kön 12,5) Aber in dem Augenblick, als der Prophet ihm kundtat, dass er der Mann ist, auf den sich das Wort des Herrn bezieht, und er auf diese Weise in seiner Tat vom Wort überwältigt wurde und erkannte, dass sein Schicksal in das Wort des Herrn verwickelt ist, machte David keine Einschätzungen mehr, sondern tat Umkehr: »Ich habe gegen den Herrn gesündigt.« (2 Kön 12,12)

Solange David die Geschichte des Gleichnisses als einen Zwischenfall mit anderen Personen ansah, war er verhärtet im Herzen. Als er die Offenbarung des Propheten erhielt und seine Botschaft als auf seine Tat bezogen verstand, tat er die Buße, also Metanoia.

Saul, der zukünftige Apostel der Heiden, verhielt sich genauso. Solange er etwas über Jesus wusste und sich mit Ihm nur in einem intellektuellen Erkenntnisprozess befand, verfolgte er Ihn. Als er Ihn verstand, sich Ihm näherte und sich auf Ihn bezog, nicht nur in einem einfachen intellektuellen Rahmen, sondern auch in der liebevollen, direkten Beziehung zu Ihm, indem er den persönlichen Glauben lebte, konnte er sagen: »nicht mehr ich lebe, sondern Christus lebt in mir« (Gal 2,20).

5. Schlussfolgerungen

Was heute als ein Nachteil der Mission der christlichen Kirche angesehen werden kann ist, dass ihre Führer (Vorsteher) predigen, und zwar sehr viel, aber nicht »evangelisieren«.

Der Inhalt der Predigt in der Kirche konzentriert sich oft nicht auf das Leben, den Tod und die Auferstehung Jesu oder auf die eindringliche Aufforderung der Christen, sich in ihrem Leben mit dem Gekreuzigten, nicht nur mit dem auferstandenen Christus vollständig zu identifizieren, sondern auf andere Themen. Es wird gesagt, man solle sich auf Themen von Bedeutung für die Gegenwart konzentrieren, Themen aus dem Bereich der isolierten moralischen Werte, der sozialen, politischen, demographischen, ökologischen Fragen. Diese beziehen sich natürlich auf das Evangelium, aber sie sind nicht das Evangelium selbst.

Diejenigen, die predigen, meinen oft, aber fälschlicherweise, dass solche biblischen Themen, die mit dem Leben und Wirken des Erretters zusammenhängen, den Christen bekannt sind und dass das Beharren darauf zweitrangig wäre.

Tatsächlich wird das Evangelium der Erlösung oft durch ein soziales Evangelium oder bestenfalls ein liturgisches Evangelium ersetzt, wobei wir uns fragen können, ob die Christen wirklich »evangelisiert« sind oder einfach nur »sakramentalisiert«? Die Wirkung einer solchen »Evangelisierung« ist der sichere Fall in einen religiösen Formalismus oder einen unfruchtbaren Ritualismus. Wir glauben jedoch, dass durch eine solche Religiosität die Moralität einer säkularisierten Gesellschaft nicht geändert werden kann.

In der Orthodoxen Kirche steht das Heilige Evangelium als Buch in der Mitte des Altars im Mittelpunkt des heiligen Tisches. Haben wir uns gefragt warum? Weil auf dem Altar im Vollzug der göttlichen Liturgie das Abendmahl, die Auferstehung und die Verherrlichung Christi im eucharistischen Sakrament aktualisiert werden. Christus aber, der geopfert wurde, auferstanden ist und verherrlicht wurde, steht im Mittelpunkt Seines Evangeliums, und dies wiederum steht im Mittelpunkt des Glaubens der Kirche. *Die »Zentralität« Christi muss also zum Inhalt der »Evangelisierung« der Welt werden.*

Daher sollte es das gesamte liturgische, kerygmatische und sakramentale Leben der Kirche bestimmen, Christus in den Mittelpunkt der Predigt und der Anbetung, sowohl in der Orthodoxen als auch in der Evangelischen Kirche, zu stellen. Ich bin davon überzeugt, dass nur dann, wenn innerhalb dieses Dialogs deutlich wird, dass Christus der Mittelpunkt unserer Predigt und Anbetung ist, wir unsere Existenz als Gesprächspartner rechtfertigen.

Nur um Christus – den Gekreuzigten, den Auferstandenen und den Verherrlichten – und um Sein Wort herum, kann die heutige Gesellschaft, in ihrer Gesamtheit verstanden, ihre Identität, ihren Wert, die völlig kompromittiert sind, wiedererlangen.

Sola Scriptura?

Das protestantische »Schriftprinzip« und seine Präsenz in posttraditionaler und (post-?)säkularer Gesellschaft

Bernd Oberdorfer

Fragen der Präsenz der Bibel in Kirche und Kultur sind im Protestantismus von jeher hochsensible Fragen, da sie Selbstverständnis und Identität berühren. Denn die emphatische Berufung auf die Heilige Schrift – »Sola Scriptura!« – war so etwas wie der leitende Impuls, die Initialzündung der Reformation – in kritischer wie konstruktiver Hinsicht. Diese grundlegende Bedeutung der Bibel will ich in einem ersten Schritt in ihren unterschiedlichen Facetten und Dimensionen herausarbeiten. Dabei spielte von Anfang an die Frage des Verhältnisses der Heiligen Schrift zur kirchlichen Tradition eine wichtige Rolle – zumal die Reformatoren ja selber traditionsbildend wurden. Danach will ich einige Wegmarken der weiteren Entwicklung andeuten, an denen sich die Bedeutung der Bibel als Instanz der Kritik und als Quelle der Erneuerung in besonderer Deutlichkeit erschließt. In diesen Zusammenhang gehört auch die historisch-kritische Methode der Bibelexegese, die nicht zufällig im Protestantismus entstand; sie intendierte und bewirkte nämlich – anders als vielfach beargwöhnt – eine enorme Aufwertung der Bibel *in und gegenüber* – beides ist wichtig! – der Kirche. Sie erzeugte freilich auch eine »Krise des Schriftprinzips«[1], indem sie die Frage der normativen Geltung virulent machte: Kann und, wenn ja, wie kann sich in einem historisch gewachsenen Text das authentische und verbindliche Wort Gottes artikulieren? Auch stellte sich verstärkt die Frage nach dem Verhältnis von Bibel und kirchlicher Lehre.

Nach diesen mehr historischen Ausführungen springe ich dann in die Gegenwart und spreche zunächst die Herausforderungen an, die der unbezweifelbare Traditionsbruch, der signifikante Verlust an Bibelkenntnis

[1] Wolfhart Pannenberg, Die Krise des Schriftprinzips, in: Ders., Grundfragen systematischer Theologie, Göttingen 1967, 11–21.

und die zurückgehende Präsenz der Bibel in Kirche und Kultur gerade für evangelische Kirchen bedeuten. Daraufhin identifiziere ich ›Orte‹, an denen die Bibel und der Umgang mit ihr auch das Leben heutiger evangelischer Gemeinden und Christenmenschen prägt und inspiriert. Abschließend möchte ich Chancen für neue, produktive Zugänge zur Bibel benennen, z. B. die ›Entdeckung‹ der Bedeutung des Narrativen für Identitäts- und Ethosbildung in den Kulturwissenschaften.[2]

1. Sola Scriptura! Die Bibel als Quelle und Norm der Glaubenserkenntnis und des Glaubenslebens in der Reformation

Wer »Reformation« sagt, meint immer auch: die Bibel. Kaum etwas kennzeichnet das reformatorische Selbstverständnis und Selbstbewusstsein besser als der prägnante Slogan »Sola scriptura!«. Er hatte eine kritisch-polemische wie eine gestaltbildend-konstruktive Dimension. Bekanntlich warfen die Reformatoren der römischen Kirche vor, sich in der Lehrbildung gegen die normative Kraft der Bibel zu immunisieren und die Gläubigen geradezu von der Bibel abzuschirmen. Eine der drei »Mauern«, die die von Luther so genannten »Romanisten« gegen die Reform der Kirche aufrichten, ist nach Luthers wichtiger Programmschrift »An den christlichen Adel deutscher Nation« der päpstliche Anspruch auf letztinstanzliche Bibelauslegung,[3] der den Gläubigen zu Unrecht die Kompetenz zu eigenständig an der Bibel geschulter Urteilsbildung abspricht.[4] Auch Zwinglis Protest gegen kirchliche Fastenregeln, an dem sich die Zürcher Reformation entzündete,[5] speiste sich aus einer emphatischen Unterscheidung von Gotteswort und Menschenwort: Religiös verbindlich für die christliche

[2] Im Folgenden greife ich teilweise zurück auf meinen Beitrag: »… damit das Wort recht in Übung kommt …«. Die Bibel in der Frömmigkeitspraxis der Konfessionen: Eine lutherische Perspektive, in: MD 70 (2019), 37–39.

[3] Vgl. Martin Luther, An den christlichen Adel deutscher Nation von des christlichen Standes Besserung, WA 6, 404–469; neudeutsche Fassung in: Martin Luther, Ausgewählte Schriften, hg. von Karin Bornkamm und Gerhard Ebeling, Frankfurt a. M. 1982, Bd. 1, 150–237.

[4] Vgl. auch Martin Luther, Dass eine christliche Versammlung oder Gemeine Recht und Macht habe, alle Lehre zu urteilen und Lehrer zu berufen, ein- und abzusetzen. Grund und Ursach aus der Schrift (1523), WA 11, 408–416.

[5] Vgl. Huldrych Zwingli, Von Erkiesen und Freiheit der Speisen (1522), in: Ders., Sämtliche Werke, Bd. 1, Berlin 1905 (CR 88), 74–136. Neudeutsche Fassung: Die freie Wahl der Speisen, in: Ders., Schriften, Bd. 1, Zürich 1995, 19–73.

Lebensführung kann nur sein, was sich explizit aus der Bibel als dem authentischen Gotteswort herleiten lässt. Kirchliche Vorschriften hingegen, für die sich keine zuverlässige Begründung in der Schrift nachweisen lässt, gehören auf die Seite des Menschenworts, das nicht wertlos ist, dem aber allenfalls innerweltlich-relative Ordnungsverbindlichkeit zukommen kann; wer dagegen verstößt, sündigt nicht (sofern die Nächstenliebe gewahrt bleibt).

In der Kritik spiegelt sich schon die positive Funktion der Bibel. Wenn die Bibel Lehre und Leben der Kirche prägen soll und wenn die Bibelkenntnis auch nicht nur exklusives Herrschaftswissen für eine kirchliche Leitungselite sein soll, die sie dann gut gefiltert den Gläubigen weitergibt, dann muss zum einen dafür gesorgt werden, dass die Bibel den Gläubigen in verständlicher und zugänglicher Gestalt möglichst umfassend zur Verfügung steht. Und dann müssen zum anderen Formen des alltäglichen Umgangs mit der Bibel entwickelt werden, die geeignet sind, »das Gottis wort ym schwang zu halten«[6].

Für die *Zugänglichkeit* sind natürlich zu nennen: Bibelübersetzung und Bibelverbreitung. Luthers Bibelübersetzung ist nicht nur sprach- und kulturgeschichtlich relevant – obwohl es sicherlich signifikant ist, dass es eine Bibelübersetzung war, die maßgeblich wurde für die Geburt der neuhochdeutschen Sprache; und die kulturprägende Bedeutung dieser Übersetzung hat sich namentlich in der deutschen Literaturgeschichte niedergeschlagen. Die Bibel in der Landessprache zugänglich zu machen verwirklichte vielmehr ein religiös-theologisches Kernanliegen der Reformation selbst.

Was die *Verbreitung* betrifft, so ist an die Bedeutung des Buchdrucks zu erinnern, der die Vervielfältigung ungemein erleichterte. Allerdings blieb der private Besitz einer Bibel aus ökonomischen Gründen weiterhin ein Privileg wohlhabender Schichten. Ein weiteres Hindernis war die geringe Alphabetisierungsquote. Dies war im Übrigen einer der Gründe, warum die Wittenberger Reformatoren anders als die Schweizer an der Hochschätzung der Bilder festhielten; sie erschienen ihnen als geeignetes *zusätzliches* Medium für die Kommunikation des Evangeliums.[7]

6 Martin Luther, Deutsche Messe und ordnung Gottis diensts (1526), WA 19, 72–113, hier: 80.

7 Dass diese Verankerung der Bilder in ihrer Verkündigungsfunktion einen Unterschied zur orthodoxen Ikonenfrömmigkeit markiert, liegt auf der Hand, und es ist sicher kein Zufall, dass auch die Wittenberger Reformatoren keine spezifische Theologie der Bilder-Verehrung entwickelten. Gleichwohl ist es bemerkenswert,

Aus dieser umfassenden Sorge um die Zugänglichkeit des Wortes Gottes entsprang dann auch das reformatorische Bildungspathos. Wenn alles darauf ankommt, dass das biblische Wort in der Lebenspraxis der Gläubigen gestaltbildend zur Geltung kommt, dann müssen die Gläubigen dieses Wort auch lesen können. Dies ist das elementare Motiv für die Leidenschaft und Zielstrebigkeit, mit der die Reformatoren auf die Gründung von Schulen drangen und sich um Fragen der Schulorganisation und der Didaktik kümmerten.[8]

Allerdings propagierten die Reformatoren kein ›ungeschultes‹ Bibellesen. Die Bibellektüre sollte vielmehr geleitet sein durch religiös-theologische Elementarbildung. Dem dienten die Katechismen.[9] Sie sollen die Bibellektüre nicht ersetzen, sondern konzentrieren und orientieren. Sie sollen also in die Bibel hinein, nicht von ihr wegführen.

Hier kommt nun freilich ein Aspekt ins Spiel, der für den Dialog der reformatorischen Kirchen mit orthodoxen Kirchen immer von besonderer Bedeutung gewesen ist. Die Reformatoren verstanden die Bibel zwar als normatives Gegenüber zur Kirche; sie bestritten aber nie, dass die Bibel *in* der Kirche und *von* der Kirche ausgelegt wird. Es ist kein Zufall (und auch keine dogmatisch unbedeutende Reverenz an den Zeitgeist des 16. Jahrhunderts), dass die Katechismen nicht nur die biblischen »Hauptstücke« Dekalog und Vaterunser didaktisch elementarisieren, sondern auch

dass sie aus inkarnationstheologischen und christologischen Gründen an der visuellen Darstellbarkeit des Heilsgeschehens festhielten und das biblische Bilderverbot (nicht ablehnten, aber) so verstanden, dass es sich darauf nicht bezog. Die Schweizer argumentierten hier anders – u. a., weil sie bei bildlichen Darstellungen Jesu eine Reduktion auf seine menschliche Natur befürchteten, da die göttliche Natur sich der Darstellbarkeit entziehe. Als kirchentrennend wurde dieser Unterschied – der sich bis in die unterschiedliche Zählung der Dekaloggebote auswirkte – aber, wenn ich recht sehe, nicht empfunden, vermutlich weil er den gemeinsamen Horizont der Verkündigungsorientierung nicht sprengte. Außerdem betrachteten auch die Wittenberger die Bilder als *nachgeordnetes*, vom Primärmedium des biblischen Wortes abhängiges Medium.

8 Vgl. dazu in dem Band Bernd Oberdorfer / Eva Matthes (Hrsg.), Reformation heute, Bd. 5: Menschenbilder und Lebenswirklichkeiten, Leipzig 2019, besonders die Beiträge von Henning Schluß (Von der Bildungskatastrophe zur Bildungsreform: Die Neubegründung der Schule in der Reformation, a. a. O., 45–63) und Rebecca Heinemann (Historische Entwicklung und Konzeption evangelischer Schulen: Das Beispiel des Gymnasiums bei St. Anna in Augsburg 1531 bis 1648, a. a. O., 64–74).

9 Martin Luther, Kleiner Katechismus (1529), in: Irene Dingel (Hrsg.), Die Bekenntnisschriften der Evangelisch-Lutherischen Kirche (BSELK), Göttingen 2014, 852–910; ders., Großer Katechismus (1529), in: BSELK, a. a. O., 912–1162.

das Apostolische Glaubensbekenntnis.[10] Und es ist kein Zufall, dass das »Konkordienbuch« von 1580, die für viele lutherische Kirchen bis heute verbindliche Zusammenstellung maßgeblicher »Bekenntnisschriften«, mit drei altkirchlichen Bekenntnissen – dem Apostolikum, dem Nicäno-Constantinopolitanum und dem Athanasianum[11] – einsetzt, ehe wichtige Texte aus dem 16. Jahrhundert zu Wort kommen. Die Reformatoren stellten sich – und ihre Schriftauslegung! – damit in die apostolische Tradition, genauer: in die Tradition der Apostel. Ja, sie beanspruchten diese Tradition geradezu besser, treuer zu wahren als die römische Kirche, und zwar genau deshalb, weil sie die Tradition in einer Weise auslegten, die nach ihrer Überzeugung mit dem eigentlichen Sinn der apostolischen ›Ur-Schrift‹, der Bibel, übereinstimmt. Sie verteidigten etwa das nicänische Trinitätsdogma, weil sie in ihm eine adäquate Entfaltung des biblischen Gotteszeugnisses erkannten. Und sowohl Luther als auch – weit mehr noch – Melanchthon bemühten sich durchgängig, ihre theologischen Einsichten nicht als isolierte ›Fündlein‹ erscheinen zu lassen, sondern ihre Übereinstimmung mit der recht verstandenen kirchlichen Tradition zu dokumentieren. Dieses Interesse schlägt sich auch nieder im »Catalogus Testimoniorum«, der dem Konkordienbuch angefügt ist und Väterzeugnisse für die reformatorische Lehre zusammenstellt.[12]

Damit soll allerdings der kritische Impuls, den die Reformatoren der Bibel gegenüber der Kirche zuschrieben, nicht weichgezeichnet werden im Licht einer Art von höherem Traditionalismus. Die Reformatoren konnten ihr Verhältnis zur Tradition nämlich in unterschiedlicher Akzentuierung artikulieren. Sie konnten Tradition anerkennen, *weil* sie mit der Heiligen Schrift übereinstimmt, und sie konnten sie anerkennen, *sofern* diese Übereinstimmung zu konstatieren war. Dass hier Spannungen zum orthodoxen Selbstverständnis auftreten können, zeigte sich schon im berühmten Briefwechsel zwischen den Tübinger lutherischen Theologen und Patriarch Jeremias II. von Konstantinopel, als etwa sichtbar wurde, dass die Lutheraner nur den dogmatischen Entscheidungen der altkirchlichen Konzilien vorbehaltlose Verbindlichkeit zuschrieben, nicht aber den kirchendisziplinären und liturgischen.[13]

10 Vgl. Kleiner Katechismus, a. a. O., 870–873; Großer Katechismus, a. a. O., 1048–1071.

11 Vgl. BSELK, a. a. O., 42f. (Apostolikum), 49f. (Nicäno-Constantinopolitanum), 57–60 (Athanasianum).

12 Vgl. BSELK, a. a. O., 1611–1652.

13 Vgl. dazu Dorothea Wendebourg, Reformation und Orthodoxie. Der ökumenische

Zentraler Ort des Kontakts mit dem Wort ist für die Reformatoren der Gottesdienst der Gemeinde. Luthers Schriften zur Reform des Gottesdienstes zeigen, dass für ihn die Form des Gottesdienstes ganz von dieser Funktion bestimmt ist, Gottes Wort in umfassender Weise zum Sprechen und zur Geltung zu bringen. Anders als in der orthodoxen und auch der römisch-katholischen Kirche wird der Liturgie in ihrer tradierten Gestalt kein Eigenwert zugeschrieben. Gewiss war Luther bei der konkreten reformatorischen Neugestaltung des Gottesdiensts eher konservativ und riet etwa dazu, die bewährte Ordnung in Wittenberg beizubehalten, wo es theologisch möglich erschien. Auch empfahl er, in einer Region überparochial verbindliche Gottesdienstordnungen einzuführen. Das schloss aber nicht aus, dass in anderen Regionen der Gottesdienst nach einer anderen Ordnung gefeiert würde, wenn es dort andere Erfordernisse oder andere überkommene Formen gebe, an die angeknüpft werden könnte. Entscheidend ist, wie gesagt, die Funktion der Kommunikation des Wortes Gottes.

Luthers eigener Vorschlag in der »Deutschen Messe«[14] ist nun in vielerlei Hinsicht interessant. Ausdrücklich ist für Luther »alles Gottis diensts das grössist und furnempst stuck [...] Gottis wort predigen und leren«.[15] Bei der Ordnung der Predigtperikopen (»predigen und lesen«) geht es ihm erkennbar darum, eine weitflächige Begegnung mit der Heiligen Schrift zu ermöglichen. Dabei steht ihm eine Fülle von Gottesdienstzeiten zur Verteilung von Predigttexten zur Verfügung.[16] Für den Sonntag allein nennt er drei Gottesdienste: Im Frühgottesdienst »umb funffe odder sechse«, der vorwiegend für das »Gesinde« ist, das später arbeiten muss, soll jeweils die Epistel des Tages ausgelegt werden. In der »Messe« um acht Uhr soll das Evangelium in der in Wittenberg üblichen Ordnung gepredigt werden; aber auch eine *lectio continua* ist möglich. Und die Vesper ist für alttestamentliche Texte reserviert. In den Wochentagen sieht Luther für den Montag und den Dienstag Katechismuspredigten vor; hier zeigt sich die Verschränkung von Bibellektüre und religiös-theologischer Elementarbildung. Der Gottesdienst am Mittwoch ist dem Matthäus-Evange-

Briefwechsel zwischen der Leitung der Württemberger Kirche und Patriarch Jeremias II. von Konstantinopel in den Jahren 1573–1581, Göttingen 1986, und knapp: Bernd Oberdorfer, Filioque, Göttingen 2001, 285–288.

14 Luther, Deutsche Messe (s. Anm. 6). Neudeutsche Fassung der Vorrede (a. a. O., 72–78), in: Martin Luther, Ausgewählte Schriften, hg. von Karin Bornkamm und Gerhard Ebeling, Frankfurt a. M. 1982, Bd. 5, 73–82.

15 A. a. O., WA 19, 78.

16 Vgl. zum Folgenden WA 19, 78–80.

lium gewidmet, das für Luther am besten die ethische Dimension des christlichen Lebens bezeugt; von Luther selbst ist eine Predigtreihe zur Bergpredigt überliefert.[17] Für den Donnerstag und Freitag wiederum sollen Episteln und andere neutestamentliche Texte ausgewählt werden; hier geht es also darum, Texte in den Umlauf zu bringen, die in den anderen Reihen nicht vorkommen. Am Samstag schließlich steht das Johannesevangelium auf dem Programm, das nach Luther am klarsten und tiefgründigsten den theologischen Kern des Evangeliums erschließt.

Auffällig ist – um es noch einmal zusammenzufassen – das Bemühen, die Bibel in ihrer ganzen Breite zu Wort kommen zu lassen: Altes und Neues Testament, Evangelien und Episteln, Dogmatisches und Ethisches. Narratives und Belehrendes. Darin artikuliert sich ein Vertrauen in die formative Kraft des biblischen Wortes für die christliche Lebensführung, das eben in den vielfältigen Dimensionen des Lebens seine Wirksamkeit entfalten können soll. Gewiss belegt die enge Verzahnung mit dem Katechismusunterricht ein Bewusstsein dafür, dass der rechte Umgang mit der Schrift auch eingeübt werden muss und dass dabei der Kirche als Deutungsgemeinschaft eine wichtige Rolle zukommt. Zugleich aber wird in dem Bemühen um eine möglichst breite und facettenreiche Zugänglichkeit des Wortes Gottes die Überzeugung sichtbar, dass es dieses Wort selber ist, das sich selbst *im Gegenüber zur Kirche durch die Kirche* Geltung verschafft – dass die Kirche also dieses Gegenüber ertragen und fördern muss, um ihrer eigenen Bestimmung gerecht zu werden.

2. Erneuerung im Namen der Bibel: Das Beispiel des Pietismus

Es lässt sich nicht leugnen, dass die Reformatoren sich damit eine Art Dauerunruhe ins Haus geholt haben. Indem sie die Bibel zugänglich machten, schufen sie die Möglichkeit, kirchliche Entscheidungen mit der Bibel in der Hand zu kritisieren – und diese Möglichkeit ließ sich nicht auf die Kritik an kirchlichen Entscheidungen aus Rom beschränken. Der urprotestantische Impuls, die Schrift als Gegenüber zur Kirche den Gläubigen in die Hand zu geben, ermöglichte vielmehr auch innerprotestantische Kritik an kirchlicher Lehre und Praxis im Namen der Bibel. Doch zweifellos wurde damit auch immer wieder produktive Erneuerung angestoßen.

[17] Vgl. Martin Luther, Das fünffte, Sechste und Siebend Capitel S. Matthei geprediget und ausgelegt (Wittenberg 1532), WA 32, 299–544.

Ein besonders sprechendes Beispiel dafür ist der Pietismus.[18] Diese in der zweiten Hälfte des 17. Jahrhunderts entstandene innerprotestantische Reformbewegung wandte sich gegen protestantische Tendenzen der Doktrinalisierung, die den Glauben zu einer Anerkennung kirchlich-dogmatischer Lehrsätze zu reduzieren schien,[19] und betonte stattdessen die fundamentale Bedeutung der persönlichen Frömmigkeit, der *praxis pietatis*. Als entscheidende Quelle für die Entstehung, Prägung und Belebung dieser Frömmigkeit wurde nun die Bibel geltend gemacht. Philipp Jakob Spener, der erste bedeutende Exponent des Pietismus, berief sich dafür ausdrücklich auf Luther (wie sich übrigens auch später immer wieder innerprotestantische Reformbewegungen gegen die Kirche ihrer Zeit auf die reformatorischen ›Kirchenväter‹ beriefen – sei es der theologische Liberalismus des 19. Jahrhunderts, sei es die Dialektische Theologie des 20. Jahrhunderts[20]). Der Pietismus förderte deshalb die Bibellektüre etwa durch Bildung von »Konventikeln«, also Gruppen, in denen Gläubige zusätzlich zum öffentlichen Gemeindegottesdienst in semiprivatem Rahmen zusammenkamen, um im gemeinsamen Hören auf die Schrift ihren Glauben zu stärken. Nicht zufällig etablierte August Hermann Francke in seinen »Hallischen Stiftungen« neben Waisenhäusern und Schulen u. a. auch einen Verlag, der sich primär dem Druck und der massenhaften Verbreitung erschwinglicher Bibelausgaben widmete. Francke war auch beteiligt an einer Reform des universitären Theologiestudiums zunächst an der Universität Halle, aber mit weitreichender Ausstrahlung; nicht mehr die Dogmatik, sondern biblische Exegese sollte nun die Grund- und Kerndisziplin bilden.

Exemplarisch ist der Pietismus freilich auch für die mit der Förderung einer individuellen oder kleingruppenzentrierten Bibellektüre verbundenen Risiken und Nebenwirkungen. Zur Geschichte des Pietismus gehört nämlich auch eine gelegentlich das Sektiererische streifende Ausdifferenzierung in unterschiedliche Gruppen, die anderen häufig den rechten Glauben absprachen, und nicht selten entstand ein verhärteter Bibli-

18 Vgl. als kompakte Gesamtdarstellung: Johannes Wallmann, Der Pietismus, Göttingen 2005.

19 Dass diese Anklage zumindest partiell der später sog. »Altprotestantischen Orthodoxie« Unrecht tat, ist heute allgemein anerkannt – Johann Sebastian Bach etwa war kein Pietist, sondern »orthodox«.

20 Vgl. dazu Bernd Oberdorfer, Zwischen Prinzipialisierung und Historisierung. Zur Bedeutung des Rekurses auf Luther in der protestantischen Theologie des 20. Jahrhunderts, in: Joachim Eibach / Marcus Sandl (Hrsg.), Protestantische Identität und Erinnerung. Von der Reformation bis zur Bürgerrechtsbewegung in der DDR, Göttingen 2003, 215–231.

zismus, der seinerseits im schlechten Sinn dogmatisch wurde, indem er bestimmte Deutungen biblischer Aussagen absolut setzte und dem Diskurs entzog.

3. Die Bibel in neuem Licht: Historisch-kritische Exegese

Ungewollt trug der bereits genannte, zunächst pietistisch inspirierte Umbau des akademischen Theologiestudiums, der die Bibelwissenschaft ins Zentrum rückte, bei zum Aufstieg der historisch-kritischen Methode der Bibelexegese. Ich will an dieser Stelle einmal nicht die »Krise« in den Vordergrund rücken, die diese Methode für das protestantische »Schriftprinzip« mit sich brachte. Diese »Krise« gab es zweifellos. Denn die Entdeckung der Geschichtlichkeit der biblischen Texte selbst und ihrer Zusammenstellung zum Kanon der Bibel ließ ihre Autorität als Offenbarungswort zum Problem werden. Klärungsbedürftig wurde auch das Verhältnis von Bibel und kirchlicher Lehre. Denn im Licht des historischen Bewusstseins mussten der historische Ursprungs-Sinn der biblischen Texte und deren kirchliche Auslegung zumindest methodisch auseinandergehalten werden; es war z. B. mit der Möglichkeit zu rechnen, dass Luthers Auslegung des Paulus von Paulus selbst – genauer: von der historischen Rekonstruktion des Paulus – abwich.

Doch genau hier – und darauf möchte ich im gegebenen Kontext den Akzent setzen – zeigt sich, dass die historisch-kritische Bibelexegese durchaus in der protestantischen Tradition steht, der Bibel eine Sonderstellung einzuräumen: Diese Methode wurde ja dazu entwickelt, die Bibel den unmittelbaren kirchlichen Verwertungsinteressen zu entziehen und ihr Gegenüber zur Kirche unter neuzeitlichen Bedingungen zu sichern.[21]

Freilich ist damit die *Autorität* der Bibel selbst noch keineswegs gesichert. Sie war ja, wie gesagt, durch die Historisierung der Bibel gerade in Frage gestellt. Aber durch die *Infragestellung* wurde die *Fragestellung* der Bedeutung der Bibel für die individuelle Glaubensorientierung und die kirchliche Lehrbildung ja gerade weitertradiert. Und in bestimmter Weise lässt sich sagen, dass das protestantische »Schriftprinzip« in Gestalt dieser Fragestellung erhalten blieb. Jedenfalls ließe sich schön zeigen, dass sich die protestantische Theologie in der Neuzeit immer wieder an dieser Fra-

[21] Dies betont etwa Gerhard Ebeling, Die Bedeutung der historisch-kritischen Methode für die protestantische Theologie und Kirche, in: ders., Wort und Glaube, Bd. 1, Tübingen ^{2}1962, 1–49.

gestellung abarbeitete[22]: von der Suche nach der historischen Wahrheit ›hinter‹ und in den biblischen Texten (dem ›historischen‹ Jesus, seiner ›Religion‹, seiner *ipsissima vox*, seinem Selbstbewusstsein, um nur ein paar Beispiele zu nennen) über den »anti-historistischen« Rückgriff auf die Bibel als »Offenbarung« in der Dialektischen Theologie bis hin zu Bultmanns Entmythologisierungsprogramm, das ja gerade die existenziale Wahrheit des biblischen Kerygmas zu erschließen versprach. Dabei wurden immer auch Recht und Reichweite der historisch-kritischen Methode und ihre Bedeutung für individuelle und kirchliche Glaubens- und Lehrorientierung mit diskutiert. Diese theologiegeschichtlichen Linien kann ich hier allenfalls antippen; auf einige neuere Ansätze werde ich am Schluss noch hinweisen.

4. Die Bibel in post-traditionalen, (post-?)säkularen Umwelten: Anfechtungen – Herausforderungen – Chancen

Ich springe in die Gegenwart. Zweifellos ist die Situation zumindest in Deutschland durch eine zunehmende Säkularisierung gekennzeichnet. Die Zahl der Kirchenmitglieder ist in den vergangenen Jahrzehnten eklatant gesunken und wird – das sagen alle Prognosen – weiterhin sinken. Auch ist – und das gibt fast noch mehr zu denken – bei der Weitergabe der Inhalte und Formen des christlichen Glaubens an die nachfolgenden Generationen ein gravierender Traditionsbruch zu konstatieren. Selbst aktive Kirchenmitglieder sind hier sehr zurückhaltend geworden; ich erinnere mich an die (durchaus zweifelnde, selbstkritische) Aussage eines älteren Pfarrers: »Vielleicht habe ich mehr mit Gott über meine Kinder geredet als mit meinen Kindern über Gott.« Dieser Traditionsbruch schlägt sich auch in einer massiv schwindenden Bibelkenntnis nieder; selbst bei Theologiestudierenden kann man bibelkundliches Grundwissen nicht mehr einfach voraussetzen, und in kulturwissenschaftlichen Fächern werden regelmäßig Einführungskurse in die Bibel angeboten, weil sich z. B. die

22 Vgl. dazu ausführlich Jörg Lauster, Prinzip und Methode. Die Transformation des protestantischen Schriftprinzips durch die historische Kritik von Schleiermacher bis zur Gegenwart, Tübingen 2004. Zum Thema auch: Bernd Oberdorfer, Die Bibel als Offenbarungszeugnis und Geschichtsdokument. Theologische Hermeneutik angesichts der Herausforderungen der Moderne, in: Hubert Zapf (Hrsg.), Theorien der Literatur. Grundlagen und Perspektiven, Bd. III, Tübingen 2007, 235–255.

europäische Kunstgeschichte oder die deutsche Literaturgeschichte ohne Kenntnis der biblischen Referenzen nicht verstehen lässt.

Umstritten ist die Deutung der Entwicklungen.[23] Eine These besagt, dass zwar das kirchlich organisierte Christentum im Rückgang begriffen sei; dies betreffe aber nicht die Religiosität, die sich nur eben häufig in nicht-kirchlichen Formen artikuliere oder in wenig elaborierter »Spiritualität«. Dem wird freilich kritisch entgegnet, dass erstens der ›Markt‹ für außerkirchliche Religiosität deutlich kleiner sei als vielfach angenommen und zweitens »Spiritualität« ohne organisationsförmige Strukturen auf Dauer nicht lebensfähig sei.[24] Die – von manchen (m.E. zu Unrecht) als ur-protestantisch empfundene – Hoffnung auf ein ›Überleben‹ des Protestantismus außerhalb kirchlicher Formen (oder mit erheblich geschwächten kirchlichen Strukturen) dürfte sich daher als eher unrealistisch erweisen.[25] Andererseits wird spätestens seit den Terroranschlägen des 11.9.2001 die These von einem stetigen Bedeutungsverlust der Religion, der in eine unreligiöse Menschheit münde, zunehmend in Zweifel gezogen. Während Säkularisierungstheorien lange die Entwicklungen in den europäischen Industrieländern gleichsam als Vorhut einer weltweiten Dynamik verstanden, wird die europäische Säkularisierung heute eher als »Sonderweg« wahrgenommen, der schon für die (ebenfalls hoch industrialisierten) USA, umso mehr aber für die Länder des »globalen Südens« keine Aussagekraft habe. Doch auch für Europa selbst wird nicht mehr mit einem völligen Abschmelzen der Religion gerechnet. Theoretiker wie Jürgen Habermas[26] anerkennen explizit die Bedeutung religiöser Traditionen als eigenständiger Ressourcen humaner Gesellschaftsgestaltung und verlangen auch von

23 Vgl. jetzt knapp die Diskussion bei Isolde Karle, Praktische Theologie, Leipzig 2020, 66–72.

24 Zum Verhältnis von kirchlich gebundener Religion und »Spiritualität« vgl. Karle, a.a.O., 79–87.

25 Vgl. dazu das bündige Resümee von Martin Laube, Religion als Praxis. Zur Fortschreibung des christentumssoziologischen Rahmens der EKD-Mitgliedschaftsstudien, in: Heinrich Bedford-Strohm / Volker Jung (Hrsg.), Vernetzte Vielfalt. Kirche angesichts von Individualisierung und Säkularisierung. Die fünfte EKD-Erhebung über Kirchenmitgliedschaft, Gütersloh 2015, 35–49, hier: 44: »Die Hoffnung auf eine religiöse Renaissance jenseits der Kirchenmauern hat sich als trügerische Illusion erwiesen. (...) Religion ist praxisgebunden; ohne soziale Praxis gibt es auch keine innere Privatreligion.«

26 Vgl. u.a. Jürgen Habermas, Religion in der Öffentlichkeit. Kognitive Voraussetzungen für den »öffentlichen Vernunftgebrauch« religiöser und säkularer Bürger, in: Ders., Zwischen Naturalismus und Religion. Philosophische Aufsätze, Frankfurt a.M. 2005, 119–154.

nicht-religiösen Teilnehmerinnen und Teilnehmern am öffentlichen Diskurs die Bereitschaft, sich das Sinnpotenzial dieser Ressourcen durch »Übersetzung« zu erschließen.[27]

In der Tat kann auch in der Gegenwart von einer Marginalisierung kirchlich geprägten Christentums keine Rede sein. Evangelische und katholische Kirche sind immer noch große Organisationen und werden es auch weiterhin bleiben. Auch sind die Kirchen am Sonntag keineswegs so leer, wie gerne behauptet wird.

Auf der Basis dieser Überlegungen wende ich mich der Frage nach der Wahrnehmung und Wirkung der Bibel in säkularer bzw. post-säkularer Gesellschaft daher im Folgenden in zweierlei Hinsicht zu: Zunächst identifiziere ich einige ›Orte‹ der Präsenz der Bibel in evangelischen Kirchen heute und frage sodann nach Chancen der Bibel, im skizzierten gesellschaftlichen Umfeld lebensorientierend Gehör zu finden.

4.1 ›Orte‹ der Präsenz der Bibel in evangelischen Kirchen heute

Gibt es noch eine spezifische protestantische Bibelfrömmigkeit? Hat die Bibel im Protestantismus noch einen besonderen Rang?

Hier ist als retardierendes Moment zunächst ein gewisses Verschwimmen der konfessionskulturellen Trennschärfe zu vermerken. Ich meine damit namentlich einen wichtigen – und erfreulichen – Wandel im neueren Katholizismus: die Erlaubnis zum privaten Bibelstudium, das im 19. Jahrhundert (im Zusammenhang mit dem Aufkommen der Bibelgesellschaften) noch als verwerfliche Autonomisierung gegenüber der kirchlichen Lehrautorität gebrandmarkt worden war (obwohl – oder weil? – auch damals schon Katholiken die Bibel lasen).[28] Diese Erlaubnis, die auch lebensweltlich wirksam wurde in einem verstärkten Interesse an der Bibel, bedeutete faktisch eine Annäherung an den Protestantismus; sie brachte im Übrigen auch ein Aufblühen katholischer historisch-kritischer Exegese

27 Vgl. dazu Christiane Tietz, … mit anderen Worten … Zur Übersetzbarkeit religiöser Überzeugungen in politischen Diskursen, in: EvTh 72 (2012), 86–100.

28 Vgl. dazu knapp: Christoph Böttigheimer, Die eine Bibel und die vielen Kirchen. Die Heilige Schrift im ökumenischen Verständnis, Freiburg i. Br. 2016, 11–13. Vgl. auch Kathryn Johnson, »Let All the Christian Faithful Joyfully Draw Near to the Sacred Text Itself«. Expansion of Privat Scripture Reading among English Speaking Catholics, in: Bernd Oberdorfer / Oliver Schuegraf (Hrsg.), Reform im Katholizismus. Traditionstreue und Veränderung in der römisch-katholischen Theologie und Kirche, Leipzig 2018, 321–347.

mit sich.[29] Es wäre interessant zu sehen und zu diskutieren, wie sich dies in der orthodoxen Welt gestaltet.

Gleichwohl ist es auffällig, dass im kirchlichen Bewusstsein des Protestantismus Fragen, die die Bibel und ihre Auslegung betreffen, weiterhin eine wichtige Rolle spielen. Ich denke, es ist nicht zu hoch gegriffen, darin ein Fortwirken reformatorischer Impulse zu identifizieren. Ich nenne nur wenige Beispiele:

- Revisionen der Lutherbibel finden regelmäßig höchste Beachtung in der innerkirchlichen Öffentlichkeit und werden auch von außen als identitätsstiftendes Merkmal des lutherischen Protestantismus wahrgenommen. Die Revision von 1975, die sehr stark in den ursprünglichen Wortlaut eingriff, stieß gar auf solchen Widerstand in Gemeinden und unter Experten, dass sie zurückgezogen und 1984 durch eine sozusagen re-revidierte Version ersetzt wurde. Und die neueste Revision 2017 wurde von der EKD nicht zufällig als Höhepunkt der Reformationsdekade in Szene gesetzt.
- Nach einem aufwendigen Diskussions- und Erarbeitungsprozess und einer längeren Erprobungsphase wurde in den Kirchen der EKD 2018 mit Beginn des neuen Kirchenjahres eine »Neuordnung der gottesdienstlichen Lesungen und Predigttexte« in Kraft gesetzt, die unter anderem mit der Absicht verbunden ist, den Facettenreichtum und die Vielstimmigkeit der Bibel besser zur Geltung zu bringen. Dies betrifft besonders das Alte Testament.[30]
- Dass die Diskussion um die Bibel weiterhin den protestantischen Nerv trifft, zeigt eindrucksvoll die heftige Kontroverse, die vor einigen Jahren um den Vorschlag von Notger Slenczka ausgebrochen ist, dem Alten Testament keine kanonische (d.h. maßstabsetzende) Bedeutung mehr für die individuelle und kirchliche christliche Selbstdeutung zuzuschreiben (ohne dass Slenczka übrigens forderte, das AT aus der christlichen Bibel zu entfernen).[31] Dass dieser Vorschlag zur gleichen Zeit geäußert wurde,

29 Vgl. dazu Thomas Söding, Echte Lektionen. Die Neubewertung der historisch-kritischen Bibelexegese in und seit dem Zweiten Vatikanischen Konzil, in: Oberdorfer/Schuegraf, Reform (s. Anm. 28), 349–362.

30 Vgl. dazu Alexander Deeg / Andreas Schüle, Die neuen alttestamentlichen Perikopentexte. Exegetische und homiletisch-liturgische Zugänge, Leipzig 2018.

31 Die Beiträge sind jetzt gesammelt zugänglich in: Notger Slenczka, Vom Alten Testament und vom Neuen. Beiträge zur Neuvermessung ihres Verhältnisses, Leipzig 2017. Zur Diskussion vgl. u. a. Bernd Oberdorfer, Das Alte Testament in christlicher

in der die neue Perikopenordnung das AT aufwertete, ist eine eigentümliche Koinzidenz.[32] Aber womöglich ist die wichtigste – wenngleich nicht notwendigerweise intendierte – Wirkung der »Provokation« Slenczkas, dass sie die Relevanz des AT für das christlich-protestantische Selbstverständnis neu bewusst gemacht hat.

- Hinzuweisen ist auch auf eine Praxis, deren Bedeutung für protestantische Bibelfrömmigkeit wohl kaum zu überschätzen ist: die Herrnhuter Losungen.[33] In den Losungen bündeln sich die leitenden Impulse protestantischer Bibelfrömmigkeit wie in einem Brennglas: Jeder Tag wird unter ein alttestamentliches Bibelwort gestellt, für das nicht unerheblich ist, dass es nicht selbstgewählt, sondern zugelost worden ist; dies unterstreicht das unverfügbare Gegenüber der Bibel zur Kirche und zum gläubigen Subjekt. Unterstellt ist zugleich, dass das biblische Wort Lebensrelevanz besitzt. Dass biblische Texte der Deutung bedürftig sind, zeigt sich darin, dass den alttestamentlichen Losungen neutestamentliche Texte nicht zugelost, sondern bewusst thematisch einschlägig hinzugefügt werden. Das Alte Testament wird durch diese sog. »Lehrtexte« zudem ins Licht des Neuen gerückt. Die frömmigkeitspraktische Applikation wird schließlich gefördert durch Liedtexte oder kurze Worte aus der theologischen Tradition. Angesichts dieser exemplarischen Verdichtung wundert es nicht, dass die ursprünglich aus einer innerprotestantischen Sondergemeinschaft stammende Tradition der Losungen im Protestantismus mittlerweile flächendeckende Verbreitung gefunden hat.
- Nur nennen kann ich einen Bereich, der im deutschen Kontext für die generationsübergreifende Glaubensweitergabe wegen der zurückgehenden familiären Glaubenskommunikation eine immer größere Bedeutung gewonnen hat: den schulischen Religionsunterricht. In den Lehrplänen aller Schularten und Jahrgangsstufen nimmt die Bibel breiten Raum ein. Und seit vielen Jahrzehnten wird in der akademischen Religionspädagogik intensiv über Formen und Methoden, auch grundsätzlich über Recht und Grenzen des Einsatzes der Bibel im Unterricht geforscht und diskutiert. Dieser Aspekt verdiente eine vertiefte Behandlung, die ich aber aufgrund der mir fehlenden fachlichen Zuständigkeit hier nicht leisten kann.

Perspektive. Überlegungen aus Anlass der Thesen Notger Slenczkas, in: EvTh 77 (2017), 88–100.

32 Vgl. dazu Alexander Deeg, Die Kirche und das Alte Testament oder: Die Hebräische Bibel zwischen Lust, Last und Leidenschaft, in: EvTh 77 (2017), 132–145.

33 Vgl. dazu Peter Zimmerling, Die Losungen. Eine Erfolgsgeschichte durch die Jahrhunderte, Göttingen 2014.

4.2 Leben in Narrationen: Chancen für die Bibel in säkular-postsäkularer Gesellschaft

Schließen möchte ich mit einer Beobachtung und einer daran anschließenden konstruktiven Überlegung. Nach meinem Eindruck stößt man auch heute weit über den kirchlichen Binnenbereich hinaus auf ein Interesse an biblischen Texten, sei es in kulturwissenschaftlichem oder literarischem Kontext, sei es aber auch in Fragen der Lebensorientierung. Dies muss gar nicht unbedingt verbunden sein mit der Anerkennung einer religiösen Autorität der Bibel als Offenbarungswort. Es kann schlicht damit zu tun haben, dass in biblischen Texten so komplexe Deutungen individueller und sozialer Erfahrungen transportiert werden, dass in ihnen auch kirchen- oder religionsdistanzierte Menschen der Gegenwart einen Erschließungswert für Selbst- und Weltdeutungen und Lebensorientierungen erkennen können. Interessanterweise scheinen hier Erfahrungen existenzieller Widersprüche, Entfremdungen, Verstrickungen, innerer und äußerer Konflikte auf besondere Aufmerksamkeit, um nicht zu sagen: Neugier, zu stoßen. Ich denke hier etwa an die abgründigen und vielschichtigen Erzählungen vom sog. Sündenfall in Gen 3[34] oder von der sog. Opferung Isaaks in Gen 22, an das Hiob-Buch oder das neutestamentliche Ringen um das Verständnis des Kreuzestodes Jesu. Als kulturell anschlussfähig und existenziell ansprechend können sich aber auch weitere biblische Formen des Weltverstehens und Weltumgangs erweisen, etwa – um nur zwei Beispiele zu nennen, mit denen ich mich selbst beschäftigt habe – im Blick auf Kosmologie[35] und Tierethik[36]. Hinzu kommt die ungeheure Vielfalt und Vielstimmigkeit der biblischen Texte, die bei der Zusammenstellung im Kanon gerade nicht nivelliert, sondern in ein produktives Ge-

34 Vgl. dazu Bernd Oberdorfer, »Da wurden ihnen die Augen aufgetan.« Der Sündenfall-Mythos als anthropologisches Drama, in: EvTh 76 (2016), 196–211, und ders., »Ihr werdet sein wie Gott.« Die Raffinesse des Bösen – theologische Perspektiven, in: Franz Fromholzer / Michael Preis / Bettina Wisiorek (Hrsg.), Noch nie war das Böse so gut. Die Aktualität einer alten Differenz, Heidelberg 2011, 57–69.

35 Vgl. Bernd Oberdorfer, Gott im Himmel? Der Himmel als religiöser Imaginationsraum, in: Harald Lesch / Bernd Oberdorfer / Stephanie Waldow (Hrsg.), Der Himmel als transkultureller ethischer Raum. Himmelskonstellationen im Spannungsfeld von Literatur und Wissen, Göttingen 2016, 17–33.

36 Vgl. Bernd Oberdorfer, »... ein jegliches nach seiner Art«. Tiere in der Schöpfung: Theologische Perspektiven, in: Stephanie Waldow (Hrsg.), Von armen Schweinen und bunten Vögeln. Tierethik im kulturgeschichtlichen Kontext, Paderborn 2015, 53–70.

spräch miteinander gebracht wurden – und zu solchem Gespräch auch in der Rezeption wiederum anregen können. Dazu ist es freilich nötig, sie nicht vorschnell dogmatisch oder »fromm« zu domestizieren oder zu harmonisieren, sondern sie gerade in ihrer Sperrigkeit und Vielstimmigkeit zu Wort kommen zu lassen.

Vielleicht ist derzeit der kulturelle Kairos sogar besonders günstig für eine neue Offenheit für die Bibel. In den Kulturwissenschaften ist ein neues Bewusstsein für die narrative Struktur menschlicher Lebensdeutung entstanden; der Germanist Albrecht Koschorke hat das Erzählen geradezu als anthropologische Grundstruktur herausgearbeitet[37] und dabei auf die Bestimmung des Menschen als Geschichten erzählendes Wesen, als »Homo narrans«, zurückgegriffen.[38] Auch in der Philosophie hat etwa Alasdair MacIntyre auf die ethosbildende Dimension von Narrationen aufmerksam gemacht.[39] »Narrative Ethik« ist ein viel beachteter Forschungszweig geworden.[40] In der evangelischen Theologie hat im Übrigen schon früh Dietrich Ritschl die Einsicht, dass Menschen sich immer schon in Geschichten vorfinden, grundlegend zu einem »Story«-Konzept ausgearbeitet.[41]

Wenn ich vorhin vor einer vorschnellen dogmatischen Domestizierung biblischer Texte gewarnt habe, dann impliziert das keinen antidogmatischen Affekt. Ich halte wenig von dem beliebten Spiel, Dogma bzw. Dogmatik und Bibel gegeneinander auszuspielen (und dann grundsätzlich diejenige Exegese zur sachgemäßesten zu erklären, die am weitesten vom Dogma entfernt ist oder zu sein scheint). Aber sinnvoll, hilfreich und sogar notwendig erscheint es mir gleichwohl, die Dogmen und dogmatischen Inhalte immer wieder gleichsam neu zu verflüssigen durch Rekurs auf bib-

[37] Vgl. Albrecht Koschorke, Wahrheit und Erfindung. Grundzüge einer allgemeinen Erzähltheorie, Frankfurt a. M. 2012.

[38] A. a. O., 9–12. Für den Begriff »Homo narrans« verweist Koschorke auf Walter Fisher, Narration as a Human Communications Paradigm: The Case of Public Moral Argument, in: Communication Monographs, Volume 51, March 1984 sowie ders., Human Communication as Narration, Columbia, South Carolina 1987.

[39] Vgl. Alasdair MacIntyre, After Virtue. A Study in Moral Theory, Notre Dame 1981. Deutsch: Der Verlust der Tugend. Zur moralischen Krise der Gegenwart, Frankfurt a.M. 1987.

[40] Vgl. z. B. Karin Joisten (Hrsg.), Narrative Ethik. Das Gute und das Böse erzählen. Deutsche Zeitschrift für Philosophie, Sonderband 17, Berlin 2009. Zur theologischen Rezeption vgl. etwa Marco Hofheinz / Frank Mathwig / Matthias Zeindler (Hrsg.), Ethik und Erzählung. Theologische und philosophische Beiträge zur narrativen Ethik, Zürich 2008.

[41] Vgl. Dietrich Ritschl, »Story« als Rohmaterial der Theologie, München 1976.

lische Narrationen, aus denen sie ja auch entstanden sind und als deren begriffliche Explikation sie doch immer verstanden wurden. Solche ›Verflüssigung‹ ist keine Auflösung des Dogmas, sondern dient im gelingenden Fall der Erschließung seines Sinnes und seiner Gegenwartsrelevanz.[42] In für die theologische Gegenwartslage bezeichnender Weise ist damit die Denkrichtung gegenüber dem Denkweg des Augustinus umgekehrt: Während für Augustinus im 4. und 5. Jahrhundert die Plausibilität des christlichen Glaubens davon abhing, dass die biblischen Narrationen in zeitenthobene Begriffe übersetzt werden konnten, müssen die dogmatischen Begriffe heute wieder in die Narrationen ›eingetaucht‹ werden, damit ihre daseinserhellende Kraft erneut sichtbar wird. Sichtbar wird dadurch im Übrigen auch, dass die Bibel keineswegs nur ›nach außen‹, in die Kultur hineinwirkt, sondern auch eine wesentliche Funktion für die Selbstverständigung ›nach innen‹, in der Kirche und in die Kirche hinein, erfüllt. Wer darin ein Fortwirken des »Schriftprinzips« erkennt, liegt – wie gesagt – durchaus nicht falsch.

[42] Vgl. zum Trinitätsdogma meine entsprechenden Überlegungen: Bernd Oberdorfer, Erschlossene Gotteserfahrung. Trinitätstheologische ›Arbeit am Gottesbegriff‹ unter den Bedingungen ihrer neuzeitlichen Strittigkeit, in: Ulrike Link-Wieczorek / Uwe Swarat (Hrsg.), Die Frage nach Gott heute. Ökumenische Impulse zum Gespräch mit dem »Neuen Atheismus«. Eine Studie des Deutschen Ökumenischen Studienausschusses (DÖSTA), Leipzig 2017, 302–316.

TEIL III

Kirchengeschichtliche und ekklesiologische Betrachtungen zur Säkularität

Die Relevanz der antiken Apologeten für die Mission der Kirche in einer säkularisierten Gesellschaft

Daniel Benga

Um einige patristische Erkenntnisse über die Mission der Kirche in der säkularisierten Welt herausarbeiten zu können, brauchen wir eine genaue Beschreibung und inhaltliche Bestimmung der Wendung »säkularisierte Welt«. Was meinen wir damit? Gibt es eine allgemein anerkannte Definition und Sinndeutung dieser Begriffe? Worüber sprechen evangelische Theologen, wenn sie die Aufklärung und die Säkularisierung positiv bewerten, und orthodoxe Theologen, wenn sie den Begriff Säkularisierung als negativ besetzt betrachten?[1]

Ich beabsichtige hier nicht eine Darstellung der Geschichte, der Relevanz oder der Grenzen dieser alten und sehr umfangreichen Debatte um die christliche Deutung der Säkularisierung, sondern ich möchte zunächst eine inhaltliche Klärung meiner Arbeitsbegriffe vorstellen, die dann als Grundlage für meine patristische Analyse dienen werden. Ich werde mei-

1 Siehe z. B. das gemeinsame Kommuniqué der deutschen und rumänischen Delegationen von Selbitz, 1995: »Das Ablösen der christlich geprägten europäischen Welt des Mittelalters durch die mit der Aufklärung begonnene ›Befreiung von der selbstverschuldeten Unmündigkeit‹ (Kant) wird im Westen als Ausdruck der Emanzipation von autoritären Strukturen weithin positiv gesehen. Im Osten aber gilt der Begriff Säkularisierung als negativ besetzt, obwohl dasselbe Interesse an der Emanzipation von autoritären Strukturen besteht, denn das Verhältnis Kirche – Welt war anders bestimmt«. (Rolf Koppe [Hrsg.], Gemeinschaft der Heiligen – Berufung unserer Kirchen und ihre Erfüllung in der säkularisierten Welt. Siebtes Gespräch im bilateralen Theologischen Dialog zwischen der Rumänischen Orthodoxen Kirche und der Evangelischen Kirche in Deutschland, vom 27. November bis 5. Dezember 1995 in Selbitz, Hermannsburg 1999, 15) Siehe auch eine ganze Reihe von orthodoxen Stimmen, die die Säkularisierungsproblematik als ein rein westliches Problem betrachten, bei: Adolf Martin Ritter, Der prophetische Dienst der Christen in den Zeiten säkularer Umbrüche, in: Rolf Koppe (Hrsg.), a. a. O., 77 f.

nen Vortrag in zwei Teile untergliedern: 1. Zuerst werde ich einige Begriffsklärungen vornehmen und dann eine für unsere Thematik inhaltlich relevante Bestimmung des Säkularisierungskonzeptes festlegen, die als Basis für meine weiteren Reflexionen dienen wird. 2. In einem zweiten Schritt werde ich dann von diesem genau beschriebenen Inhalt des Begriffes aus einige kirchengeschichtliche, patristische und auch liturgische Quellen analysieren, die der Mission der Kirche in der heutigen Welt als Orientierungshilfe dienen können.

1. Säkularisierung – einige Begriffsklärungen

Wenn man über die säkularisierte Welt spricht, muss man sowohl ihre Weltanschauung als auch ihre ideologischen und theoretischen Grundlagen klar definieren. Erst eine genaue Betrachtung dieser Elemente ermöglicht eine genaue Zielrichtung der kirchlichen Mission. Die Säkularisierungsdebatte, die heute interdisziplinär (Geschichtswissenschaft, Religionswissenschaft, Politologie, Soziologie, Philosophie, Theologie) geführt wird und sich über eine bereits unüberschaubare Literatur freut,[2] verdeutlicht eine Verschiedenheit an Deutungen und Verständnissen, die fast unmöglich auf einen Nenner gebracht werden kann. Darum möchte ich heute synthetisch die Hauptlinien der Säkularisierungsthese und der heutigen Debatte nachzeichnen, die für die Schwerpunktsetzung der folgenden Analyse von Bedeutung sind.

Eine der gängigsten Säkularisierungsthesen behauptet im Grundsatz, »dass [die] Modernisierung von Gesellschaften zwangsläufig zu einem Rückgang von Religion führt«.[3] Diese Auffassung wurde in der Forschung als eine Art Axiom für mehrere Jahrzehnte angenommen, ohne ihre Prämissen und ihre Geltung zu hinterfragen. Die Anfang des 21. Jahrhunderts einsetzende globale Rückkehr der Religionen und die Tatsache, dass z. B. in den USA und in Japan, in den gegenwärtig wahrscheinlich modernsten

2 Für eine übergreifende Darstellung dieser Debatte siehe Johannes Zachhuber, Die Diskussion über die Säkularisierung am Beginn des 21. Jahrhunderts, in: Christina von Braun / Wilhelm Gräb / Johannes Zachhuber (Hrsg.), Säkularisierung. Bilanz und Perspektiven einer umstrittenen These, Berlin 2007, 11–42. Eine umfassende Einführung in die Komplexität des Phänomens Säkularisierung aus systematisch-theologischer Sicht bietet Ulrich Barth, Säkularisierung I: Systematisch-theologisch, in: TRE Bd. 29, 1998, 603–634, mit ausführlicher Literatur 632–634.

3 Von Braun/Gräb/Zachhuber (Hrsg.), Säkularisierung (s. Anm. 2), 8.

kapitalistischen Gesellschaften der Welt, auch eine äußerst lebendige Religionskultur besteht, haben die Krise des Säkularisierungsparadigmas eingeleitet und die Fokussierung der Analyse dieses Prozesses auf Europa aufgehoben.[4] Man konnte in den letzten Jahrzehnten zeigen, wie stark und tiefgreifend Säkularisierungsprozesse durch neue historische Entwicklungen rückgängig gemacht wurden, wie dies z. B. die Rückkehr der Orthodoxie und des Christentums in Russland, Rumänien und anderen orthodoxen Ländern Osteuropas zeigt. Der Reichtum der Erfahrungen, den diese christlichen Kulturen mit Atheismus und Säkularität gesammelt haben, wurde bis heute meiner Kenntnis nach nicht genug erforscht und berücksichtigt.[5] Die oben beschriebene Realität hat die heutige Forschung gezwungen, die üblichen Säkularisierungsbegriffe nur mit zeitlicher und regionaler Geltung zu verwenden.

Säkularisierung ist auch nicht einfach mit dem Bedeutungsverlust der Religion zu verwechseln, sondern hat noch andere Aspekte, die als »Verkirchlichung des Christentums« und »Entkirchlichung der Gesellschaft« nach Wilhelm Gräb gedeutet werden können.[6] Die Kirchen müssen lernen, dass die heutige Rückkehr der Religion und des Religiösen nicht unbedingt eine Wiederbelebung des traditionellen kirchlichen Lebens bedeutet, sondern auch nichttraditionelle Formen der Religiosität umfasst.[7] Für uns als christliche Kirchen geht es also nicht um die Religiosität einer Gesellschaft im Allgemeinen, sondern um die Vermittlung der christlichen Offenbarung als Heilsbotschaft für diese Welt, so wie sie in unseren Traditionen festge-

4 »Folgende Punkte werden am eurozentrischen Modell kritisiert: seine Idealisierung eines mythischen ›Goldenen Zeitalters‹ rel. Praxis, von dem sich die moderne Welt unerbittlich entfernt habe; die Universalisierung einer zur Norm erhobenen westlichen – und großenteils eur. – Erfahrung eines von der Aufklärung hergeleiteten Verständnisses von Moderne; die Notwendigkeit, rel. Erneuerungsbewegungen in der modernen Welt wegzuerklären; und – vielleicht am deutlichsten – die Vernachlässigung menschlichen Handelns im Prozess der Modernisierung«. James A. Mathisen, Säkularisation/Säkularisierung. II. Geschichtlich. 3. Nordamerika, in: RGG[4], Bd. 7, Tübingen 2004, 782. Vgl. dazu auch Zachhuber, Die Diskussion (s. Anm. 2), 22f.

5 Eine Analyse für die Russische Orthodoxe Kirche bietet Heinz Ohme, Zurück in die Zukunft? Säkularisierung im heutigen Russland und die Russisch-Orthodoxe Kirche, in: von Braun/Gräb/Zachhuber (Hrsg.), Säkularisierung (s. Anm. 2), 109–127.

6 Wilhelm Gräb, Säkularisierung – das Ende der Religion oder der Verfall der Kirchen, in: von Braun/Gräb/Zachhuber (Hrsg.), Säkularisierung (s. Anm. 2), 79.

7 Dazu Bernd Schwarze, Säkularisierung II: Praktisch-theologisch, in: TRE Bd. 29, Berlin/New York 1998, 634–637.

halten wurde. Säkularisierung bedeutet also, dass die christlichen Werte der Kirche innerhalb der Kirchenmauern bleiben und die Gesellschaft unabhängig davon entscheidet, wie die allgemeinen Werte der heutigen Menschen und die Ethik des öffentlichen Lebens aussehen sollen. Das kann zum religiösen Synkretismus, zur Vermischung der Werte verschiedenster Religionen und zu autonomer Individualreligion, verstanden als Auswahl aus verschiedenen religiösen Angeboten, führen.

Damit wir unseren heutigen Dialog als Fortsetzung der früheren Begegnungen und Erkenntnisse gestalten können, möchte ich die Beschreibung der Säkularisierung von Dorin Oancea (Selbitz, 1995) als Basis für die folgenden Überlegungen übernehmen. Sie steht im Einklang mit den oben beschriebenen Auffassungen und definiert die Säkularisierung als »ein autonomes Selbstverständnis des Menschen, seine Emanzipation von seiner früheren Gottesbezogenheit usw., so dass Gott aus seinem täglichen Leben als Bestimmungs- und Beziehungsfaktor praktisch ausgeschlossen wird«.[8]

Diese Verweigerung der Gottesbezogenheit führt den säkularisierten Menschen zur Verleugnung der wichtigsten christlichen Lehren. Die Existenz Gottes als Schöpfer und Erlöser der Welt in Jesus Christus, welche die Grundlage des *Credos* der Kirche 2000 Jahre lang bildete, wird infragegestellt und als unwissenschaftlich abgelehnt. Die Ansprüche auf Selbstbestimmung und Autonomie des Individuums nach eigenem Gefallen werden nicht mehr von einer transzendenten Autorität, sondern vom »Naturrecht«, egal wie immer es beschrieben wird, hergeleitet. Das Fehlen einer transzendenten Autorität hat auch »die Erhebung des biologischen Lebens zur ontologischen, das Dasein des Menschen bestimmenden Wahrheit und zum normativen Prinzip für die Festsetzung seiner individuellen Ansprüche«[9] zur Folge. Damit ist auch die ewige Bestimmung des Men-

8 »Beispielhaft für diese im Gefälle der Aufklärung zustande gekommene Entwicklung ist die stolze Behauptung von Laplace, dass Gott eine Hypothese sei, die er für die Erklärung des Universums nicht benötige«.
Dorin Oancea, Der prophetische Dienst der Kirche in Zeiten säkularer Umbrüche, in: Rolf Koppe (Hrsg.), Siebtes Gespräch im bilateralen Theologischen Dialog zwischen der Rumänischen Orthodoxen Kirche und der Evangelischen Kirche in Deutschland, vom 27. November bis 5. Dezember 1995 in Selbitz, Hermannsburg 1999, 94. Siehe auch das ähnliche Verständnis von Hermann Pitters, Die Evangelische Kirche A.B. in Rumänien vor der gegenwärtigen Herausforderung durch die säkularisierte Gesellschaft, in: Rolf Koppe (Hrsg.), Dienen und Versöhnen. Europäische Integration als Herausforderung an unsere Kirchen, Hermannsburg 1999, 272f.

schen infrage gestellt und der christliche Glaube an eine ewige Existenz der Person abgelehnt. Die Welt selbst ist nicht mehr als Schöpfung und Gabe Gottes zu verstehen, sondern als zur Erfüllung der Lüste und Wünsche der Menschen existierende Materie. Der Missbrauch der Welt Gottes für die eigenen Bedürfnisse in einer säkularisierten Konsumgesellschaft hat als Endresultat genau die aktuelle ökologische Krise,[10] die eine Missachtung der Zweckmäßigkeit der göttlichen Schöpfung ist.[11] Dadurch erscheint eine Auseinandersetzung der christlichen Theologie mit der Säkularisierung als sehr aktuell. Von diesen zusammenfassenden Hauptmerkmalen der heutigen säkularisierten Gesellschaft ausgehend möchte ich nun einige patristische und liturgische Zeugnisse der orthodoxen Kirche heranziehen, die als Basis für mögliche Antworten auf die Herausforderungen der gesellschaftlichen Säkularisierung dienen können.

Bevor ich dies tue, möchte ich kurz ein sehr aktuelles, im Herder Verlag erschienenes Buch von 2018 erwähnen, in dem 135 deutschsprachige Schriftstellerinnen und Schriftsteller, Theologen, Natur-, Kultur-, und Politikwissenschaftler, aber auch Journalisten der Fragestellung nachgegangen sind: »Was verliert eine Gesellschaft, ein Staat, wenn Gott mehr oder weniger sang- und klanglos aus dem Leben der Bürgerinnen und Bürger verschwindet? Und was könnten sie gewinnen, wenn der Sinn für die Gottesfrage wächst?«[12] Als orthodoxer Theologe habe ich mich sehr gefreut, als ich die Stimme des früheren Staatsministers Michael Nauman las, der eine Wiederbelebung der Attraktivität des Christentums für möglich hält, aber nur, wenn es die Fähigkeit entwickeln könnte, »die Sehnsucht nach dem Numinosen, Rätselhaften, Unerklärbaren zu stillen«. Der deutsche Politiker hob auch hervor, dass die zentrale Aufgabe des Christseins nicht die sozialen Dienstleistungen seien, sondern vielmehr »die Vorbereitung auf das Eschaton«.[13]

9 Christos Yannaras, Der Empirismus der Aufklärung und die Priorität der Erfahrung in der orthodoxen Theologie, in: Karl Christian Felmy u. a. (Hrsg.), Kirchen im Kontext unterschiedlicher Kulturen. Auf dem Weg ins dritte Jahrtausend, Göttingen 1991, 229.

10 Georg Mantzaridis, Die Säkularisierung als Begleiterscheinung und Herausforderung, in: Karl Christian Felmy u. a. (Hrsg.), a. a. O., 260f.

11 Der Wortschatz einer säkularisierten Welt beinhaltet Begriffe wie Relativismus, Skeptizismus, Selbstbestimmung, Bedürfnisse, Ansprüche etc. Der Wortschatz der christlichen Welt hat auch ihr eigenes Wortfeld: Schöpfung, Schöpfer, Ebenbildlichkeit, Offenbarung, Gabe, Liebe etc.

12 Johannes Röser (Hrsg.), Gott? Die religiöse Frage heute, Freiburg i. Br. 2018, 11f.

13 A. a. O., 12.

2. Die Relevanz der antiken Apologeten für die Mission der Kirche

Die Auseinandersetzung der christlichen Apologeten des zweiten und dritten Jahrhunderts mit der paganen Weltanschauung der griechisch-römischen Welt scheint mir sehr relevant für eine Analyse und theologische Betrachtung des heutigen Säkularisierungsparadigmas aus patristischer Perspektive, trotz zahlreicher Unterschiede zwischen jener und unserer Zeit bezüglich der Religiosität und der Praxis des Glaubens.[14] Bei den christlichen Apologeten »treten die Gottes- und Schöpfungslehre sowie die Lehre von der allgemeinen Auferstehung der Toten und vom Endgericht über die Menschen in der Ganzheit ihrer Person in den Vordergrund«.[15] Genau gegen diese christlichen Auffassungen wendet sich heute die säkularisierte Welt: Sie leugnet den Schöpfer und missbraucht seine Schöpfung für die Erfüllung ihrer Lüste, verneint die ewige Berufung des Menschen als Geschöpf und Ebenbild Gottes und damit auch das Endgericht und die Ewigkeit des menschlichen Daseins und des Gottesreiches.

Nicht nur die Epoche der Apologeten ist heute in der Säkularisierungsdebatte relevant, sondern auch diejenige der apostolischen Väter. Bevor ich zur Analyse einiger Passagen der Apologien übergehe, möchte ich zusammenfassend die Relevanz einer Beschäftigung mit der Theologie dieser im ersten und zweiten Jahrhundert wirkenden Theologen und Kirchen-

[14] Es gibt bereits sehr umfassende Quellensammlungen und auch Analysen dieser Beziehung: Peter Guyot / Richard Klein, Das frühe Christentum bis zum Ende der Verfolgungen. Eine Dokumentation, Bd. 2: Die Christen in der heidnischen Gesellschaft, Texte zur Forschung 62, Darmstadt 1994; Michael Fiedrowicz, Christen und Heiden. Quellentexte zu ihrer Auseinandersetzung in der Antike, Darmstadt 2004; Eric Robertson Dodds, Heiden und Christen in einem Zeitalter der Angst. Aspekte religiöser Erfahrung von Mark Aurel bis Konstantin, übersetzt von Hinrich Fink-Eitel, Frankfurt a. M. 1985; Andreas Bigelmair, Die Beteiligung der Christen am öffentlichen Leben in vorkonstantinischer Zeit, Veröffentlichungen aus dem Kirchenhistorischen Seminar München 8, München 1902 (^{2}Aalen 1970); Pedro Barceló, Zur Begegnung, Konfrontation und Symbiose von religio Romana und Christentum, in: Gunther Gottlieb / Pedro Barceló (Hrsg.), Christen und Heiden in Staat und Gesellschaft des zweiten bis vierten Jahrhunderts. Gedanken und Thesen zu einem schwierigen Verhältnis, München 1992, 151–208; Christine Mühlenkamp, »Nicht wie die Heiden«. Studien zur Grenze zwischen christlicher Gemeinde und paganer Gesellschaft in vorkonstantinischer Zeit, Münster 2008.

[15] Susanne Hausammann, Alte Kirche, Bd. 1: Frühchristliche Schriftsteller. »Apostolische Väter«, Häresien, Apologeten, Neukirchen-Vluyn 2001, 219.

väter, so wie sie von Jörg Ulrich herausgearbeitet wurde, wiedergeben: Die Christen mussten sich damals im Verhältnis zur nichtchristlichen religiösen Umwelt definieren und ihr Selbstverständnis überzeugend nach außen mit Mut vertreten; sie mussten auch eine herausfordernde Auseinandersetzung mit den nichtchristlichen Religionen und mit dem antiken Synkretismus führen. Das Problem der Einheit des Christentums und seines global-universalen Anspruchs bei gleichzeitiger Vielfalt der Kirchen, das Problem der Kommunikations- und Missionsstrategien gegenüber feindlich gesonnenen Gesprächspartnern, die zeitgemäße Ausformulierung der Christologie als zentraler Wahrheit des christlichen Glaubens und die Abgrenzung des Christentums gegenüber der heidnischen Welt waren ebenfalls bedeutende Herausforderungen.[16] Alle genannten Fragestellungen spielen gegenwärtig paradoxerweise in der Säkularisierungsdebatte immer noch eine sehr wichtige Rolle und bieten bis heute Inspirationskraft und Paradigmen für Theologen und Kirchen.

Ich möchte nun einige ausgewählten Apologeten des zweiten und dritten Jahrhunderts sowohl aus dem griechischsprachigen Osten als auch aus dem lateinischsprachigen Westen zu Wort kommen lassen und die Relevanz ihrer theologischen Stellungnahmen und Argumentationen für die heutige Mission der Kirche in der säkularisierten Gesellschaft herausarbeiten.

2.1 Die Anerkennung eines persönlichen Schöpfers und die daraus resultierende Dankbarkeit

Der Heilige Justin der Märtyrer und Philosoph (†165), einer der bekanntesten Apologeten des 2. Jahrhunderts, verfasste zwei Apologien an die Kaiser Antoninus Pius (138–161) und Mark Aurel (161–180), in denen er Gerechtigkeit für die nur aufgrund des Namens »Christ« und ohne gesetzesmäßige Prozesse verurteilten Christen verlangte.[17] In den ersten

16 Diese Zusammenfassung der damaligen Herausforderungen der Kirche ist wiedergegeben nach Jörg Ulrich, Die Apostolischen Väter gestern und heute, in: Wilhelm Pratscher (Hrsg.), Die Apostolischen Väter. Eine Einleitung, Göttingen 2009, 268 f.

17 Vgl. dazu den Briefwechsel von Plinius dem Jüngeren, Statthalter Bithyniens mit Kaiser Trajan aus dem Jahr 112 und das *Rescriptum Traiani*. Peter Guyot / Richard Klein, Das frühe Christentum bis zum Ende der Verfolgungen. Eine Dokumentation, Bd. 1: Die Christen im heidnischen Staat, Texte zur Forschung 60, Darmstadt 1993, 38–43. Eine neue Analyse bei Wolfram Kinzig, Christenverfolgung in der Antike, München 2019, 35–40.

Kapiteln der ersten in Rom verfassten Apologie (ca. 153–155) führt er zunächst seine Widerlegung der antichristlichen Beschuldigungen und Vorwürfe der Griechen und Römer aus und weist die damals gängigen Vorurteile gegen das Christentum mit Vernunftbeweisen und Schriftzitaten zurück.[18] In Kapitel 13 kommt er auf den Schöpferglauben und beschreibt die christliche Weltanschauung und Einstellung Gott gegenüber:

»Dass wir also keine Atheisten sind, weil wir doch den Schöpfer dieses Alls verehren und, wie wir gelehrt worden sind, behaupten, dass er keiner Blut-, Trank- und Weihrauchopfer bedarf, und die wir ihn bei allem, was wir zu uns nehmen, durch Gebet und Danksagung, soviel wir können, lobpreisen, indem wir als die seiner allein würdige Ehrung nicht die kennen lernten, das von ihm zur Nahrung Geschaffene durch Feuer zu verzehren, sondern die, es uns und den Bedürftigen zugute kommen zu lassen, ihm aber zum Danke in Worten Huldigungen und Gesänge emporzusenden für unsere Erschaffung und für alle Mittel zu unserem Wohlsein, für die Mannigfaltigkeit der Arten und für den Wechsel der Jahreszeiten, und die wir Bitten empor senden, dass wir wieder in Unvergänglichkeit erstehen durch den Glauben an ihn – welcher Vernünftige wird das nicht bekennen?«[19]

18 Die erste Apologie besteht aus zwei Hauptteilen: Kapitel 1–29 enthalten eine Abwehr gegen die Beschuldigungen; Kapitel 30–60 erbringen dann Schriftbeweise, dass Jesus Christus der Sohn Gottes ist; Kapitel 61–67 enthalten eine Beschreibung des Taufgottesdienstes und der sonntäglichen Eucharistiefeier; schließlich beinhaltet Kapitel 68 die Wiedergabe eines Reskriptes des Kaisers Hadrian. Eine allgemeine Einführung in das Leben und Werk von Justin bieten Berthold Altaner / Alfred Stuiber, Patrologie, Freiburg i. Br. 1978, 65–71 und Hubertus R. Drobner, Lehrbuch der Patrologie, Freiburg/Basel/Wien 1994, 58–62; K. P. Vetten, Justin der Märtyrer, in: Siegmar Döpp / Wilhelm Geerlings (Hrsg.), Lexikon der antiken christlichen Literatur, Freiburg i. Br. / Basel / Wien ²1999, 365–369.

19 »Ἄθεοι μέν οὖν ὡς οὔκ ἐσμεν, τὸν δημιουργὸν τοῦδε τοῦ παντὸς σεβόμενοι, ἀνενδεῆ αἱμάτων καὶ σπονδῶν καὶ θυμιαμάτων, ὡς ἐδιδάχθημεν, λέγοντες, λόγῳ εὐχῆς καὶ εὐχαριστίας ἐφ' οἷς προσφερόμεθα πᾶσιν, ὅση δύναμις, αἰνοῦντες, μόνην ἀξίαν αὐτοῦ τιμὴν ταύτην παραλαβόντες, τὸ τὰ ὑπ' ἐκείνου εἰς διατροφήν γενόμενα οὐ πυρί δαπανᾶν, ἀλλ' ἑαυτοῖς καὶ τοῖς δεομένοις προσφέρειν, ἐκείνῳ δὲ εὐχάριστους ὄντας διὰ λόγου πομπὰς καὶ ὕμνους πέμπειν ὑπέρ τε τοῦ γεγονέναι καὶ τῶν εἰς εὐρωστίαν πόρων πάντων, ποιοτήτων | μὲν γενῶν καὶ μεταβολῶν ὡρῶν, καὶ τοῦ πάλιν ἐν ἀφθαρσίᾳ γενέσθαι διὰ πίστιν τὴν ἐν αὐτῷ αἰτήσεις πέμποντες, - τίς σωφρονῶν οὐχ ὁμολογήσει;«. Iustinus, Apologia Maior (13,1f.), in: Miroslav Marcovich (Hrsg.), Iustini Martyris, Apologiae pro Christianis, PTS 38,50, Berlin 2005, 1–10; Deutsche von mir leicht überarbeitete und geänderte Übersetzung: Justin der Märtyrer, Erste Apologie (13),

Ich möchte nun den treffenden und wunderbaren Kommentar von Achim Budde zu dieser wichtigen Stelle, in der der Schöpferglaube und seine Konsequenzen für die christliche Lebensweise sehr passend dargestellt werden, wiedergeben:

»Die Anerkennung des Schöpfers steht am Anfang, und damit auch die Anerkennung und Bejahung der eigenen Geschöpflichkeit und Endlichkeit. Aus dieser Verhältnisbestimmung ergibt sich die Verehrung als der angemessene Modus der Kommunikation mit dem transzendenten Gott. Da das Werk des Schöpfers in jüdisch-christlicher Tradition als gut angesehen wird, ist ihm dafür, inklusive der eigenen Erschaffung, Dank zu sagen. Aus der Bejahung der Schöpfung leitet sich auch ab, dass die physikalischen Rahmenbedingungen des menschlichen Lebens als wertvolles Geschenk dankbar angenommen werden. Dass die Notwendigkeit der Nahrungsaufnahme von Gott eingerichtet wurde, erfährt seine gebührende Würdigung deshalb nicht in der Vernichtung von Nahrungsmitteln in Form von Opfern, sondern darin, sie ihrer natürlichen Bestimmung zuzuführen, indem man sie isst und anderen davon zu essen abgibt. Die Gabe, die der Mensch seinem Schöpfer dafür zuteil werden lässt, ist hingegen keine Materie, sondern das Gebet: der Dank für die Gaben der Schöpfung, von denen der Mensch leben kann, für den Reichtum der Natur insgesamt und für Naturabläufe wie den Jahreskreis. Schließlich wird in der Bitte um Auferstehung und Unvergänglichkeit die eschatologische Vollendung als Zielvorstellung vor Augen geführt. Und die abschließende rhetorische Frage setzt voraus, dass all dies der Vernunft des Menschen entspricht«.[20]

In der Auseinandersetzung der Kirche mit der Säkularisierung treffen sich zwei Größen oder Kulturen, die die Welt und die Schöpfung an sich anders betrachten. Die ganze Schöpfung ist aus christlicher Sicht die Gabe eines persönlichen Gottes; sie wurde dem Menschen anvertraut und ist für einen ewigen Dialog mit ihm bestimmt. Die Welt ist aus säkularisiertem Gesichtspunkt einfach da, aus der Willkür oder infolge eines nicht endgültig definierbaren Urknalls entstanden. Es treffen sich eine Weltanschauung der Dankbarkeit für die ganze Schöpfung als geheimnisvolle Gabe Gottes und eine andere, die eine dankende Einstellung dem Schöpfer gegenüber

in: Gerhard Rauschen (Übers.), Frühchristliche Apologeten und Märtyrerakten, Bd. I, BKV 12, 1. Reihe, München 1913, 77.

20 Achim Budde, Gemeinsame Tagzeiten. Motivation – Organisation – Gestaltung, Stuttgart 2013, 15.

nicht kennt. Die Rechte, Anmaßungen und Ansprüche auf die Beherrschung und Ausbeutung der reichen, aber nicht unerschöpflichen Weltressourcen für den Konsum sind verschiedentlich aus der letzten Auffassung hergeleitet.

Im kleinen Textausschnitt von Justin wird aber auch ganz genau das »eucharistische und asketische Ethos« der Orthodoxie zusammengefasst, das in Gebet, Dankbarkeit und asketischer Mäßigung als Gegenmittel zur heutigen umweltzerstörerischen Lebensweise wirken kann. Die heutigen Ergebnisse der Europawahlen zeigen eindeutig die Notwendigkeit einer fundamentalen Änderung in der verschwenderischen Lebensweise der säkularisierten Konsumgesellschaft, die ihren Konsum nicht nur verringern, sondern ihn sogar unter die heutige Quote senken muss, um nachhaltig das Weiterleben auf unserem Planeten zu ermöglichen.[21]

In der orthodoxen Kirche beleuchten sich das eucharistische und asketische Ethos gegenseitig. Durch Fasten und Enthaltsamkeit unterscheidet die orthodoxe Frömmigkeit zwischen Bedürfnissen und Gier, so dass wir in der Schule der Askese lernen, »leicht auf der Erde zu wandeln« (we walk lightly on the earth)[22], wie einmal Elizabeth Theokritoff dies wunderbar ausgedrückt hat. Das ist aber nicht ein freudloser Puritanismus, denn der Schwerpunkt des eucharistischen orthodoxen Ethos liegt nicht im »aufgeben«, sondern im »Dank geben« (not on *giving up*, but on *giving thanks*)[23], in der Emporsendung von »Huldigungen und Gesänge[n]«, wie Justin sagte. Hier bildet für uns die Göttliche Liturgie die beste Schule. Die Anamnese der orthodoxen Liturgie, die vor der Epiklese stattfindet, endet mit der Erhebung der kostbaren Gaben von Brot und Wein im Zeichen des Kreuzes und mit dem Ausruf des Priesters im Namen der versammelten Gemeinde: »Τὰ σὰ ἐκ τῶν σῶν σοὶ προσφέρομεν, κατὰ πάντα καὶ διὰ πάντα« – »Wir bringen Dir das Deine vom Deinigen dar, für alles und wegen allem«.[24] In seinem Kommentar zu dieser äußerst

21 Über die schöpfungstheologischen Grundlagen der Nachhaltigkeit, siehe: Markus Vogt, Prinzip Nachhaltigkeit: ein Entwurf aus theologisch-ethischer Perspektive, München ^{3}2013, 216f.

22 Elizabeth Theokritoff, Living in God's Creation. Orthodox Perspectives on Ecology, New York 2009, 190.

23 Ebd.

24 Fairy von Lilienfeld (Hrsg.), Die Göttliche Liturgie des Hl. Johannes Chrysostomus mit den besonderen Gebeten der Basilius-Liturgie im Anhang, 2., verbesserte Auflage, Heft A (Oikonomia 2A), Erlangen 1986, 65. Die deutsche Übersetzung wurde von mir geändert.

wichtigen Stelle der Liturgie legt der Athosmönch Basilios die Bedeutsamkeit dieses priesterlichen Ausrufes folgendermaßen aus: »Wir finden nichts Eigenes, um es ihm als Dank zu geben, ›denn wir haben auf Erden nichts Gutes getan‹. Daher nehmen wir all das Seine und bringen es dankbar dar [...]«.[25] Die Gemeinde antwortet mit ihrem Lobpreis: »Dich besingen wir, dich preisen wir, dir danken wir, Herr [...]«.[26] Die Verwandlung der Gaben, die während dieses Gesanges vervollständigt wird, weist die Verdorbenheit dieser Welt zurück und heiligt sie in der Hoffnung auf das neue Jerusalem. Diese liturgische Schau des Kosmos bedeutet »die bejahendste aktive Annahme der Welt und der gesamten Schöpfung«[27] durch die eucharistische Versammlung.

2.2 Die Schönheit und die Rationalität der Welt und des Menschen

Die uns geschenkte Welt ist aber nicht nur eine Gabe Gottes, sondern auch durch eine unaussprechliche Schönheit charakterisiert, die aus christlicher Sicht auf die Weisheit und Schönheit des Schöpfers selbst hindeutet. Darüber unterrichtet uns ein anderer Apologet, Minucius Felix,[28] ein christlicher Rechtsanwalt aus dem Rom des 2./3. Jahrhunderts, der den apologetischen Dialog *Octavius* verfasst hat.[29] Die an gebildete Heiden gerichtete Schrift, die als »das vielleicht feinste Zeugnis der frühchristlichen Apologetik«[30] in der Forschung bewertet wurde, widmete der Autor seinem verstorbenen christlichen Freund Octavius, durch welchen er selbst zum Glauben gekommen ist. Vom Aufbau her stellt die Schrift ein Streitgespräch zwischen Octavius und seinem heidnischen Gegner Caecilius dar.[31] Während einer Auseinandersetzung über den Ursprung des Menschen, »ob er ein Gebilde aus den Grundstoffen oder ein Atomengefüge oder vielmehr von Gott erschaffen, gestaltet und beseelt sei«, schlägt Octavius vor, die Debatte über die Erschaffung des Menschen mit einer Be-

25 Archimandrit Basilios, Introitus. Grundzüge liturgischen Erlebens des Mysteriums der Einheit in der Orthodoxen Kirche, übersetzt von Christoph Papakonstantinou, Münster 2005, 69.

26 Lilienfeld (Hrsg.), Die Göttliche Liturgie (s. Anm. 24), 65.

27 Johannes Zizioulas, »Die Welt in eucharistischer Schau und der Mensch von heute«, in: US 25 (1970), 343.

28 Altaner/Stuiber, Patrologie (s. Anm. 18), 146.

29 Inhaltlich gibt es Ähnlichkeiten mit Tertullians Schriften *Apologeticum* und *Ad nationes*.

30 Drobner, Lehrbuch (s. Anm. 18), 132.

31 Eine sehr schöne Zusammenfassung des Inhalts dieser Schrift bietet a. a. O., 131 f.

trachtung des Weltalls zu verknüpfen, »denn beide Probleme sind so unzertrennlich miteinander verknüpft und verkettet, dass man das Wesen der Menschheit nicht erkennt, wenn man nicht auch das Wesen der Gottheit sorgfältig zu ergründen sucht«.[32] Er selbst setzt dann die Beschreibung der Rationalität und der Schönheit der Welt fort:

> »Schau nur den Himmel selbst an: wie weit dehnt er sich aus, wie rasch dreht er sich; des Nachts prangt er im Sternenglanze und am Tage wird er vom Sonnenlicht bestrahlt. Du erkennst daraus, welch wunderbares, ja göttliches Gleichgewicht der höchste Leiter in ihm wirken lässt. Sieh auch, wie der Sonnenumlauf das Jahr schafft und wie der Mond durch Zunahme, Abnahme, Verschwinden den Monat bestimmt. Was soll ich sagen von dem immer wiederkehrenden Wechsel von Finsternis und Licht, wodurch wir abwechselnd Arbeit und Ruhe haben? [...] Die Jahreszeiten und die Früchte der Erde folgen einander in bestimmter Abwechslung. Bezeugt da nicht der Frühling mit seinen Blüten, der Sommer mit seinem Erntesegen und der Herbst mit seinen lieblichen reifen Früchten wie der Winter mit den nötigen Oliven ihren Schöpfer und Stifter? Wenn diese Ordnung sich nicht auf die höchste Vernunft [*maxima ratione*] gründete, würde sie leicht gestört«.[33]

Die christliche Auffassung des göttlichen Ursprungs der Welt hat ihre Gültigkeit bis heute nicht verloren, obwohl wir heute wissen, dass sich der Himmel nicht dreht, wie in der Antike angenommen.[34] Die innere Ordnung der Welt, die Vernunft aller Wesen und die Ordnung der Weltabläufe

[32] Minucius Felix, Octavius (17,1f.), in: Alfons Müller (Übers.), Frühchristliche Apologeten und Märtyrerakten, Bd. II, BKV 14, 1. Reihe, München 1913, 161.

[33] »*Caelum ipsum vide, quam late tenditur, quam rapide volvitur, vei quod in noctem astris distinguitur vei quod indiem sole lustratur: iam scies, quam sit in eo summi moderatoris mira et divina libratio. vide et annum, ut solis ambitus faciat, et mensem vide, ut luna auctu senio labore circumagat. quid tenebrarum et luminis dicam recursantes vices, ut sit nobis operis et quietis alterna reparatio? [...] cum ordo temporum ac frugum stabili varietate distinguitur, nonne auctorem suum parentemque testatur ver aeque cum suia floribus et aestas cum suis messibus et autumni maturitas grata et hiberna olivitas necessaria? qui ordo facile turbaretur, nisi maxima ratione consisteret.* [...]« Minuci Felicis Octavius 17,5–7, edidit Bernhard Kytzler, [BSGRT, 13,36–14,14] editio correcta, Stuttgart/Leipzig 1992. Die nächsten Zitate aus derselben Edition. Deutsche Übersetzung nach Minucius Felix, Octavius (17,5–7), in: Frühchristliche Apologeten und Märtyrerakten, Bd. II (s. Anm. 32), 161.

[34] Die Apologeten und die Kirchenväter der Antike hatten eine geozentrische Auffassung der Welt, gemäß derer die Erde im Zentrum des Universums steht und

bezeugen die höchste Vernunft (*maxima ratione*), die dahintersteht. Die Naturwissenschaften erforschen bis heute die ganze Rationalität des Kosmos und können seinen Ursprung nicht vollständig erklären.

Die gängige Urknalltheorie stellt eine nicht hinreichende Beweisführung dar, die unter der Hauptschwäche leidet, dass die Erklärung des Lebens- und Weltursprungs aus dem Urknall ohne einen ewig existierenden Schöpfer, der die erste Materie geschaffen hat, kein Urfundament hat. Hinzu kommen aber auch das Geheimnis des Menschen, die Tiefe des Herzens und der Person, ihre rätselhafte Abgründigkeit und ihr apophatischer Charakter.[35] Gemeinsam bilden diese die Grundlagen einer theologischen Anthropologie, die in der Ebenbildlichkeit des Menschen mit Gott ihr Wesen hat. Darüber spricht Octavius weiter:

> »In hervorragendem Maße bezeugt schon die Schönheit unserer eigenen Gestalt einen schöpferischen Gott: der aufrechte Gang, das erhobene Antlitz, die am höchsten Punkt wie auf einer Warte angebrachten Augen und alle andern Sinne, welche wie auf einer Burg sich zusammenfinden. Es würde zu weit führen, alle Einzelheiten aufzuzählen. Am Menschen gibt es kein Glied, das nicht des Bedürfnisses oder des Schmuckes wegen vorhanden wäre. Besonders auffallend ist es, dass alle dieselbe Körperform haben und doch jeder einzelne wieder abweichende Züge. So erscheinen wir alle – einander ähnlich und sind doch tatsächlich einander unähnlich. Wie ist ferner die Art und Weise unserer Entstehung? Ist nicht der Fortpflanzungstrieb von Gott gegeben, ebenso wie die Erscheinung, dass die Mutterbrust bei Zeitigung der Frucht Milch gibt und der zarte Sprössling unter dem reichen Zufluss des Milchtaus heranwächst?«[36]

alle anderen Planteten sich um die Erde drehen. Für eine Zusammenfassung dieser Weltanschauung siehe Johannes von Damaskus, Genaue Darlegung des orthodoxen Glaubens, aus dem Griechischen übersetzt von Dionys Steinhofer (BKV, 1. Reihe, Band 44), München 1923, Buch II, Kapitel 7.

35 Zur apophatischen Anthropologie siehe André Scrima, Antropologie apofatică, București 2005. Eine zusammenfassende Analyse bei Cristian Sibișan, Theanthropologie – Grundzüge der Anthropologie und Christologie André Scrimas, Hamburg 2017.

36 »*Ipsa praecipue formae nostrae pulchritudo deum fatetur artificem: status rigidus, vultus erectus, oculi in summo velut in specula constitute et omnes ceteri sensus velut in arce compositi. longum est ire per singula. nihil in homine membrorum est, quod non et necessitatis causa sit et decoris, et, quod magis mirum est, eadem figura omnibus, sed quaedam unicuique lineamenta deflexa sic et similes universi*

Die Schönheit und die Weisheit des Schöpfers wurden auch auf den Menschen übertragen. Die Erscheinung des Menschen und alle Prozesse innerhalb des Körpers deuten auf einen Schöpfer hin. Es gibt keine andere Anthropologie, die dem Menschen einen ewigen Wert und eine unantastbare Würde verleiht, wie die christliche von den Apologeten in der Antike verteidigte Sicht der Ebenbildlichkeit des Menschen mit Gott.[37] Durch jede Geburt eines Kindes prägt Gott sein Antlitz erneut in unsere Welt. Das ist die Schönheit und der unermessliche Wert der christlichen Anthropologie.

Der Schöpfer dieser Schönheit und rätselhaften personenhaften Abgründigkeit ist auch eine Person, ein persönliches und beziehungsfähiges Wesen, das das ganze Haus dieser Welt ordnet und leitet:

> »[...] Wenn du in ein Haus kämest und sähest alles wohl eingerichtet, geordnet und geschmückt, so würdest du doch sicher annehmen, ein Herr walte darin viel vorzüglicher als alle jene guten Dinge. Ebenso sei versichert: auch im Hause der Welt [*mundi domo*], in welchem du am Himmel und auf der Erde eine weise Vorsicht, Ordnung und Gesetzmäßigkeit erkennst, ist ein Herr und Vater des Weltalls, der schöner ist als selbst die Gestirne und alle einzelnen Teile des Weltganzen«.[38]

Es ist Aufgabe der Theologie, hervorzuheben, dass wir von Gott nicht eine vergiftete, hässliche und unvollendete Welt als Geschenk zum Verwalten bekommen haben, sondern eine wunderschöne und wohl eingerichtete Welt. Am Ende seines Schöpfungswerkes »sah Gott alles an, was er

videmur et inter se singuli dissimiles invenimur. quid? nascendi ratio, quid? cupido generandi nonne a deo data est, et ut ubera partu maturescente lactescant et ut tener fetus ubertate lactei roris adolescat?« (Min. Fel., Oct. 17,11–18,2 [BSGRT, 14,24–32 Kytzler; s. Anm. 33]). Deutsche Übersetzung nach Minucius Felix, Octavius (17f.), in: Frühchristliche Apologeten (s. Anm. 32), 162.

37 Dumitru Stăniloae meint, »daß in der Gottesebenbildlichkeit alle Funktionen und Regungen der Seele bzw. des menschlichen Wesens zur Geltung kommen«. Dumitru Stăniloae, Orthodoxe Dogmatik, aus dem Rumänischen übersetzt von Hermann Pitters, Gütersloh 1984, 357.

38 »*quod si ingressus aliquam domum omnia exculta disposita ornate vidisses, utique praeesse ei crederes dominum et illis bonis rebus multo esse meliorem; ita in hac mundi domo, cum caelorum terrarumque perspicias providentiam ordinem legem, crede esse universitatis dominum parentemque ipsis sideribus et totius mundi partibus pulchriorem*«. (Min. Fel., Oct. 18,4 [BSGRT, 15, 2–6 Kytzler; s. Anm. 33]). Deutsche Übersetzung nach Minucius Felix, Octavius (18), in: Frühchristliche Apologeten und Märtyrerakten, Band II (s. Anm. 32), 162f.

gemacht hatte: Und siehe, es war sehr gut« (Gen 1,31). Der Schöpfer ist also nicht eine unbestimmte Kraft oder ein unpersönliches Wesen, sondern er ist »Herr« und »Vater«. Dies gehört zur Einzigartigkeit der jüdisch-christlichen Identität in der antiken Welt, Gott als liebevollen Vater aller Menschen zu betrachten, eine Hauptaussage, die in allen altkirchlichen Glaubensbekenntnissen festgehalten und tradiert wurde.[39] In einem modernen Kommentar zum Credo stellt David Steindl-Rast fest: »Was das Vaterbild zum Ausdruck bringen will, ist, dass wir als Menschen die letzte Wirklichkeit als persönlich mit uns verbunden und für uns sorgend erleben können«.[40] Warum ist das so wichtig? Weil diese persönliche Beziehung zu Gott Dankbarkeit möglich macht, sie öffnet damit das Tor zur Lebensfreude. Dankbarkeit wird am intensivsten, wenn sie persönlich ist.[41] Für die heutige Welt gibt es noch etwas Wichtiges in diesem Glauben an Gott den Vater, den Schöpfer der sichtbaren und unsichtbaren Welt:

> »Weil Christen Gott VATER nennen, müssen sie alle anderen Menschen, die ja ebenso Gottes Kinder sind, als Geschwister ansehen – ja sie müssen alle Geschöpfe als Mitglieder in Gottes Haushalt anerkennen und entsprechend behandeln: Eine unersetzliche Einstellung, ja geradezu ein notwendiges Weltbild – besonders für unsere Zeit«.[42]

Wenn man die heutige Tendenz im säkularen Wissenschaftsbereich beobachtet, argumentiert Elizabeth Theokritoff, werden die Naturkräfte *per se* als ultimative unabhängige Objekte und nicht als Werke eines Schöpfers oder eines persönlichen Vaters betrachtet. In ihren eigenen Worten:

> »Der Szientismus sieht die Naturkräfte an sich als das ultimative Objekt des Respekts und der Ehrfurcht; der Paganismus geht noch einen Schritt weiter und erklärt sie zu Göttern. Geschaffene Dinge werden so in sich selbst gedreht, entfremdet von ihrer wahren Zugehörigkeit«.[43]

39 Siehe dazu Daniel Benga, Cred, mărturisesc şi aştept viaţa veşnică. O istorie teologică a Simbolului Niceo-Constantinopolitan, Bucureşti 2013, 157.

40 David Steindl-Rast, Credo. Ein Glaube, der alle Welt verbindet, Freiburg i. Br. 2012, 38.

41 A. a. O., 40.

42 A. a. O., 40f.

43 »Scientism sees natural forces per se as the ultimate object of respect and awe; paganism goes one step further and declares them to be gods. Created things are thus turned in on themselves, alienated from their true allegiance«. Elizabeth

Diese Debatte ist aber nicht neu. Athenagoras von Athen, ein aus Athen stammender Apologet in der zweiten Hälfte des zweiten Jahrhunderts,[44] bringt in seiner *Bittschrift für die Christen* an den römischen Kaiser Mark Aurel (160–181) die folgenden Argumente gegen eine solche Entstellung der Ordnung der Welt und eine ihren Elementen autonom erwiesene Ehrfurcht:

»Gewiss ist die Welt schön (καλὸς μὲν γὰρ ὁ κόσμος), imposant durch ihre Ausdehnung, durch die Stellung der Himmelskörper im Tierkreis und um den Bären, und durch ihre Kugelgestalt; aber deswegen verdient sie noch keine Anbetung, sondern wohl ihr erhabener Künstler (ἀλλ᾽ οὐ τοῦτον, ἀλλὰ τὸν τεχνίτην αὐτοῦ προσκυνητέον). So wenden sich auch Eure Untertanen, wenn sie zu Euch kommen, nicht an Eure prunkvolle Residenz, anstatt Euch, die Herren und Gebieter (ὑμᾶς τοὺς ἄρχοντας καὶ δεσπότας), bei denen sie die Erfüllung ihrer Bitten finden könnten, ihre Aufwartung zu machen, sondern in allem bringen sie Ihnen ihre Wertschätzung [ihren Lobpreis] (ὑμᾶς δὲ πάντα ἐν πᾶσιν ἄγουσι τῇ δόξῃ); den schönen Fürstenpalast bewundern sie nur nebenbei«.[45]

Es ist also Aufgabe der Theologen, über die Schönheit und die Herrlichkeit Gottes und die Ordnung und Rationalität seiner Schöpfung überzeugender und im Dialog mit anderen Wissenschaften öffentlich zu sprechen.

2.3 Die neue Ethik der Nächsten- und Feindesliebe

Die Apologeten haben die christliche Lehre über die Einzigartigkeit des Weltschöpfers in der mehrheitlich polytheistischen Welt verkündet und verteidigt.[46] Den Göttern von Olympus gegenüber, mit all ihren skanda-

Theokritoff, Living in God's Creation. Orthodox Perspectives on Ecology, New York 2009, 178f.

44 Vgl. P. Pilhofer, Athenagoras, in: Döpp/Geerlings (Hrsg.), Lexikon (s. Anm. 18), 63f.

45 Athenagoras Atheniensis, Legatio pro christianis 16,1, edited by Miroslav Marcovich [PTS 31, 51, 1–8], Berlin/New York 1990. Die deutsche Übersetzung in Athenagoras aus Athen, Bittschrift für die Christen (16,1), in: Frühchristliche Apologeten und Märtyrerakten, Band I, übersetzt von Kaspar Julius, (BKV, 1. Reihe, Band 12), München 1913, 292f., von mir leicht geändert. Die folgenden Zitate sind aus diesen Editionen.

46 Es gibt Nuancen für ein richtiges Verständnis dieses Polytheismus, die von Martin Wallraff hervorgehoben wurden. »Dass in der Spätantike die diversen paganen Re-

lösen Taten, haben sie die neue Ethik der Vergebung und der Nächsten- und Feindesliebe aus der Bergpredigt vorgestellt. Athenagoras von Athen beschreibt diese Auseinandersetzung um die Moralität der Götter und ihre falsche Verehrung:

> »Die Götter des Volksglaubens dagegen sind, wie ihre Geschichte zeigt, vormals Menschen gewesen. Dass nun die, welche hinter den Namen Deckung suchen, Dämonen sind, wird durch die Wirkungsweise der einzelnen bestätigt. Die einen verlangen Entmannung, so im Rheakult, andere Schläge und Einschnitte, so im Artemiskult; die taurische Artemis tötet sogar die Fremden; ich will nicht reden von denen, die sich mit Messern und Geißeln zerfleischen, auch nicht von den verschiedenen Arten der Dämonen; denn es ist Gottes unwürdig, Anregung zu Widernatürlichem zu geben (οὐ γὰρ θεοῦ κινεῖν ἐπὶ τὰ παρὰ φύσιν)«.[47]

Die antiken Apologeten haben die Auseinandersetzung mit der antiken Welt, die ihnen gegenüber nicht positiv gesinnt war, nicht nur durch ihre Argumente und logische Beweisführungen geführt. Die christliche Lebensweise war damals für die Durchsetzung der christlichen Auffassung über die Welt entscheidend. Ein Beweis dafür liefert uns der Apologet Aristides, ein christlicher Philosoph aus Athen.[48] Er überreichte Kaiser Antoninus Pius (138–161) vor dem Jahr 147 die bis heute erste aufbewahrte Verteidigungsschrift der christlichen Religion.[49] Sie ist ein Meisterwerk der

ligionen keineswegs durchweg polytheistisch waren oder es wenigstens nur in einem sehr genau einzuschränkenden Sinne waren, ist seit langem bekannt, aber immer noch zu wenig beachtet [...].« Vgl. Martin Wallraff, Pantheon und Allerheiligen. Einheit und Vielfalt des Göttlichen in der Spätantike, in: JbAC 47 (2004), 129f.

47 Athenagoras Atheniensis, Legatio pro christianis 26,1, edidit Miroslav Marcovich, [PTS 31, 85, 1-86,10]. Athenagoras aus Athen, Bittschrift für die Christen (26,1), 311 (s. Anm. 45). Ich werde auf die Thematik der Dämonologie nicht eingehen, d. h. die Auffassung, hinter den antiken Göttern stünden die Dämonen. Ein Einblick in die christliche Literatur des 3. Jahrhunderts zeigt, wie verbreitet diese Anschauung bei den Christen war. Sie vertritt im syrischen Raum Theophil von Antiochien und im lateinischen Christentum Tertullian oder Minucius Felix. Siehe dazu Franz Joseph Dölger, »Teufels Grossmutter«. Magna Mater Deum und Magna Mater Daemonum. Die Umwertung der Heidengötter im christlichen Dämonenglauben, in: AC 3 (1932), 163–169; vgl. Otto Böcher, Dämonenfurcht und Dämonenabwehr. Ein Beitrag zur Vorgeschichte der christlichen Taufe, Stuttgart 1970, passim.

48 Vgl. Peter Pilhofer, Aristides, in: Döpp/Geerlings (Hrsg.), Lexikon (s. Anm. 18), 51.

49 Altaner/Stuiber, Patrologie (s. Anm. 18), 64f.

christlichen Apologetik und verdeutlicht die Anziehungskraft der christlichen Gemeinden in der Antike, die gemeinschaftsstiftend wirkten und die Hoffnung auf das ewige Leben lebendig hielten.[50] Die Schrift versucht zu erweisen, dass die Christen diejenigen Philosophen sind, die die eigentlichen, von der Vernunft erkennbaren Werte und Ziele der menschlichen Existenz am besten wahren. Zunächst stellt Aristides den christlichen Schöpferglauben dar und danach bringt er in höflicher Art und Weise die Schwächen der vorherrschenden Religionen auf den Punkt.[51] Die Verteidigungsschrift endet mit einer Darstellung der christlichen Lebensweise und Ethik, wie sie in den biblischen Geboten vorgeschrieben ist:

> »Deswegen begehen sie [sc. die Christen] nicht Ehebruch und huren nicht und legen nicht falsches Zeugnis ab und halten nicht ein anvertrautes Gut zurück, und nicht begehren sie, was ihnen nicht gehört. Sie ehren Vater und Mutter und denen, die ihnen nahe sind, erweisen sie Gutes, und wenn sie Richter sind, richten sie mit Gerechtigkeit. [...] Und ihre Frauen sind rein, o Kaiser, wie Jungfrauen, und ihre Töchter ehrbar [sittsam, keusch], und ihre Männer enthalten sich allen gesetzwidrigen Geschlechtsverkehrs und aller Unreinheit, wegen der Hoffnung der zukünftigen Vergeltung in der anderen Welt. Die Sklaven aber und Sklavinnen, oder die Kinder, falls jede[r] von ihnen [welche] hat, überzeugen sie, Christen zu werden wegen der Zuneigung, die sie zu ihnen haben. Und wenn sie es geworden sind, nennen sie sie ungeteilt Brüder. Fremde Götter beten sie nicht an, und in aller Milde und Freundlichkeit wandeln sie, und Lüge lässt sich bei ihnen nicht finden.
>
> Und sie lieben einander, und von den Witwen wenden sie nicht ihre Aufmerksamkeit. Und die Waise bewahren sie vor dem, der sie unterdrückt. Und der, welcher hat, gibt dem, der nicht hat, ohne Neid. Und wenn sie einen fremden sehen, so führen sie ihn hinein in ihre Wohnungen und freuen sich über ihn wie über einen wahren Bruder. Denn nicht nennen sie Brüder, die (es) im Leibe (sind), sondern Brüder, die (es) im Geist und in Gott (sind). Wenn aber einer von ihren Armen aus der Welt geht und ihn irgend einer von ihnen sieht, sorgt er nach seiner Kraft für sein Begräbnis[52]. Und wenn sie hören,

50 Nach Hausammann, Alte Kirche (s. Anm. 15), 174f.

51 A. a. O., 174.

52 Zur Aufwertung der Totensorge bei Aristides und allgemein in der christlichen Antike und zum Einsatz der Christen für einen würdigen Umgang mit Leichnamen und für würdige Bestattungen, siehe: Martina Hartl, Leichen, Asche und Gebeine. Der frühchristliche Umgang mit dem toten Körper und die Anfänge des Reliquienkults, Regensburg 2018, 19f.

dass einer von ihnen inhaftiert ist und bedrängt wegen des Namens ihres Messias, sorgen alle für seinen Bedarf. Und wenn es möglich ist, dass er befreit werde, befreien sie ihn. Und wenn bei ihnen jemand ist, der arm oder bedürftig ist, und sie nicht überschüssigen Mindestbedarf haben, so fasten sie zwei oder drei Tage, damit sie den Bedürftigen erfüllen den Bedarf ihrer Nahrung«.[53]

Dies könnte die Aufgabe des Christentums im 21. Jahrhundert sein, wieder Seele einer Welt zu werden, in der die Gemeinschaft, das Mitgefühl und die gegenseitige Liebe seltene Werte sind. Die heutigen Christen können aus der Erfahrung der antiken christlichen Lebensweise neue Einsichten und eine überzeugendere Lebensweise schöpfen, die auf Liebe, Gegenseitigkeit, Vertrauen, Respekt und Gemeinschaft beruht.[54] Dass diese christliche Beschreibung nicht eine *oratio pro domo* war, bestätigen uns bis heute auch antike pagane Quellen. Als der abtrünnige Kaiser Julian im Jahr 362 nach der Wiedereinführung des Götterkultes eine Belebung und Erneuerung des religiösen Lebens und eine Hebung der gesunkenen Moral

53 Aristides, Apologie (15,4–7), übersetzt und erklärt von Michael Lattke, Freiburg i. Br. 2018, 327–329. Der zitierte Text nach der syrischen überlieferten Übersetzung bezeugt die umfassendste bis heute tradierte Form dieser Apologie, deren griechisches Original sowie auch alle vollständigen griechischen Abschriften verlorengegangen sind. Zur Überlieferung des Textes siehe die Einführung von Michael Lattke in der oben zitierten Auflage, auf den Seiten 14–19.

54 Eine andere berühmte Schrift, in der die christliche Existenz in der Antike beschrieben wird, ist der Brief eines bis heute unbekannte Christen an Diognetus. Der Brief ist vermutlich in Ägypten Ende des 2. Jahrhunderts entstanden. Näheres bei Drobner, Lehrbuch (s. Anm. 18), 56–58. In den Kapiteln 5 und 6 der Schrift gibt es eine ausführliche Beschreibung der christlichen Lebensweise, aus der ich nur einige Aspekte unten zitiere: »Sie [sc. die Christen] existieren ›im Fleisch‹, aber sie leben nicht ›nach dem Fleisch‹. Auf Erden weilen sie, aber im Himmel haben sie Bürgerrecht. Sie gehorchen den erlassenen Gesetzen, und mit der ihnen eigenen Lebensweise überbieten sie die Gesetze. Sie lieben alle, und von allen werden sie verfolgt. Man kennt sie nicht, und doch verurteilt man sie. Sie werden getötet, und sie werden lebendig gemacht. Arm sind sie, und sie machen viele reich. Sie haben an allem Mangel, und sie haben an allem Überfluß. Sie werden beschimpft, und in den Beschimpfungen werden sie gepriesen. Sie werden verunglimpft, und sie werden ins Recht gesetzt. Sie werden geschmäht, und sie segnen. Sie werden beleidigt, und sie erweisen (anderen) Ehre. Während sie Gutes tun, werden sie wie Übeltäter bestraft. Während sie bestraft werden, freuen sie sich, als würden sie lebendiggemacht«. Diognetbrief (5,8–16), in: Andreas Lindemann / Henning Paulsen (Hrsg. u. Übers.), Die Apostolischen Väter, griechisch-deutsche Parallelausgabe, Tübingen 1992, 313f.

im Römischen Reich anstrebte, fand er in seinen Briefen an die heidnischen Priester keine anderen Beispiele als das anziehungsvolle Modell der Christen:

> »[...] sehen wir nicht, dass das, was am meisten zur Verbreitung der Gottlosigkeit beigetragen hat, die menschliche Güte gegen die Fremden, die Vorsorge für die Bestattung der Toten und ein geheuchelter Ernst in der Lebensführung ist? Alle diese Tugenden müssen von uns, aber ohne Heuchelei geübt werden. Und es ist nicht genug, dass du allein dich darum bemühst, nein, alle Priester von Galatien ohne Ausnahme müssen es tun. [...] Dann ermahne sie, dass ein Priester weder das Theater besuchen, noch in der Schenke trinken, noch ein ehrloses und übel beleumdetes Handwerk oder Gewerbe ausüben darf. Ehre die, welche dir gehorchen, die Ungehorsamen entsetze ihres Amtes.
> Richte in jeder Stadt zahlreiche Herbergen ein, damit die Fremden unsere Menschenfreundlichkeit erfahren, und zwar nicht nur jene, die zu den Unsern zählen, sondern auch alle an dem, die ihrer bedürfen. [...] Denn es wäre eine Schande, wo von den Juden nicht ein einziger betteln gehen muss, wo die gottlosen Galiläer nebst ihren eigenen Bettlern auch noch den unsern zu essen geben, dass unsere eigenen Leute vor aller Augen ohne Unterstützung unserseits dastehen«.[55]

Das wäre eine Aufgabe für unsere Gemeinden heute, so zu leben, dass die anderen Menschen in ihnen ein mögliches Modell für ihr eigenes Leben finden können.

Die ganze Lebensweise der Christen zielt nicht auf ein vorläufiges schönes irdisches Zusammenleben, sondern ist eschatologisch orientiert. Von Gott haben die Christen die Gebote empfangen, argumentiert Aristides, »die sie (sich) eingegraben haben in ihr Denken, (und) die sie beachten wegen der Hoffnung und Erwartung der zukünftigen Welt«.[56] Diese

55 Julian der Abtrünnige, Brief 84: An Arsakios, Oberpriester von Galatien, in: Lisette Goessler (eingeleitet, übersetzt und erläutert), Kaiser Julian der Abtrünnige, Die Briefe, Zürich/Stuttgart 1971, 114f.

56 Aristides, Apologie (15,3) (s. Anm. 53), 324. In der gleichen Apologie gibt es nur in der syrischen Übersetzung des 4./5. Jahrhunderts einen Abschnitt, der über diese Hoffnung auf das ewige Leben mit Gott spricht. Ich zitiere hier diese Stelle: »Und wenn ein Gerechter unter ihnen aus der Welt geht, so freuen sie sich und danken Gott und geleiten seinen Leichnam, wie wenn er sich von einem Orte zu einem anderen aufmacht. Und wenn einem von ihnen ein Kind geboren wird, so danken / loben sie Gott, und wenn es sich ferner ereignet und es in seiner Kindheit

eschatologische und ewige Bestimmung des Menschen ist ein wesentliches Merkmal der christlichen Anthropologie, das nie aus dem Blick verloren werden darf. Genau diese endgültige Erfüllung des menschlichen Lebens im ewigen Reich Gottes ist für den heutigen Menschen sehr wenig wahrnehmbar. Mit den Worten eines inspirierten Theologen:

> »Was der moderne Mensch nicht versteht, wofür er blind und taub geworden ist, ist also die christliche Grundvision des Todes, gemäß der der ›biologische‹ oder physische Tod nicht der *ganze* Tod ist, nicht einmal seine ultimative Essenz. Denn der Tod ist in dieser christlichen Vision vor allem eine *spirituelle Realität*, an der man noch lebendig teilnehmen kann, von der man frei sein kann, während man im Grab liegt. Der Tod ist hier *die Trennung vom Leben*, und das bedeutet Gott, der der einzige Geber des Lebens ist, der selbst das Leben *ist*«.[57]

Die optimistische Auffassung vom Menschen wurde vom Christentum in die Welt gebracht: die Ewigkeit der menschlichen Seele und damit ihre Unendlichkeit und ihre Ruhelosigkeit, bis sie nicht ihre Ruhe in Gott finden wird, wie Augustinus einst in seinen Konfessionen formulierte.

stirbt, so danken / loben sie Gott gewaltig als über einen, der die Welt durchschritten hat ohne Sünden. Und wenn sie ferner sehen, dass einer von ihnen gestorben ist in seiner Gottlosigkeit oder mit seinen Sünden, so weinen sie über diesen bitterlich und seufzen, als über einen, der im Begriff ist zur Bestrafung zu gehen. Dieses ist die Verordnung des Gesetzes der Christen, o Kaiser, und ihrer Lebensführung«. Aristides, Apologie (15,10f.) (s. Anm. 53), 330. Den syrischen Originaltext und eine französische Übersetzung in Aristide, Apologie, Introduction, textes critiques, traductions et commentaire von Bernard Pouderon u. a., (SC 470), Paris 2003, 242f.

57 »What the modern man does not understand, that to which he has become blind and deaf, is thus the fundamental Christian vision of death, in which the ›biological‹ or physical death is not the whole death, not even its ultimate essence. For in this Christian vision, death is above all a spiritual reality, of which one can partake while being alive, from which one can be free while lying in the grave. Death here is man's separation from life, and this means from God Who is the only Giver of life, Who Himself is Life«. Alexander Schmemann, Of water and the spirit. A Liturgical Study of Baptism, New York 1974, 62f.

3. Schlussfolgerungen

Die Apologeten der ersten Jahrhunderte und ihre Theologie erweisen sich heute wieder sehr aktuell und relevant, in einer Welt, die den Schöpferglauben, der weder beweisbar noch allgemein anerkannt ist, in vielerlei Hinsicht nicht mehr teilt und auch den ethischen Vorschriften, so wie sie in der jüdisch-christlichen Offenbarung dargestellt sind, nicht mehr folgen will. Die säkularisierte Anthropologie kann das »Woher« und das »Wohin« des Menschen nicht bestimmen und lässt damit die wichtigsten menschlichen Fragen und Daseinsprobleme unbeantwortet. Unsere heutige Welt schätzt besonders jene Wissenschaften hoch, die uns sogenannte objektive, durch das rationelle Instrumentarium erreichte Erkenntnisse liefern. Sie beanspruchen für sich die Objektivität, die Sicherheit und die unbestreitbare Gewissheit der soliden, greifbaren und für alle offensichtlichen Kenntnisse und Ergebnisse. In unserem Leben bleiben aber wesentliche Fragen durch empirisches Wissen unbeantwortet und wichtige Gebiete unerforscht: die Gebiete der Kunst, der Gefühle, der Gedanken, des ganzen spirituellen und seelischen Lebens, die Frage nach einem endgültigen Sinn und die Sehnsucht nach Ewigkeit.[58] Die Sicherheit und Gewissheit, dass wir Herren und Herrscher unseres Lebens in einem vollständigen Sinne sind, verschwindet sofort, wenn Unfälle aller Art in unserer Existenz passieren:

> »Die überraschende Funktionsstörung, wie Dürrenmatt sagte: ein Autounfall, ein Krebs, ein Herzinfarkt und die ganze Rüstung der Selbstgenügsamkeit bricht zusammen, die Nacktheit des Menschen erweist sich als erbärmlich. Das Chaos der unbeantworteten Fragen öffnet sich vor uns, Fragen, die nicht einfache Zweifel unseres Verstandes sind, sondern beängstigende Leerräume in unserer Existenz«.[59]

In solchen Augenblicken findet ein rasches Erwachen des Bewusstseins statt und der Mensch sucht nach einer möglichen Lösung der »Funktionsstörung« und denkt sofort an Gott. Die einzige Hoffnung ist aber nicht Gott als »Hypothese« oder als »unbestimmte Kraft«, wie manchmal in der säkularisierten Welt angenommen, sondern der für uns sorgende und mit uns verbundene »Vater«, der persönliche Schöpfer der sichtbaren und un-

[58] Siehe Christos Yannaras, Abecedar al credinței. Introducere în teologia ortodoxă, traducere pr. Constantin Coman, București 1996, 9–11.

[59] A. a. O., 11f.

sichtbaren Welt, mit dem uns eine tiefe Dankbarkeit und persönliche Beziehung verbindet. Erlauben Sie mir am Ende dieses Vortrages dem Weltschöpfer als Quelle des Lebens und der Unsterblichkeit durch das Hauptgebet der alten Jakobusliturgie von Jerusalem für die Schönheit der ganzen Schöpfung zu danken:

> »Wahrhaft würdig und recht, geziemend und nützlich ist es, Dich zu loben, Dich zu besingen, Dich zu preisen, Dich anzubeten, Dich zu verherrlichen und Dir zu danken, dem Schöpfer der sichtbaren und unsichtbaren Welt, dem Schatze der ewigen Güter, der Quelle des Lebens und der Unsterblichkeit, dem Gotte und Gebieter des All. Dich preisen die Himmel der Himmel und all ihre Macht, Sonne, Mond und der ganze Chor der Gestirne, die Erde, das Meer und alles, was in ihnen ist. [Es preisen Dich] die himmlische Versammlung Jerusalem, die Kirche der Erstgeborenen, die im Himmel aufgezeichnet sind, die Geister der Gerechten und der Propheten, die Seelen der Märtyrer und der Apostel, die Engel, Erzengel, Thronen, Herrschaften, Fürstentümer, Mächte und die furchtbaren Kräfte, die vieläugigen Cherubim und die sechsflügeligen Seraphim«.[60]

Der einzige, der in diesem allumfassenden, kosmischen Lobpreis Gottes nicht einstimmen könnte, ist nur der Mensch. Die anderen Schöpfungen und die Natur selbst preisen ihn, indem sie sind, einfach wie sie von Gott geschaffen wurden. Und wenn einmal alle Menschen in den Lobpreis Gottes nicht mehr einstimmen würden, werden nicht nur seine Engel, sondern die ganze Natur und sogar die Steine sein Lob und seine wunderbaren Heilstaten weiter singen (Lk 19,40).

60 »Die griechische Jakobusliturgie«, in: Remigius Storf (Übers.) / Theodor Schermann (mit Einleitungen versehen), Griechische Liturgien, BKV 1,5, Kempten/München 1912, 104.

Ja zur Moderne!

Eine Episode aus der rumänischen Theologiegeschichte und ihre Relevanz für die heutigen Ambivalenzen zwischen Kirche und säkularisierter Gesellschaft

Ioan Moga

1. Einführung

Ohne Nuancen wäre jede Theologie sehr arm. Differenzierungsvermögen gehört nicht nur zum Grundrepertoire jeder guten Wissenschaft, sondern auch von Anfang an zum Sitz-im-Leben der christlichen Theologie. Bereits die altkirchliche Theologie zeichnet sich – angesichts der Herausforderung durch simplifizierende oder, im Gegenteil, in Spitzfindigkeiten sich entfremdende Irrlehren – durch eine große Kultur der Begriffsunterscheidung und der philosophisch-theologischen Differenziertheit aus.

Beim inzwischen überstrapazierten Thema »Kirche – säkularisierte Gesellschaft« fehlt oft – im innerorthodoxen Diskurs – die nötige Bereitschaft zur Nuancenbildung. Die überwiegende Mehrheit der Stimmen kommt über eine negative Ausmalung des Phänomens der Säkularisierung nicht hinaus. Gerade angesichts der Theoriekomplexität, aber auch der Hochdifferenziertheit der Debatte bezüglich dieses Themas im Bereich der Sozialwissenschaften kann die Theologie weder bei einer rudimentären Beschreibung des Phänomens noch bei einer apologetischen Haltung bleiben. Hinter einer solchen Haltung lebt oft weniger ein Unvermögen, sich im Alltag dem kreativen, kritischen Dialog mit der heutigen Gesellschaft zu stellen (denn gerade in der pastoralen Realität ist dies eine Notwendigkeit, keine Option), sondern vielmehr die Angst, etwas von der diachronen Kontinuität der kirchlichen Tradition zu verlieren.

Die Moderne (samt Säkularisierungsformen) hat aber – zum Glück! – nicht mit unserer Biographie oder mit unserer Generation angefangen. Auch wenn in einem unterschiedlichen historischen und kulturellen Kontext, hat die Auseinandersetzung der Theologie mit dem Phänomen der Moderne um die Jahrhundertwende zum 20. Jahrhundert angefangen. Für eine traditionsbewusste Theologie wie die orthodoxe gilt es deshalb zu schauen, wie vor mehr als 100 Jahren dieser Diskurs geführt wurde.

Ich werde im Rahmen dieses Aufsatzes etwas Punktuelles aus der rumänischen Theologiegeschichte[1] auswählen, das – wie es mir scheint – durchaus relevant sein kann, um einige Nuancen in die aktuelle Diskussion hereinzubringen, nämlich die Position zweier rumänischer orthodoxer Theologen zur Moderne in der Zeit des Aufbruchs in die Moderne und implizit in das säkularisierte Zeitalter. Dabei gilt es nicht nur regional zu kontextualisieren, sondern auch theologiegeschichtlich stark auszudifferenzieren.

Die Jahrhundertwende (vom 19. zum 20. Jh.) gilt bis heute als symbolisches Datum für den Aufbruch (in der Öffentlichkeit, in den Wissenschaften, in den Künsten und schließlich auch in den Kirchen) des Bewusstseins eines epochalen kulturgeschichtlichen Wandels, den man in der Selbstbeschreibung mit dem Stichwort »Moderne« oder »Modernismus« auf den Punkt brachte. Die Modernisierungswut des 19. Jh., vor allem in der Arbeitswelt, forderte ein theoretisches, kulturwissenschaftliches Paradigma. Sicherlich war dieser facettenreiche Moderne-Begriff von Anfang an eine Interpretationskategorie, wie später auch der Säkularisierungsbegriff. Wie dem auch sei, die Theologie zog mit, nicht zuletzt herausgefordert von der Infragestellung der Religion durch die Psychologie, aber auch durch die historischen Wissenschaften.

Der Protestantismus hatte darin eine Vorreiterrolle. Die Zuversicht, dass die Moderne eine notwendige Kontinuität der Aufklärung und diese wiederum eine Frucht der Reformation sei, beseelte jemanden wie Ernst Troeltsch. Der Protestantismus war für ihn an der Entstehung der modernen Welt mitbeteiligt. Das Wesen des Christentums – ein Zauberwort jener Zeit – ließe sich nach Troeltsch mit dem Geist der Moderne vereinbaren. Doch auch Troeltsch wusste um die Schwierigkeit dieses Unterfangens, um die Gefahr der geschichtlichen Relativierung ethischer Werte in der Moderne.[2]

1 Ein Teil der folgenden Ausführungen finden sich, in ausgedehnter Form, in meiner Habilitation wieder: Ioan Moga, Orthodoxe Selbst- und Fremdbilder. Identitätsdiskurse der rumänischen orthodoxen Theologie im Verhältnis zur Römisch-Katholischen Kirche in der Zeit von 1875 bis 1989, Göttingen 2020.

2 Vgl. Ernst Troeltsch, Schriften zur Bedeutung des Protestantismus für die moderne Welt (1906–1913), in: Trutz Rendtorff (Hrsg.), Kritische Gesamtausgabe 8, Berlin u. a. 2001; Alexander Heit, Sinnbildung in der Moderne. Selbstverortung der Theologie am Beispiel von Ernst Troeltsch, Paul Tillich, Wolfhart Pannenberg und Eilert Herms, Zürich 2018, 110–113. Zum Kontext vgl.: Horst Renz / Friedrich Wilhelm Graf (Hrsg.), Umstrittene Moderne. Die Zukunft der Neuzeit im Urteil der Epoche Ernst Troeltschs, Troeltsch-Studien 4, Gütersloh 1987.

Auf der anderen Seite erlebte nach 1900 die Römisch-Katholische Kirche mit der sogenannten Modernismus-Debatte eine große Krise,[3] die ihre Schatten bis zum Zweiten Vatikanum warf. Komplexe Aufbruchsbewegungen im europäischen Katholizismus (wie die philosophische Wende zum Subjekt, die historisch-kritische Methode, die Dogmenkritik, die demokratische Kritik der hierarchischen Auffassung der Kirche usw.) stießen auf ein starres und monologisches Lehramt. Inbegriff und Höhepunkt der »modernistischen« Bewegungen, die nicht einfach auf eine These oder eine Denkrichtung zu reduzieren sind, war ohne Zweifel das Werk des französischen Exegeten Alfred Loisy »L'Evangile et l'Eglise«. Obwohl Loisy sein Buch als Antwort auf die antikatholische Polemik Adolf von Harnacks verstand, stimmte er diesem zu, dass Jesus nicht eine institutionelle Entwicklung und Gestaltwerdung der Kirche intendiert hätte. Die Reaktion Roms auf das Buch von Loisy und auf alle modernistischen Tendenzen insgesamt kam am 8. September 1907 mit der Enzyklika »Pascendi dominici gregis«, die als Antimodernismus-Enzyklika in die Geschichte einging.[4] Darin wurde der Modernismus als Zusammenfassung aller Häresien und als Übergangsschritt vom Protestantismus zum Atheismus hochstilisiert. Die Enzyklika begnügte sich nicht mit einer theoretischen Auseinandersetzung und einer Verurteilung des Modernismus, sondern beinhaltete eine Reihe von praktischen Konsequenzen, die »einem schrankenlosen Denunziantenwesen Tür und Tor öffneten« und »das Misstrauen gegen alle Errungenschaften der Moderne« verbreiteten.[5]

Es ist naheliegend zu fragen, was die orthodoxe Theologie in dieser für die Identität der Moderne paradigmatischen Zeit machte und wie sie sich zum neuen Phänomen der Moderne positionierte.

3 Vgl. Louis-Pierre Sardella, Regards sur la crise moderniste en France. Une Église intangible dans un monde en mouvement, Paris 2018; Peter Neuner, 100 Jahre nach der Modernismusenzyklika: das Problem der Dogmengeschichte, in: StZ 225 (2007), 579–592.

4 Für die Übersetzung der Enzyklika vgl.: Peter Neuner, Der Streit um den katholischen Modernismus, Frankfurt a. M./Leipzig 2009, 294–354.

5 Peter Neuner, Eine neue Modernismuskontroverse? Theologiegeschichtliche Überlegungen zum Streit um die Piusbruderschaft, in: MThZ 60 (2009), 258–270, 263.

2. Christliche Allianz mit der Moderne im Dienste der Bildung (Nicolae Bălan)

In den ersten zwei Dekaden des 20. Jahrhunderts war Sibiu (Hermannstadt) das aus publizistischer Sicht aktivste Zentrum der rumänischen orthodoxen Theologie. Nach einem langen, mimetischen Reifeprozess im ganzen 19. Jahrhundert wird spätestens mit der Gründung der Zeitschrift »Revista teologică« im Jahre 1907 das Heranwachsen eines eigenen öffentlich-theologischen Profils deutlich.[6]

Es ist erstaunlich zu sehen, dass von Anfang an diese Zeitschrift einen autochthonen pro-Moderne-Diskurs einnahm, vor allem durch die Stellungnahmen ihres Begründers und Schriftleiters, des Laientheologen *Nicolae Bălan* (1882–1955),[7] der nach dem Ersten Weltkrieg Metropolit von Siebenbürgen werden sollte. Er und weitere Kollegen sahen den beachtlichen »Mehrwert« der eigenen Konfession vor allem gegenüber dem Katholizismus in der *Offenheit zur modernen Kultur* (*vor allem zu den regionalen, sprich: nationalen Kulturen*) und kritisierten scharf das antimodernistische Programm Roms. Dieses konfessionelle Hauptargument mag aus heutiger Perspektive überraschen.

Bălan plädierte in seinen Aufsätzen dafür, dass die christlichen Konfessionen sich nicht nur untereinander annähern, sondern auch den modernen Entwicklungen stellen. Eine Grundvoraussetzung dafür wäre, dass sich die Kirchen, einschließlich der Orthodoxen, aus ihrer selbstzentrierten Statik befreien: »die Konfessionen dürfen ihren Glauben nicht als ein totes Kapital behandeln, das man nur noch absichern will, um ihn im eigenen Sanktuar zu bewahren [...]«,[8] so Bălan in einem Aufsatz im Jahre 1909.

Zu diesem Plädoyer der interkonfessionellen Annäherung gehört für Bălan auch die *gemeinsame Auseinandersetzung der Konfessionen mit*

6 Vgl. das digitale (open access) Archiv der Zeitschrift: http://documente.bcucluj.ro/web/bibdigit/periodice/revistateologica/ (abgerufen: 15.05.2020).

7 Bălan war Absolvent der Theologischen Fakultät in Czernowitz (1904, mit Doktorat im Jahr 1905), studierte für ein Jahr auch in Breslau (1904–1905). 1905 übernahm er die Dogmatikprofessur am Theologischen Institut in Sibiu, wo er als Laientheologe bis 1919 agierte. 1920 wurde er zum orthodoxen Metropoliten von Siebenbürgen (bis zu seinem Tod 1955). Zu Person und Werk: Vgl. Pavel Cherescu, Mitropolitul Nicolae Bălan al Ardealului (1920–1955) – teolog, ierarh, patriot, Oradea 2001; Paul Brusanowski, Mitropolitul Nicolae Bălan, in: Florin Dobrei (Hrsg.), Păstori și păstorire în trecutul Bisericii noastre, Cluj-Napoca 2015, 187–212.

8 Nicolae Bălan, Chestia unirii Bisericilor. Răspuns la o broșură, in: Revista teologică 3 (1909), 314–333, hier 316.

der modernen Kultur. Er skizziert bereits im Jahre 1907 ein sehr positives Bild vom Zueinander zwischen Religion und Kultur:

> »Religion ist ein wesentlicher Bestandteil des seelischen Lebens des Menschen und als Konsequenz davon ist sie auch ein ergänzender Teil der menschlichen Kultur, ein Faktor und eine Kraft der Kultur [...]. Die Religion kann nicht gegen die Kultur sein, weil zwischen Religion und den anderen spirituell-moralischen Gütern, die das Wesen der wahren Kultur ausmachen, die innigste freundschaftliche Verbindung geben muss.«[9]

Das optimistische Bild von der inneren Verflechtung zwischen moderner Kultur und Christentum ist für Bălan Ausdruck der Offenheit der Orthodoxie gegenüber den kulturellen Entwicklungen im jeweiligen Volk. Seine Ausführungen gipfeln im folgenden Satz, der einen verdeckten Hinweis auf Troeltsch verbergen mag: »Unabhängig davon, ob man das zugeben will oder nicht – wie ein heutiger Gelehrter es sagt –, die moderne Kultur hat ihren Ursprung im Christentum.«[10]

Bălan wird jedoch nicht Opfer einer Utopie. Er weiß, dass zeitgenössische Kulturströmungen das Christliche als Grundbestandteil der europäischen Identität überholen oder ignorieren wollen. Er warnt deshalb davor, »die Wahrheit und den Wert des Christentums«[11] im Kulturprogramm der Moderne zu missachten:

> »Wenn diese Kräfte [sc. die christlichen] in einer gewissen Epoche missachtet werden, dann verliert die Kultur derjenigen Epoche ihr Gleichgewicht, sie verliert ihre richtige Balance zwischen den verschiedenen konstituierenden Faktoren und nimmt einseitige, falsche Wege ein.«[12]

Eine moderne Kultur ohne christliche Prägung, d. h. eine völlig säkularisierte moderne Kultur, ist für den späteren Siebenbürger Metropoliten unvorstellbar. Dabei sieht er auch die Kirche in der Pflicht, die Relevanz der

9 Nicolae Bălan, Religiune şi cultură, in: Revista teologică 1 (1907), 336–350, hier 343 f.

10 A. a. O., 345. Angesichts der Tatsache, dass der Vortrag Troeltschs vom 21. April 1906 »Die Bedeutung des Protestantismus für die Entstehung der modernen Welt« als Sonderdruck der »Historischen Zeitschrift« bereits 1906 erschien, ist sehr plausibel, dass ein Jahr später Bălan mit dem Ausdruck »ein Gelehrter unserer Zeit« Troeltsch meint.

11 A. a. O., 346.

12 Ebd.

christlichen Botschaft für die Entfaltung einer »gesunden und nachhaltigen Kultur«[13] zu vermitteln. Bălan streitet nicht lange mit der Gesellschaft seiner Zeit, sondern vielmehr mahnt er die kirchlichen Verantwortlichen, den Zug der Moderne nicht zu verpassen, indem sie die Bildungsrelevanz der Kirche nicht genügend zum Ausdruck bringen.

Das *pro-Moderne*-Programm Bălans hatte vor allem eine innermissionarische Ausrichtung: Moderne war für ihn Inbegriff der Bildung, der Entwicklung der Wissenschaften und damit auch die Chance, durch profane Bildung auch die Bildung der Priester und der Gläubigen (die allermeisten in einer Agrargesellschaft lebend) zu steigern. Umgekehrt galt es auch, das Christliche als Grundwert in der modernen Kultur zu behaupten.

Moderne implizierte für ihn eine dringende *pastoral-missionarische Bildungsoffensive* für die orthodoxe Priesterschaft in Siebenbürgen.[14] Der rumänische Theologe sah eine »furchtbare Kluft«[15] zwischen Ideal und Realität: Er klagte über den »Indifferentismus der Priesterschaft gegenüber der Kultur«,[16] mahnte die Verantwortlichen zur kulturellen Erziehung der Priester als unabdingbare Voraussetzung für eine geistige Erneuerung im Volk[17] und kritisierte zugleich diejenigen Intellektuellen, die einen vermeintlichen Konflikt zwischen Naturwissenschaft und Religion beschwörten.[18] – Auch später, d. h. nach dem Ersten Weltkrieg, als er Metropolit wurde, war für Nicolae Bălan die Förderung eines gebildeten Mönchtums und einer gebildeten Priesterschaft eine Priorität.

3. Ein orthodoxer Verfechter des (theologischen) »Modernismus«: Iuliu Scriban

Noch stärker reflektierte über das Verhältnis zwischen Orthodoxie und Moderne *Iuliu Scriban*,[19] der in derselben Zeitschrift in derselben Zeit Aufsätze veröffentlichte, obwohl er Vertreter der Bukarester theologischen

13 Bălan, Religiune (s. Anm. 9), 347.

14 Vgl. diesbezüglich auch Nicolae Bălan, Biserica și catehizarea, in: Revista teologică 3 (1909), 241–249.

15 Bălan, Religiune (s. Anm. 9), 349.

16 Nicolae Bălan, Mergem înainte, in: Revista teologică 5 (1911), 1–4, 1.

17 A. a. O., 2.

18 Vgl. Nicolae Bălan, Armonia dintre religiune și știință, în: Revista teologică 5 (1911), 161–171.

19 Zum Leben und Werk: 1878–1949, Studium und Doktorat in Bukarest, Aufbau-

Schule war: Er hatte das Studium in Bukarest 1903 abgeschlossen, studierte in der Zeit 1904–1909 aber auch katholische und protestantische Theologie in Strasbourg und Philosophie in Heidelberg und lehrte ab 1909 am Zentralen Priesterseminar in Bukarest.

Seine Sympathie mit dem protestantischen Standpunkt, bzw. seine Abneigung gegenüber dem antimodernistischen Programm Roms, ist offensichtlich. Die Aufmerksamkeit richtet der rumänische Theologe auf den *innerkatholischen Konflikt zwischen Traditionalisten und Modernisten*. In einem umfangreichen Aufsatz mit dem Titel »Der Modernismus und die Enzyklika Pascendi«[20] dokumentiert Scriban die Vorgeschichte der Enzyklika, den Text selbst und die danach entstandene Debatte. Scriban ist weit davon entfernt, jegliche Art von modernistischen Tendenzen in der Theologie zu begrüßen. Doch er kritisiert die päpstliche Enzyklika dafür, weit über ihre Kernaufgabe hinausgeschossen zu sein, für das Stoppen der theologischen Forschung und für die Schroffheit, womit sie die unterschiedlichen modernistischen Tendenzen in der Theologie zu einem System macht und dies wiederum als häretisch brandmarkt. Er stellt sich, auch wenn nicht bedingungslos, auf die Seite der Modernisten.

Interessant sind die Beispiele, die er vorbringt. So etwa das Dogma der Inspiration: Hier stellt sich Scriban gegen die klassische Verbalinspiration, weil die neue Interpretation der Inspiration »konformer ist mit dem wissenschaftlichen Kontext, in dem wir leben«[21]:

> »Vielleicht wird aber auch diese Interpretation nicht die letzte sein, und die Theologen werden irgendwann zur Meinung gelangen, dass man die Inspiration auf die Glaubenspunkte reduzieren soll, denn das Werk Gottes ist ein Heilswerk und hat keine Relevanz für die Fragen profaner Natur, die das Schrifttum der heiligen Autoren mitbegleitet haben [...].«[22]

studien in Strasbourg und Heidelberg. Professor für Homiletik und Pastoral in Chisinau (1928–1941), danach in Bukarest (1941–1943); er hat die Rumänische Orthodoxe Kirche bei vielen ökumenischen Konferenzen der 1920er–1930er Jahre vertreten. Vgl. Mircea Păcurariu (Hrsg.), Enciclopedia Ortodoxiei românești, Bukarest 2010, 570; Ioan Constantinescu/Arhimandritul Iuliu Scriban (1878–1949), in: Studii teologice 28 (1976), 735–743.

20 Iuliu Scriban, Modernismul și enciclica »Pascendi«, in: Revista teologică 2 (1908), 253–262; Revista teologică 2 (1908), 284–296; Revista teologică 2 (1908), 349–364; Revista teologică 2 (1908), 426–434; Revista teologică 2 (1908), 466–475; Revista teologică 3 (1909), 94–100; Revista teologică 3 (1909), 146–150.

21 Scriban, Modernismul (s. Anm. 20), 467.

22 Ebd.

Durch diese liberale Sicht auf die Frage der Inspiration offenbart der rumänische Theologe eine deutliche Sympathie für die Erneuerungsströmungen innerhalb der deutschsprachigen Theologie. Seine tiefe Kenntnis der Modernismus-Debatte nach der Enzyklika »Pascendi« zeigt sich auch darin, dass er bereits im November 1908 einen Artikel des Münchener Kirchenhistorikers Joseph Schnitzer ins Rumänische übersetzt, in dem dieser nicht nur den »römischen Absolutismus« verurteilte, sondern auch die wissenschaftliche Selbstverpflichtung der theologischen Fakultäten zu einer freien Forschung verteidigte. Scriban kommentiert den Artikel mit den Worten:

> »selten findet man einen solchen Artikel, der so stark vom Geist der Freiheit erfüllt wäre und der eine solche schmerzhafte Autopsie des Leitungsstils der theologischen Kultur in der eigenen Kirche machen würde.«[23]

Scriban zeigt sich als Vertreter einer kirchlich verpflichteten, aber wissenschaftlich verantworteten und dadurch in der Forschung freien Theologie:

> »Man sollte den Menschen forschen lassen, man sollte ihn auch irren lassen, denn, auch wenn daraus etwas Schlechtes entstehen sollte, wird aber zugleich ohne Zweifel auch sehr viel Gutes entfaltet werden. Es werden neue Elemente zur Unterstützung der Kirche entstehen können.«[24]

Scriban zieht als Argument für sein Plädoyer für die theologische Forschungsfreiheit die Alte Kirche heran, in der »die Meinungen frei ausgetauscht wurden und nur zu gegebener Zeit die Kirche die Siegel der Bestätigung auf das Beste legte; hätte es diese Freiheit nicht gegeben, dann hätte sich nichts entfalten können.«[25] Er versäumt es allerdings, die Problematik der theologischen Forschungsfreiheit auf den Bereich der eigenen orthodoxen Kirche anzuwenden. Er formuliert aber am Ende seiner Dokumentation des katholischen Modernismusstreites offen seine »Sympathie«[26] für die Modernisten und hegt die Hoffnung, dass »der Modernismus nicht erstickt werden wird«[27]:

23 A. a. O., 434.
24 A. a. O., 469.
25 A. a. O., 472.
26 A. a. O., 150.
27 Ebd.

»Auch wenn wir nicht immer mit ihnen [den Modernisten, I.M.] einverstanden sein werden, sollten wir ihre Begeisterung respektieren, denn der Irrtum begleitet jeden Versuch des Menschen, neue Welten zu beschreiten.«[28]

Aus seiner Sicht sollte das Christentum im Glauben konservativ sein, zugleich aber mit den Entwicklungen der Welt Schritt halten:

»[...] das Christentum ist ewig modern, da es immer mit den Entwicklungen der Gesellschaft Schritt halten muss und dadurch seine Art und Weise in dieser Welt christlich zu agieren, immer wieder revidieren muss. Dadurch blüht das Christentum immer wieder auf und verliert nie an Aktualität.«[29]

Wie bei Nicolae Bălan, zielt Scriban auf ein *volkspädagogisches, missionarisches Erneuerungsprogramm*, das er für absolut notwendig erachtet: Die Orthodoxe Kirche kann und muss durch eine Bildungsoffensive eine Vorreiterrolle in der Modernisierung der rumänischen Gesellschaft übernehmen.

Dieses Stichwort, dass die Orthodoxie konservativ im Glauben bleiben soll, zugleich aber immer offen gegenüber der Gesellschaft, den kulturellen Entwicklungen (oder wie Scriban wörtlich sagt: »ewig modern«) sein muss, ist eine Konstante auch bei anderen, späteren rumänischen Theologen des 20. Jh. Das »aggiornamento« der Römisch-Katholischen Kirche wird zum Beispiel von vielen rumänischen orthodoxen Theologen der Epoche als spätes Nachholen einer Offenheit gesehen, die in der Rumänischen Orthodoxen Kirche selbstverständlich gewesen sei. Bis in die 1970er Jahre betonte die rumänische orthodoxe Theologie diese Position. Später, als im ökumenischen Dialog der Säkularisierungsbegriff und die Phänomene der Säkularisierung in ihrer Diskrepanz zur christlichen Tradition immer bewusster wurden, nuancierte man diese prinzipielle, fast utopische pro-Moderne-Haltung, war aber zugleich geneigt, die Säkularisierung als eine fremde, dekadente, im Westen fabrizierte Moderne zu interpretieren, die sich von der autochthonen, »symphonischen« Moderne unterscheiden würde. Dies ist aber ein Thema für sich.

Die offene Haltung der rumänischen Theologie in den ersten Jahrzehnten des 20. Jh. zu den Entwicklungen in der modernen Gesellschaft

28 Ebd.

29 Iuliu Scriban, Evenimente actuale din Biserica catolică. Osândirea Sillon-ului, in: Revista teologică 5 (8/1911), 236–239, 238.

ist sicherlich nur eine Episode aus einer sehr komplexen und oft kontrastreichen Beziehung der Orthodoxie zu diesem Subjekt. Doch sie lässt horchen: das Bild einer Moderne-resistenten Orthodoxie nuanciert sich.

4. Heutige Relevanz: Kirche als Ort des Dialogs, nicht der Abschottung

Welche Relevanz könnte die Wiederentdeckung dieser Episode der rumänischen Orthodoxie für die heutige Diskussion über »die missionarischen Herausforderungen unserer Kirchen in der säkularisierten Gesellschaft« (so der Titel des 15. Bilateralen Dialogs zwischen EKD und RumOK) haben?

Es geht nicht darum, zeit- und kontextabhängige Haltungen ins hier und jetzt zu übertragen, sondern in erster Linie die Tatsache zu unterstreichen, dass nicht nur das inkarnatorische Prinzip der christlichen Mission, sondern auch die traditionelle, viel betonte Volksnähe der rumänischen Orthodoxie eine Art Selbstverpflichtung zum Dialog mit der Moderne darstellt. Die unterschiedlichen Entwicklungen im Bereich der modernen Wissenschaften und Kultur wurden von den rumänischen Theologen in der ersten Hälfte des 20. Jahrhunderts als wichtiger Bildungsfaktor verstanden; die Kirche konnte deshalb, bei aller mahnenden Funktion, nur Ort des Dialogs, nicht der Abschottung (gegenüber dieser Art von Moderne) sein.

Der aktuelle Diskurs um das Phänomen »säkularisierte Gesellschaft« darf, bei aller pastoraler Sorge und bei aller theologischen Wachsamkeit, diese *dialogische Grundausrichtung* nicht verlieren. Aus sozialethischer Sicht ist sicherlich die Frage, wie Kirche die Entwicklungen in einer Gesellschaft mitgestalten kann, von großer Bedeutung. Für die Mission bzw. für die missionarische Pastoral jedoch (Thema dieser Tagung), stehen aber immer Personen im Zentrum, nicht soziologische Statistiken über den Grad der Säkularisierung einer Gesellschaft. Es sind die konkreten Menschen, die zeitgleich (jeder auf seine Art) Elemente der Postmoderne tragen und zugleich existentielle Antworten seitens der Kirche erwarten. Ein Musterbild des säkularisierten Menschen gibt es nicht.

Die konkreten Menschen in ihrer jeweiligen Einzigartigkeit ernst zu nehmen (d. h. dort aufzusuchen, wo sie gerade sind) und für den christlichen Glauben als sinnstiftende Mitte der Existenz zu begeistern, ist und bleibt Hauptaufgabe der Kirche.[30] Inwiefern die Ortsgemeinden (Pfarreien)

30 Vgl. Ioan Moga, »Es ist gut, dass wir hier sind« (Mt. 17,4). Glaubensverkündigung

auch zu Gemeinschaften vor Ort werden ist dann eine Schlüsselfrage in der Missionsarbeit der Kirche. Wenn traditionelle gesellschaftliche Gemeinschaftsformen (Dorfgemeinschaft, aber auch werte- und rhythmengebundene Stadtgemeinschaft) nicht mehr eine tragbare Konstante bilden, muss Kirche die sozial-kulturelle (d. h. nicht nur religiöse) Dimension der Pfarrgemeinschaft stärken, wohl nicht als Gegenentwurf zur säkularisierten Gesellschaft, sondern als komplementäre Konkretisierung einer christlichen Lebensform. Das ist eine Herausforderung, zugleich aber eine Chance, sich nicht mehr auf sozialisierte Formen des Christentums zu verlassen, sondern das unterscheidend-Christliche als bewusste Entscheidung der Lebensgestaltung zu sehen. Die Rumänische Orthodoxe Kirche hat in dieser Richtung, vor allem im letzten Jahrzehnt, durch eine starke Betonung der sozial-kulturellen Arbeit in den Gemeinden (siehe Referat von Constantin Pătuleanu) Enormes geleistet. – Zugleich muss die Kirche den Schritt in den Ring der offenen und öffentlichen Debatte wagen, nicht in erster Linie, um den konservativen Pol der Debatte unbesetzt zu lassen, sondern vor allem, um die Andersheit ihrer Perspektive (kerygmatisch, aber nicht ideologisch oder belehrend; offen, aber nicht relativierend; geschichtsbejahend, aber aus der Realität des Reiches Gottes lebend) kundzutun.

Doch die eigentliche und schwierigste Herausforderung der Orthodoxen Kirchen Osteuropas in der heutigen Zeit ist zuzugeben, dass die Gesellschaften, in denen sie agieren, immer pluralistischer (dabei aber nicht unbedingt säkularer[31]) werden. Eine Gesellschaft wie die heutige

zwischen Selbstsäkularisierung und prophetischem Dienst. Ein orthodoxer Beitrag, in: IKZ 106 (2016), 2–15, 6f.

31 Vgl. Ioan Moga, Vormoderne überlebt Postmoderne? Heiligenverehrung als (missionarischer) Topos der Orthodoxie heute. Fallbeispiel Rumänien, in: Jutta Koslowski / Andreas Krebs (Hrsg.), Mission zwischen Proselytismus und Selbstabschaffung, Beihefte zur Ökumenischen Rundschau 115, Leipzig 2017, 67–78. Zum Hintergrund: Die vom Pastoralen Forum in Wien durchgeführte »Aufbruch«-Studie (2007) kam u. a. zum Ergebnis, dass sich in den osteuropäischen Ländern mit orthodoxer Mehrheitsbevölkerung ein nichtsäkulares Modell der Modernität entwickelt hat – ein Modell, das alternativ ist zum säkularen Modell Westeuropas. Dieses osteuropäische Moderne-Modell sei »gesättigt mit den traditionellen populären Formen orthodoxer Religiosität.« (Paul M. Zulehner / Miklós Tomka / Inna Naletova, Religionen und Kirchen in Ost(Mittel)Europa. Entwicklungen nach der Wende, Ostfildern 2008, 179) Ein spannendes Ergebnis der Studie war auch: »Der Glaube daran, dass Religion im täglichen Leben hilft, hat nichts mit einer niedrigen Ausbildung zu tun. Es ist ein modernes Phänomen, das unter den gut Ausgebildeten sehr verbreitet ist.« (A. a. O.,149) Kirchliche Religiosität in der heutigen Zeit

rumänische ist (zumindest vom öffentlichen Diskurs her) weniger säkular(isiert) als während des Kommunismus, dafür aber viel pluralistischer und damit auch kontrastreicher. Das Selbstbewusstsein, als (die) Volkskirche zu agieren, muss angesichts dieses Phänomens nach und nach nuanciert werden. Man deckt zwar mit der deklarierten konfessionellen Zugehörigkeit eine große Mehrheit der Gesellschaft ab, diese Mehrheit ist jedoch – dies zeigen viele soziologische Studien und Umfragen – in einem starken Mentalitätswandel begriffen, wo selbst Kernaussagen des christlich-kirchlichen Glaubens nicht mehr relevant zu sein scheinen oder nicht mehr identitätsmäßig vertreten werden.

Damit hat der missionarische Diskurs vor allem an Mehrschichtigkeit zu gewinnen. Die Menschen, die die traditionellen Formen der kirchlichen Kerygmatik und Frömmigkeit mitleben, werden weniger, sie bleiben jedoch Hauptadressaten der Kirche, weil sie auch die aktiven Kirchgänger sind. Nicht nur ihretwegen, sondern auch aus theologischen Gründen werden die Orthodoxen Kirchen eine Relativierung ihres Wertediskurses nicht mitvollziehen, das steht fest. Doch müssen die orthodoxen Lokalkirchen – und da gibt es offensichtlich Lernbedarf – eine neue dialogische und sanft missionarische Haltung entdecken gegenüber denjenigen Menschen, die mit den traditionellen Formen (und Diskursarten) des kirchlichen Glaubens nur noch wenig anfangen können – entweder aufgrund einer bewussten Distanzierung oder aus kultureller Inadäquanz. Für diese Menschen gilt es, Leute wie Iuliu Scriban zu fördern, die mit aller Überzeugung sagen können: »[…] das Christentum ist ewig modern, da es immer mit den Entwicklungen der Gesellschaft Schritt halten muss […].«

ist also nicht mit fehlender oder mangelhafter Bildung zu erklären. Meine These ist, dass die von dieser Studie, aber auch von anderen soziologischen Studien festgestellte starke Religiosität in Ländern wie Rumänien, das Zeichen einer *post-säkularen Neusynthese osteuropäischer (oder genauer: orthodoxer) Färbung* ist, die aufgrund einer kollektiven, traumatischen *Säkularisierungserfahrung* in der kommunistisch-atheistischen Zeit, aber auch aufgrund einer *offenen Kultur der Glaubenskontinuität* dazu kommt, Glaubenstradition in uralten Frömmigkeitsformen mit modernen Lebens- und Denkvorstellungen verbinden zu wollen.

Leiturgia, martyria, diakonia

*Stichwörter zur Freiheit der Kirche in der (post-)säkularen Welt**

Henning Theißen

1. Leiturgia, martyria, diakonia

Die Begriffe *leiturgia* und *martyria* sowie Derivate des Begriffs *diakonia* sind in den biblischen Schriften belegt, wurden in ihrer Zusammenstellung aber erst im 20. Jahrhundert zu einer gebräuchlichen Charakterisierung der Kirche. Konkret waren es die Evangelische Michaelsbruderschaft und die Berneuchener Bewegung, die daraus eine zusammenhängende ekklesiologische Formel (allerdings in der Reihenfolge *martyria*, *leiturgia*, *diakonia*) machten.[1] Beide, Michaelsbruderschaft und Berneuchen, sind in ihrer Wirkung auf Deutschland beschränkt, stehen aber für eine Ausrichtung, die darüber hinausgeht. Beide repräsentieren eine geistliche Erneuerungsbewegung, die durch ihr ausgeprägtes liturgisches Interesse charakterisiert ist. Sie stehen für eine Gottesdienstpraxis in Hinwendung zu den reichhaltigen Symbolwelten der liturgischen Traditionen der europäischen Christenheit und wirken so als Anreger und Vermittler im ökumenischen Gespräch.

Ich erwähne Michaelsbruderschaft und Berneuchen nicht in erster Linie wegen ihrer ökumenischen Bedeutung. Was beide darüber hinaus verbindet, ist, dass ihre Wirkung in die Zeit der Weimarer Republik, der ersten deutschen Demokratie, fällt. Das sog. Berneuchener Buch erschien 1926; die Ev. Michaelsbruderschaft wurde 1931 gegründet. Im Jahr 1935 (1940) finden sich erste (schriftliche) Belege für die Formel *martyria*, *lei-*

* Der folgende Beitrag wurde zuerst veröffentlicht in: Gdański Rocznik Ewangelicki 13 (2019), 240–257. Ich danke der Schriftleitung der Zeitschrift für die Zustimmung zur Wiederveröffentlichung.

1 Hans Janssen, Über die Herkunft der Trias Martyria-Leiturgia-Diakonia, in: ThPh 85 (2010), 407–413.

turgia, diakonia.[2] Weimar ist in der Geschichte der Beziehungen von Staat und Kirche eine weit reichende Zäsur. Die Staatskirche, die bis 1918 in Deutschland bestanden hatte, auch wenn sie seit langem in Entflechtung befindlich gewesen war, wurde formell abgeschafft. Politische Regierungen üben seither in den Kirchen Deutschlands keinerlei Befugnisse mehr aus, wie es noch der deutsche Kaiser als sog. *summus episcopus* getan hatte, der die Rahmenbedingungen der innerkirchlichen Selbststeuerung, das sog. *ius circa sacra*, in den Händen hielt. D. h. mit der Weimarer Republik kam in Deutschland die Säkularisierung zu ihrem institutionellen Abschluss, also die *Aufhebung jeglichen geistlichen Rechts*, das vom allgemeinen Recht anzuerkennen oder auch auszuüben wäre. Seit Weimar bewegen sich die Kirchen »in den Schranken des für alle geltenden Gesetzes«, wie es in Art. 137 Abs. 3 der Weimarer Reichsverfassung heißt, der vor siebzig Jahren nach Ende des Nationalsozialismus bewusst ins bundesdeutsche Grundgesetz (Art. 140) aufgenommen wurde. Das ist bis heute geltendes Verfassungsrecht in Deutschland. Die engen Kooperationen, die in Deutschland weiterhin zwischen Staat und Kirche bestehen, sind keine Überbleibsel aus vorweimarischer Zeit, sondern stehen auf dem Boden der Säkularisierung, nur dass diese in Deutschland keinen Laizismus hervorgebracht hat wie z. B. in Frankreich.

1.1 Historische Kontexte: Kirche und Staat in der Weimarer Republik

Folgt man diesen Vorbemerkungen, so stehen Michaelsbruderschaft und Berneuchen selbst auf dem Boden der Säkularisierung, ja: sie sind deren Ausdruck. Die Hinwendung zu traditionellen liturgischen Formen artikuliert keine revisionistischen Ansprüche auf eigene Formen geistlichen Rechts, sondern ist Kirchenreform unter den Bedingungen der Trennung jeglicher Sakralität vom Profanen. Das Geistliche hat sein Recht *in* der Kirche, und gerade deshalb ist es kein geistliches *Recht,* das eine profane Jurisprudenz mitvollziehen oder auch nur zur Kenntnis nehmen müsste. Es ist also kein Zufall, dass sich Michaelsbruderschaft und Berneuchen als geistliche Erneuerungsbewegungen gerade auf dem Gebiet der Liturgie niederschlagen, denn der Gottesdienst ist als zentraler Ausdruck christlichen Lebens zwar alles im Glauben, aber nur zuletzt als ein rechtliches oder rechtlichen Regelungen zugängliches Phänomen.

2 A. a. O., 407.

Ähnliches gilt in meinen Augen neben der Liturgie auch für *martyria* und *diakonia*, die beiden anderen Stichwörter, die Michaelsbruderschaft und Berneuchen in die Kirchentheorie des 20. Jahrhunderts eingespeist haben. In der deutschen Übersetzung als »Zeugnis und Dienst« sind *martyria* und *diakonia* selbst eine Formel geworden, die nach 1945 eine höchst beachtliche kirchliche Karriere hingelegt hat. Sie hat sich allerdings völlig unabhängig von Michaelsbruderschaft und Berneuchen entwickelt.

Bei der Weltkirchenkonferenz 1948, die zur Gründung des Ökumenischen Rates der Kirchen führte, war die Bestimmung des kirchlichen Auftrags durch die Stichworte von Zeugnis und Dienst ein Argument für die theologische Ächtung des Krieges, die von dieser Amsterdamer Konferenz ausging (»Krieg soll nach Gottes Willen nicht sein«).[3] Die Friedensdividende, von der besonders Europa seit dem Ende des Zweiten Weltkriegs lebt, zehrt auch (wenngleich nicht nur und nicht einmal vorrangig) von dieser theologischen Einsicht in »Zeugnis und Dienst« der Kirche. Denn die knappe Formel wurde in Europa, als der Kalte Krieg, der 1945 den heißen abgelöst hatte, in die Phase der sog. Entspannung trat und Ost und West sich politisch einander näherten, zum Schlüssel für die Verhältnisbestimmung der Kirche zur Welt, jedenfalls im protestantischen Bereich.

Die Leuenberger Kirchengemeinschaft machte in ihrem Grunddokument, der Leuenberger Konkordie vom 16. März 1973, »Zeugnis und Dienst« zur Leitterminologie des IV. Teils dieser Konkordie (Ziff. 29, 35, 37, 39). Die beteiligten Kirchen beschreiben darin die Verwirklichung von Kirchengemeinschaft, die sich außer in Lehrgesprächen eben im Verhältnis zur Welt ausdrückt. Denn in ihrem Dienst an und in der Welt stehen die Kirchen zusammen, mögen sie auch untereinander keinen Lehrkonsens besitzen. Die gemeinsame kirchliche Hinwendung zur Welt war unter den Bedingungen der geostrategischen Blockkonfrontation ein starkes Signal für die Rolle der Kirchen in einer säkularen Welt, die ihre Regeln und Grenzen offensichtlich unabhängig von kirchlichen Belangen setzte. Ich vertrete die These, dass im Verhältnis von Kirche und Welt »Zeugnis und Dienst« eine theologische Begrifflichkeit für dasjenige ist, was allgemein als »christliche Werte« bezeichnet wird. Ich behaupte also nicht, dass Zeugnis und Dienst christliche Werte seien, sondern nur, dass

[3] Zitat nach Fokko Lüpsen (Hrsg.), Amsterdamer Dokumente. Berichte und Reden auf der Weltkirchenkonferenz in Amsterdam 1948, Bethel ^{2}1949, 58. Die Formel »Zeugnis und Dienst« ist heute fester Bestandteil des Selbstverständnisses des Ökumenischen Rates der Kirchen geworden (www.oikoumene.org, zuletzt abgerufen am 24.06.2019).

durch Praktiken wie Zeugnis und Dienst das christliche Anliegen realisiert wird, die Welt, in der die Christenheit lebt, (mit-)zugestalten. Die Leuenberger Kirchengemeinschaft hat in ihrer Ekklesiologiestudie *The Church of Jesus Christ* (1994/95, Ziff. 2.5) die Formel »Zeugnis und Dienst« in diesem Sinne durch den Begriff der »Kennzeichen des christlichen Lebens« (neben Wort und Sakrament als den »Kennzeichen der Kirche«) näher bestimmt.

Unter den Bedingungen der Säkularisierung beschränkt sich die christliche (Mit-)Gestaltung der Welt nicht auf innerkirchliche geistliche Erneuerung, sondern schließt auch ein, dass die Christenheit bestimmte Werte vertritt, die sie in den gesellschaftlichen Diskurs einbringt. Im säkularen Rechtsstaat, der kein geistliches Eigenrecht kennt, werden den Glaubensgemeinschaften diese Werte vollauf zugestanden, weil der Staat selbst nur sehr begrenzt solche Werte anzubieten hat, denn er will bewusst kein Weltanschauungsstaat sein. Dass die Religionsgemeinschaften und, allgemeiner noch, die besonders in den Familien praktizierte religiöse Wertevermittlung wichtige Orientierungsräume für die Menschen schaffen, gehört zur liberalen oder freiheitlichen DNA europäischer Demokratien im späten 20. und frühen 21. Jahrhundert. »Zeugnis und Dienst«, also die Aneignung und *Vermittlung christlicher Werte,* sind ein kirchliches Eingehen auf diese Freiheit. Sie sind das ausgleichende Gegengewicht zum intensiven *liturgischen Interesse,* das ich mit der Erinnerung an Michaelsbruderschaft und Berneuchen verbinde.

Wie Michaelsbruderschaft und Berneuchen stehen auch die Aneignung und die Vermittlung christlicher Werte auf dem Boden der Säkularisierung. Religiöse Werte zu verbreiten, ist im heutigen Europa kein Vorrecht der Kirchen, sondern füllt einen Orientierungsraum aus, den säkulare Staaten im Unterschied zu totalitären Diktaturen und Weltanschauungsstaaten bewusst offenlassen. Die Kirchen bevölkern diesen Orientierungsraum keineswegs allein. Er steht allen lebenstragenden Überzeugungen offen. »Zeugnis und Dienst« als Aneignung und Vermittlung christlicher Werte wären missverstanden, wenn sie auf die Etablierung einer christlichen Gesellschaft oder gar die Errichtung eines christlichen Staates zielten. Bestrebungen in diese Richtung können christliche Kirchen nur eine klare Absage erteilen, ganz gleich, ob diese Bestrebungen von politischer oder von anderer Seite kommen. Das muss mit Blick auf die heutige Situation in Europa unterstrichen werden. Der Begriff des »christlichen Abendlandes« wird vor allem in Mitteleuropa von politischer Seite immer wieder so gebraucht, als könnte er mehr als eine historische Beschreibung sein. Im akademischen Diskurs kann der Begriff »Lateineuropa« eine ähnliche

Verwendung finden. Demgegenüber muss man betonen: Christliche Werte gibt es nur auf dem Boden der Säkularisierung. Ein christliches Abendland ist kein möglicher christlicher Wert.

1.2 Methodische Kontexte: der Begriff der Säkularisierung

Ich nehme diese Klarstellungen hier vor, obwohl sie in den Beratungen zwischen unseren Kirchen nur von ganz untergeordneter Bedeutung sein können. Mir ist aber an diesem *größeren* europäischen Horizont gelegen, gerade weil der Begriff Säkularisierung, der das Hauptthema unserer Dialogbegegnung bezeichnet, sinnvollerweise in *kleinerem* Maßstab zu gebrauchen ist. Ich leite mit diesen Bemerkungen zu einer methodischen Erwägung über. Sie wird den Inhalten, die ich mit unserem Thema verbinde, hoffentlich die richtige Gewichtung verleihen helfen.

Ich habe die Stichwörter aus dem Titel meines Vortrags auf zwei Themen zugespitzt, nämlich den Gottesdienst und die christlichen Werte. Als Charakteristika heutiger Kirche stehen beide nach meiner Auffassung auf dem Boden der Säkularisierung. Damit aber habe ich den Begriff der Säkularisierung in einer bestimmten Version verwendet, die durch die Situation der vergangenen Jahrhunderte in Deutschland bestimmt ist. Säkularisierung als Entflechtung von Kirche und Staat, als Aufhebung eines eigenen geistlichen Rechtskreises – das ist die Geschichte der Kirchen in Deutschland seit dem Reichsdeputationshauptschluss von 1803, der die geistlichen Herrschaften im untergehenden Heiligen Römischen Reich Deutscher Nation auflöste und sie in diesem Sinne »säkularisierte«, also verweltlichte. Nur in diesem Teil Europas war das Verhältnis von Sakral und Profan so verworren, dass diese allmähliche Entflechtung als Lösung erscheinen konnte. Und so sehr die Säkularisierung von 1803 als Zäsur gewirkt hat, die ihre einschneidende Macht von Napoleon, letztlich aber der Französischen Revolution nahm – ganz so punktuell und isoliert stehen diese Ereignisse nicht da, denn der Einschnitt, den die Kirchen damals zu erdulden hatten, wirkt als sog. Ablösung in Deutschland bis heute nach. Ich möchte daran erinnern, dass die vollständige Trennung von Kirche und Staat, die in Deutschland nie zustande kam (also der Laizismus), durchaus im Blickfeld der Weimarer Reichsverfassung (Art. 138 Abs. 1 WRV) war. Aber dies umzusetzen hätte in der Logik jener Zäsur von 1803 bedeutet, dass die Kirchen vom Staat für jenen Einschnitt abgelöst, also entschädigt hätten werden müssen. Das ist aus Rücksicht auf die unvorstellbar erscheinende Größenordnung der Ablösung bis heute unterblieben und die Kooperation von Kirche und Staat ist an die Stelle dessen getreten.

Es waren Forscher wie der kanadische Philosoph Ch. Taylor und die englische Religionssoziologin G. Davie, die auf je ihre Weise die Aufmerksamkeit dafür geschärft haben, dass Säkularisierung nicht überall auf der Welt oder zu allen Zeiten dasselbe bedeutet. Taylor z. B. unterscheidet einen französischen Typ von Säkularisierung, der traditionell mit Laizismus verbunden wird, von einem amerikanischen Typ, der viel stärker die Beziehung der Religion zur Gesellschaft (und nicht zum Staat) in den Blick nimmt.[4] Es mindert unsere Erkenntnis also gar nicht, sondern mehrt sie im Gegenteil, wenn wir von *regional unterschiedlichen Formen der Säkularisierung* ausgehen. Ich habe den Standpunkt eines deutschen, nur sehr gemäßigt konfessionellen Protestantismus eingenommen. Für Vertreterinnen und Vertreter der orthodoxen Christenheit wird Säkularisierung vermutlich etwas anderes bedeuten. Für Angehörige einer katholischen Weltkirche heißt Säkularisierung noch wieder anderes, z. B. kann darunter auch ein innerchristlicher Vorgang verstanden werden, der die zunehmende Entkirchlichung in der Gesellschaft und den öffentlichen Relevanzverlust des Christentums beschreibt.

Ich sehe in differenzierten oder abweichenden Begriffen von Säkularisierung keinen Mangel. Im Gegenteil entspricht den unterschiedlichen Säkularisierungsbegriffen nach meiner Überzeugung das ebenfalls differenzierte Bedeutungsspektrum der Stichwörter, die ich in meinem Beitrag entfalten will.

2. Leiturgia, oder: Die Freiheit öffentlichen Betens

Als Liturgie (griech. λειτουργία) wird in der Theologie der festgelegte Ablauf des Gottesdienstes bezeichnet. Der Begriff scheint also wie wenige ein binnentheologisches Phänomen zu bezeichnen, und das auch noch eher am Rande der theologischen Wissenschaft, wenn man jedenfalls die Abdeckung der entsprechenden Disziplin (Liturgiewissenschaft) durch einschlägige Lehrstühle als Indikator heranzieht.

Dieser erste Eindruck täuscht jedoch. Als Liturgie wird im Unterschied zur privaten Andacht, die sich, mit den Worten von D. Bonhoeffer gesprochen, »im Beten und im Tun des Gerechten«[5] äußert, der öffentlich gefei-

[4] Vgl. Charles Taylor, Ein säkulares Zeitalter [orig. 2007], übersetzt von Joachim Schulte, Sonderausgabe Berlin 2012, 631 ff. (»Entwicklungslinien im neunzehnten Jahrhundert«).

[5] Dietrich Bonhoeffer, Werke, Bd. 8: Widerstand und Ergebung. Briefe und Aufzeich-

erte Gottesdienst der Kirche verstanden. *Liturgie ist öffentliches Beten.* Das wird die Perspektive meiner Überlegungen in diesem Abschnitt sein.

Liturgie ist öffentliches Beten, auch wenn immer nur Teile des Gottesdienstablaufes die Form eines Gebets mit entsprechender Anrede an Gott haben werden. Man kann aber mit M. Meyer-Blanck, dem Vorsitzenden der Liturgischen Konferenz der EKD, das Gebet als die Grundhaltung aller Liturgie auffassen,[6] denn die Haltung des Gebets bestimmt auch die Schriftlesungen und die diese auslegende Predigt sowie das Sakramentsgeschehen und die Sendung und Segnung der Gemeinde. Was kennzeichnet diese Haltung des Gebets? Es ist die grundsätzliche Annahme einer Gleichzeitigkeit der Gottesdienstgemeinde mit Gott selbst, der in seinem Geist gegenwärtig ist. Beten ohne die Grundannahme dieser Gegenwart Gottes wäre selbstwidersprüchlich. Wer betet, betrachtet sich und seine Umwelt so, dass Gott darin am Werk ist.

2.1 Das Freiheitsrecht der Kirche zur Fürbitte

Die Besonderheit des Gottesdienstes als öffentliches Beten im Unterschied zur privaten Andacht wird an der Fürbitte erkennbar. Zwar ist sie auch eine Gestalt der individuellen Frömmigkeit. Aber erst in der öffentlichen Fürbitte der kirchlichen Liturgien kommen Form und Inhalt des Gebets in Einklang. Denn in der Fürbitte betet die Kirche nicht für sich selbst, sondern für die Anliegen der Welt. Damit wird inhaltlich eingelöst, was die Haltung des Gebets der Form nach voraussetzt: dass Gott in der Welt am Werk ist. Die Fürbitte schöpft die Tragweite des öffentlichen Gottesdienstes aus, und deshalb müssen wir umgekehrt die Liturgie immer in diesem weltweiten Horizont von Gottes Versöhnungshandeln an der Welt und der ähnlich umfassenden Tragweite des öffentlichen Betens der Kirche sehen.

Wenn die Liturgie diesen weltweiten Horizont aufmacht, muss jegliche Art von Säkularisierung Auswirkungen auf die Liturgie haben (und umgekehrt). Denn egal, welchem der angedeuteten Begriffe von Säkularisierung wir folgen: eine bestimmte Vorstellung von ›Verweltlichung‹ muss schon vom bloßen Wortsinn *saeculum* = Welt damit verbunden sein. Ich möchte hier nur auf den m. E. zentralen Aspekt dieser denkbaren Auswirkungen

nungen aus der Haft, hg. von Christian Gremmels / Eberhard und Renate Bethge in Zusammenarbeit mit Ilse Tödt, Gütersloh 1998, 435.

6 Vgl. Michael Meyer-Blanck, Gottesdienstlehre (Neue theologische Grundrisse), Tübingen 2012, 116.

eingehen. Am wichtigsten scheint mir zu sein, dass das öffentliche Beten die *Freiheit* der Kirche zum Ausdruck bringt. Im Wort Freiheit müssen wir sowohl a) die Assoziation des Ungezwungenen als auch b) die der Autorität mithören.

a) Ungezwungen ist das öffentliche Beten, weil es in freier Hinwendung zu Gott geschieht, der sich selbst in freier Gnade der Welt zuwendet. Ich betone das, weil die in der lateineuropäischen Christenheit typischste Form der Fürbitte in dieser Hinsicht zwiespältig war und ist. Lange Zeit wurde unter der liturgischen Fürbitte besonders das Gebet für die Obrigkeit nach 1Tim 2,2 verstanden. Es galt als Pflicht der Kirchen im Gegenzug für die äußere Schutzmacht der Landesherren oder Magistrate, unter der die Gemeinden Gottesdienste feierten. Der Obrigkeit oblag die sog. *custodia primae tabulae*, also die Gewähr der Bedingungen für die angemessene Gottesverehrung nach der ersten Tafel des Dekalogs. Dazu sahen sich die Fürsten durch Gottes eigene Gebote ermächtigt. Im Gegenzug schuldete die Kirche der Obrigkeit ihre Fürbitte. Von einer echten Freiheit der Liturgie konnte hier nicht gut die Rede sein.

Das Gebet nach 1Tim 2,2 ist auch heute Teil der christlichen Liturgie. Dabei sind verschiedenste Gestalten denkbar, die das Verhältnis der Kirche zur politischen Regierung annehmen kann. In einer Staatskirche wird dieses Verhältnis vermutlich anders aussehen als in einer christlichen Kirche, die sich z. B. als Friedenskirche staatlichen Anforderungen wie der Ableistung von Wehrdienst entzieht. Die Freiheit des öffentlichen Betens, die ich meine, ist von der konkreten Gestalt des Verhältnisses von Kirche und Staat unabhängig. Trotzdem wird nicht jedes beliebige öffentliche Beten diese Freiheit zum Ausdruck bringen können, sondern nur solches, das diese Unabhängigkeit wahrt. Die Kirche wendet sich der Welt zu, nicht dem konkreten Staat, in dem sie lebt, nicht einmal einer bestimmten Staatsform. Gerade wenn staatskirchenrechtliche Umstände der Kirche ermöglichen, in Partnerschaft mit dem Staat zu agieren, muss sie sich von möglichen Erwartungen, die mit ihrer Rolle in dieser Partnerschaft einhergehen können, frei machen, sobald sie mit ihrer Fürbitte für die Welt vor Gott tritt. Im 20. Jahrhundert und unter dem Eindruck der totalitären Regime, die es hervorgebracht hat, ist daraus der Gedanke entstanden, dass die Kirchen vom Staat die Freiheit zum öffentlichen Beten, also die ungestörte Religionsausübung, regelrecht müssen einfordern können.[7] Das

[7] Eine wesentliche Äußerung ist Karl Barth, Rechtfertigung und Recht [1938], Neuausgabe, in: Ders., Rechtfertigung und Recht – Christengemeinde und Bürger-

ist nach dem Ende der gottgegebenen Obrigkeiten der säkularisierte Gegenentwurf zur *custodia primae tabulae*, die der Fürst der Kirche großherzig gewährte.

Man kann sich der Logik der Säkularisierung, die in dieser Forderung wirkt, schlecht entziehen: Kirchen, die mit ihrem öffentlichen Gebet keine Eigeninteressen verfolgen, sondern sich aus freien Stücken der Welt zuwenden, müssen dies auch in Freiheit tun können. Das ist die Forderung nach einem religionsneutralen, nach dem säkularen Staat, der keine Religionsgemeinschaft benachteiligt oder einschränkt, sondern freie Religionsausübung gewährt. Es gilt allerdings auf die Begründung der Forderung dieses kirchlichen Freiheitsrechts zu achten.

b) Wie alle Freiheitsrechte erschöpft sich auch die Freiheit der Kirche zum öffentlichen Gebet nicht in der Abwesenheit von Zwang. Dass die Kirche ungestörte Religionsausübung beanspruchen darf, ist vielmehr Ausdruck einer inhaltlichen Bestimmung dieser Freiheit. Indem die Kirche *vor Gott* für die Anliegen der Welt eintritt, redet sie anders von diesen Anliegen, als es in weltlichen Kontexten möglich wäre. Schon dadurch verändert sich die Situation, die den Anlass zur Fürbitte gegeben hat, wirksam, und genau das ist die Autorität der Fürbitte. Mit ihrer Fürbitte schafft die Kirche ein Klima der Brüderlichkeit, der Offenheit und der Vergebungsbereitschaft, von dem das Zusammenleben von Menschen zehrt. Ein solches Klima ist die Voraussetzung für die kirchliche Botschaft von Liebe und Vergebung der Sünde, aber auch für das politische Miteinander. Mit ihrer Fürbitte trägt die Kirche dazu bei, die Güter zu realisieren, die für *jede* menschliche Sozialität unverzichtbar sind. Natürlich handelt es sich hier ›nur‹ um ideelle Güter, doch gerade sie bilden die Grundlage für das Gefüge der Institutionen menschlicher Gemeinschaft. Die Institutionen haben keinen anderen Auftrag, als solch ideelle Güter zu schützen. Die Güter genießen also eine ideelle Autorität, die der Grund für ihre auch institutionelle Freiheit ist. Weil die öffentliche Religionsausübung zu den Grundlagen gesellschaftlichen Miteinanders beiträgt, ist sie als Freiheitsrecht auch institutionell zu sichern. Freiheitliche und rechtsstaatliche Systeme anerkennen diesen Zusammenhang.

gemeinde – Evangelium und Gesetz, Zürich 1998, 5–45, 44 zum »konkreten Freiheitsrecht, das die Kirche für ihr Wort […] in Anspruch nehmen muß«.

2.2 Das Freiheitsrecht der Kirche gegenüber dem Staat

Ich musste mit dieser Überlegung ein wenig ausholen, denn die Freiheit öffentlicher Religionsausübung lässt sich nicht auf der institutionellen Ebene des Verhältnisses, womöglich der Partnerschaft, von Kirche und Staat begründen. Ebenso kann man die Freiheit der Liturgie nur in einer gewissen Grundsätzlichkeit begründen. Die Liturgie wäre nicht Ausdruck der Freiheit der Kirche, wenn sie nur im freiheitlichen Staat gefeiert werden könnte, der der Kirche dieses Freiheitsrecht einräumt. Das skizzierte Argument darf nicht gegenstandslos werden, wenn autoritäre oder gar totalitäre Staaten die Religionsfreiheit einschränken oder verweigern. Und ebenso wenig darf es die Freiheit des Gottesdienstes tangieren, wenn ein Staat sich einen betont christlichen Anstrich gibt und die Kirchen für seine Zwecke einzuspannen versucht.

In der jüngeren und jüngsten Geschichte Europas hat es für all das Beispiele gegeben. Es kommt jetzt aber nicht auf die einzelnen Beispiele an. Wichtig scheint mir vielmehr zu sein, dass wir all diese Beispiele als unterschiedliche Ausprägungen und Abstufungen auf einer Skala von Säkularisierung einordnen können. Wenn die großen Säkularisierungsdebatten gezeigt haben, dass Säkularisierung kein einheitliches Phänomen ist, sondern regional und epochal unterschiedliche Typen ausbildet, dann sind jene Beispiele die Bestätigung dieser theoretischen Annahme. M. a. W.: der freiheitliche Rechtsstaat, den wir auch säkularen Staat nennen können, ist nicht die einzige Staatsform im Zeichen der Säkularisierung, als gäbe es daneben keine anderen. Auch der autoritäre Weltanschauungsstaat, der die Religionsfreiheit einschränkt, weil er seinen Bürgerinnen und Bürgern selbst die Orientierung vorgibt und abverlangt, nach der sich menschliches Zusammenleben einrichtet, ist ein Phänomen des säkularen Zeitalters, denn diese Orientierung ist im Weltanschauungsstaat eben keine Religion, sondern eine politische Doktrin. Aber auch diejenigen Staaten, die aus einem neu erstarkten Nationalbewusstsein heraus die christlichen Kirchen in den Dienst der gemeinsamen Sache des Volkes gestellt sehen, lassen sich gut mit Begriffen der Säkularisierungstheorien erfassen, denn die Allianz von Nation und Religion, die hierbei unterstellt wird, ist typisch postsäkular.

Der *freiheitliche Rechtsstaat,* der *atheistische Weltanschauungsstaat* und der *postsäkulare Nationalstaat* bedienen in unterschiedlicher Weise dasselbe Paradigma der Säkularisierung. Die Freiheit der Kirche wird in jedem dieser Fälle die Freiheit ihrer Liturgie, also ihres öffentlichen Betens sein; sie wird sich in jedem dieser Fälle unterschiedlich ausdrücken, d. h.

Öffentlichkeit wird nicht in allen Fällen dasselbe bedeuten. Die Kirche muss immer neu den »Spielraum der Freiheit«, wie D. Bonhoeffer ihn genannt hat,[8] ausloten, der ihr in ihrer konkreten Weltsituation zur Verfügung steht. Das liturgische Beten ist das wichtigste Instrument dafür, weil es (wie schon erwähnt) diese Weltsituation unter der Voraussetzung betrachtet, dass Gott in ihr mit seinem Versöhnungswerk wirksam ist. Diese Voraussetzung kann nicht einmal ein Staat aufheben, der die Religionsausübung gewaltsam einschränkt. Die Öffentlichkeit des kirchlichen Betens wird sich dann nur umso stärker auf ihre Voraussetzungen in Gestalt der göttlichen Geistesgegenwart verlagern. Kirchen, die in ihrer konkreten Weltsituation mit staatlicher Gewalt unterdrückt werden, leben von der Gemeinschaft, die ihre Gläubigen im Geist untereinander und mit den Kirchen anderer Situationen und Weltgegenden verbindet. Sie sind m. a. W. auf die Unterstützung und die Fürbitte anderer Kirchen angewiesen, die dann in der Gemeinschaft des Geistes zum öffentlichen Beten dieser bedrängten Kirchen wird, die selbst womöglich nur im Untergrund oder in den privaten Räumen, die ein solcher Staat noch lässt, weiter existieren können.

Der Spielraum der Freiheit kann die Kirche aber auch in einem postsäkularen Nationalstaat durch Umarmung fast erdrücken. Wirklich frei in ihrem öffentlichen Beten könnte die Kirche dann gerade dadurch sein, dass sie nicht alle ihr zugedachten Freiräume zum Aufbau einer christlichen Nation nutzt, sondern frei lässt. Genau spiegelbildlich dazu kann es im freiheitlichen Rechtsstaat der Freiheit öffentlichen Betens am besten entsprechen, wenn die Kirche diese Freiheit paradoxerweise als Verpflichtung zu einer öffentlichen Theologie betrachtet, damit der Freiraum, den der Rechtsstaat ihr selbstverständlich, d. h. nach seinem eigenen Selbstverständnis, gewährt, kein aus dem öffentlichen Leben ausgesparter Raum wird. Die evangelische Tradition des 20. Jahrhunderts hat diese Reserve der Kirche auch gegenüber einem ihr partnerschaftlich verbundenen Staat in der Lehrbildung ausgedrückt, dass die Kirche ein »Wächteramt« gegenüber der politischen Gemeinschaft ausübe.[9]

Frei ist die Kirche, wenn ihr öffentliches Beten frei gegenüber der Weltsituation ist, in der sie gerade existiert, denn nur so kann sie wirklich

8 Bonhoeffer, Widerstand und Ergebung (s. Anm. 5), 291.

9 Unter den wichtigen kirchlichen Äußerungen ist besonders die V. Barmer These (1934), derzufolge die Kirche (sc. den Staat) »an Gottes Reich, an Gottes Gebot und Gerechtigkeit« »erinnert«, auch nach 1945 in diesem Sinne ausgelegt worden.

»Kirche für die Welt« sein. Gleichwohl zeigt der Vergleich von Rechtsstaat, Weltanschauungsstaat und neochristlichem Nationalstaat, dass die Kirche mit ihrem Gebet *den säkularen Staat sucht,* der freie Religionsausübung gewährt.

3. Martyria und diakonia, oder: Freiheit als Hintergrundüberzeugung

Mit dem Stichwortpaar μαρτυρία – διακονία oder »Zeugnis und Dienst« betreten wir ein anderes thematisches Gebiet. Wie wir anhand der Fürbitte sahen, weist die Liturgie eine Einheit von Form und Inhalt auf, denn die Wahrheit, von der die Liturgie Zeugnis gibt, ist Gottes gnädige Hinwendung zur Welt, der die Fürbitte als kirchliche Aneignung weltförmiger Bittanliegen genau entspricht. Diese Einheit von Form und Inhalt weist das kirchliche Zeugnis, wenn es eine Einheit mit dem Dienst eingeht, jedoch nicht auf, denn die Kirche artikuliert in ihrem Zeugnis eine Wahrheit, mit der die Kirche die Adressaten dieses Zeugnisses *beansprucht,* während der Dienst der Kirche sich den Bedürfnissen derselben Adressaten *unterordnet.* So benennt der Charakter der Kirche als Zeugnis- und Dienstgemeinschaft, wie er bei der Amsterdamer Weltkirchenkonferenz 1948 anvisiert wurde, ein Kennzeichen der Kirche, an dem sie in einer heillos erscheinenden Welt erkennbar sein soll. Als derartiges Kennzeichen der Kirche verweisen ihr Zeugnis und Dienst jedoch nicht (wie die Liturgie) auf die Wahrheit, die den Grund der Kirche bildet, sondern auf bestimmte Werte, die die Kirche in der Welt vertritt. Die Amsterdamer Weltkirchenkonferenz hob als einen solchen Wert den Frieden hervor. Bei aller theologischen Begründung dieses Friedens in Gottes Heilswirken nahm die Weltkirchenkonferenz damit offensichtlich auf die Weltsituation drei Jahre nach dem von NS-Deutschland angezettelten, verheerenden Zweiten Weltkrieg Bezug und ging auf deren Bedürfnisse ein. Es ist also das Themengebiet *christlicher Werte*, dem wir uns in der Beschäftigung mit dem Begriffspaar »Zeugnis und Dienst« zuwenden müssen.

Der begriffliche Unterschied zwischen der Wahrheit, die in Form und Inhalt übereinstimmt, und Werten, denen diese Einheit fehlt, stellt für die Kirchen im Zeitalter der Säkularität ein schwieriges Problem dar, das man gerade in der Ökumene nicht mit der Aufteilung auf Dogmatik (Wahrheit) und Ethik (Werte) lösen kann. Denn wir stehen gegenwärtig vor der Situation, dass die bestehende ökumenische Gemeinschaft zwischen Kirchen an Fragen zu zerbrechen droht, die den christlichen Werten zuzuordnen sind, obwohl diese Kirchen in dogmatischen Fragen große Übereinstimmung aufweisen. Das kann man nüchtern konstatieren, ohne die Kategorie der ›ethischen Häresie‹, die ab den 1970er Jahren angesichts der Apartheidsproblematik die ökumenische Diskussion mitbestimmte, aus der Versenkung zu holen. Ich versuche stattdessen am aktuellen Streitthema der Ethik der partnerschaftlichen Lebensformen zu skizzieren, wie ein auch ökumenisch produktiver Umgang mit Wertedifferenzen aussehen könnte.

In vielen evangelischen Landeskirchen wird derzeit die Einführung von Trauungen von gleichgeschlechtlichen Paaren diskutiert. Die Thematik ist seit einem merklichen Aufschwung regionaler Initiativen in den 1990er Jahren immer wieder auf der Tagesordnung des landeskirchlichen Protestantismus und hat 1996 auch die Ebene der EKD erreicht. In einer Orientierungshilfe versuchte die EKD damals, mit einer ganz auf die Lebens*formen* zielenden Argumentation Kriterien zur ethischen Beurteilung von Homosexualität zu gewinnen.[10] Das ist im heutigen Rückblick aufschlussreich, weil es die fehlende Einheit von Form und Inhalt in Wertefragen unterstreicht. Als die Thematik 2013 aus Anlass einer EKD-Denkschrift erneut ins kirchliche und öffentliche Bewusstsein rückte, kam es zu einem Vorgang, der der Diskussion der 1990er Jahre spiegelbildlich entsprach, denn die neue Denkschrift griff beim selben Themenbereich, der Familienethik, ganz auf *inhaltliche* Argumente zurück und kam so in der Frage der Lebensformen zu dem im Vergleich mit den 1990er Jahren entgegengesetzten ethischen Urteil.[11]

Diese hier nur angedeuteten Vorgänge verdeutlichen das Dilemma aller Auseinandersetzung um christliche Werte: Weil sie keine Einheit von Form und Inhalt aufweisen, sind Werte immer der Diskussion ausgesetzt. Sie können keine allgemeine Evidenz beanspruchen, sondern sind von vornherein Gegenstand der politischen Auseinandersetzung und können für diese instrumentalisiert werden. Aus dem Streit um die Sache kann so ein Stellungskrieg werden, in dem nicht mehr die Argumente pro und contra zählen, sondern welche Auffassung die Teilnehmenden an der Debatte vertreten. Aus Disputanten werden dann Parteianhänger, und die Gemeinschaft derer, die diskutieren, teilt sich in positionelle Lager auf. Werte werden so Erkennungszeichen im Freund-Feind-Schema. Das ist

[10] Vgl. Rat der EKD, Mit Spannungen leben. Eine Orientierungshilfe zum Thema »Homosexualität und Kirche« (EKD-Texte, Nr. 57), Hannover 1996.

[11] Vgl. Rat der EKD, Zwischen Autonomie und Angewiesenheit. Familien als verlässliche Gemeinschaft stärken. Eine Orientierungshilfe, Gütersloh 2013, im Kontext einer materialen Care-Ethik.

eine schädliche Entwicklung, weil ihr die Maßstäbe für die Diskussion der Sachfrage abhandenkommen. Den Werten wird eine Bekenntnisqualität beigemessen, die ihnen nicht zukommt. Solche und ähnliche Vorgänge dürften im Hintergrund stehen, wenn sich Kirchen und ökumenische Partnerschaften an Wertefragen wie der gleichgeschlechtlichen Trauung zu spalten drohen.

Es geht aber auch anders. Den evangelischen Landeskirchen in Deutschland dürfte es letztlich zu Hilfe kommen, dass der Gesetzgeber zum 01.10.2017 das bürgerlich-rechtliche Institut der Ehe für gleichgeschlechtliche Paare geöffnet hat. Dadurch gerieten die Kirchen, die ihren Begriff der Trauung mit guten Gründen an den zivilgesellschaftlichen und zivilrechtlichen Begriff der Ehe geknüpft hatten, unter Handlungsdruck. Dieser ermöglicht es Anhängern und Kritikern der gleichgeschlechtlichen Trauung, ihre wechselseitigen Argumente in einem konkreten Rahmen auszutauschen. Der politische Druck senkt die Gefahr, die Haltung in der Frage gleichgeschlechtlicher Trauung zum Siegel der Rechtgläubigkeit zu überhöhen. Gleichzeitig werden beide Seiten genötigt, von der eigenen Auffassung zu abstrahieren. Das ist die Voraussetzung dafür, hinter dieser Auffassung die eigentlichen Gründe zu entdecken, die einen selbst für oder gegen die Trauung gleichgeschlechtlicher Paare votieren lassen. In den Diskussionen, an denen ich beteiligt war, wurde es auf diese Weise möglich, den Begriff der partnerschaftlichen Treue schärfer ins Auge zu fassen. Unter dem Eindruck der politischen Ereignisse wird in der kirchlichen Trauungsdebatte keine Seite ihre eigene Auffassung vorschnell mit diesem Begriff der Partnerschaftstreue gleichsetzen, sondern neu fragen, was solche Treue heißt, was ihre Voraussetzungen und was ihre Gefährdungen sind.

Die Diskussion um die gleichgeschlechtliche Trauung ist in den Gliedkirchen der EKD noch nicht abgeschlossen. Ich bin aber zuversichtlich, dass diese Diskussion ein Beispiel dafür ist, wie Kirchen Wertedifferenzen und auch Wertekonflikte konstruktiv austragen können. Nötig scheint mir die Bereitschaft zur Wertegeneralisierung. So nennen Soziologen den Prozess, in dem Menschen oder Gruppen Überzeugungen, die sie selbst vertreten, angesichts abweichender Auffassungen auf die Gründe befragen, die sie dazu bringen, den einen oder anderen Wert hochzuhalten. Dabei wird die eigene Überzeugung nicht preisgegeben. Sie wird aber auf ihre Stimmigkeit befragt und kann dadurch eine neue Gewichtung erfahren, wenn sich z. B. zeigt, dass hinter dieser Überzeugung eine noch grundlegendere, aber auch allgemeinere und weniger konkrete Überzeugung steht, die noch größeren Stellenwert besitzt. Die gemeinsame Entdeckung solcher Hintergrundüberzeugungen ist der Idealfall konstruktiver Wertedebatten.[12]

Für unser heutiges Thema ist das Konzept der Hintergrundüberzeugung wichtig, weil es in herausgehobener Weise die Freiheit der Kirchen in einer (post-)säkularen Welt verdeutlicht. Es ist kennzeichnend für eine solche Welt, dass in ihr verschiedene Wertesysteme nebeneinander oder auch in Konkurrenz zueinander existieren. Die Welt, in der unsere Kirchen leben, kennt keine einheitlich vorgeschriebene Weltanschauung oder ein ihr entsprechendes universell verbindliches Wertesystem. Menschen sind in der Wahl ihrer Überzeugungen frei. Wertegebundene Einrichtungen wie die Kirchen vertreten natürlich ganz bestimmte Werte, aber keinesfalls alle dieselben. Die Kirchen sind demnach nicht ebenso frei in der Wahl ihrer Überzeugungen wie die Einzelnen, doch auch für sie schlägt sich Freiheit in der Wertefrage darin nieder, dass sie von ihren eigenen Überzeugungen zu abstrahieren vermögen. Denn sie werden dadurch frei für die Entdeckungen von umfassenderen Hintergrundüberzeugungen, die wegen ihrer größeren Allgemeinheit immer näher an der eigentlichen Glaubensüberzeugung sein werden als die Werte selbst, denn der Glaube ist zweifellos das umfassendste System der Orientierung, das Menschen annehmen können. Kirchen sollten deshalb gerade die kritische Hinterfragung der eigenen Werte als Teil ihrer Freiheit begreifen.

Ich fasse diese Überlegungen zusammen. Wahrheit und Werte sind zwei miteinander komplementär zusammenhängende Themen der Kirchen in der säkularen Welt. Während die Wahrheit, die die Kirchen besonders mit ihrem Gottesdienst bezeugen, unter allen Umständen gesagt zu werden verdient und sich nicht mit dem Lauf der Welt wandelt, sind Werte genau diesen Verwandlungen jederzeit ausgesetzt. Das hat die evangelische Theologie in Deutschland lange dazu angehalten, sich von der Wertedebatte weitgehend zurückzuziehen. Heute erlebt sie in einem sich wieder stärker antagonistisch ausgestaltenden Europa, wie die Wertefrage zurückkommt. Die Rückkehr der Wertefrage ist übrigens kein Anzeichen für eine Renaissance der Religion, sondern vielfach Ausdruck fortschreitender Säkularisierung, insofern die Werte oft Ort und Rang religiöser Wahrheit beanspruchen. Die Kirche muss sich darum der säkularen Wertedebatte stellen, wenn sie nicht von ihr überrumpelt oder für sie eingespannt werden will.

[12] Ein viel beachtetes Dokument derartiger »Wertegeneralisierung« (der schon ältere Ausdruck geht auf T. Parsons zurück) ist Hans Joas, Die Sakralität der Person. Eine neue Genealogie der Menschenrechte, Berlin 2011.

Die fällige Auseinandersetzung mit der Säkularität wird die Kirchen aller Voraussicht nach dazu führen, das Verhältnis von Wahrheit und Werten neu zu überdenken. Auch die Wahrheit ist nicht ohne Bezug zur Welt und die Bezeugung dieser Wahrheit in der gottesdienstlichen Liturgie kein Selbstzweck. Man sieht dies an einem utopistischen Gedankenexperiment. Wenn die Kirche ihren Gottesdienst nicht im Gegenüber zur Welt, sondern nur in Gemeinschaft mit der himmlischen Liturgie der Engel feierte, hätte ihre irdische Liturgie keine Zukunft mehr, denn wie das Bild des himmlischen Jerusalem zeigt, ist in Gottes Reich kein Platz für einen Tempel, weil in ihm alle spontan im Einklang mit Gottes Willen sind. In Gottes Reich fallen Wahrheit und Werte in eins. Umgekehrt müssen die Werte, die in der säkularen Welt den Ort der Kirche anzeigen, sich auf ihre Hintergrundüberzeugungen hin betrachten lassen. Um der Wahrheit willen ist Freiheit im Umgang mit den christlichen Werten geboten. Gerade dadurch können die christlichen Kirchen der säkularen Welt ein Beispiel geben.

Theologische Aspekte der Missionsstrategie der Rumänischen Orthodoxen Kirche in der rumänischen Gesellschaft im Säkularisierungsprozess

Ioan Tulcan

1. Allgemeine Überlegungen

In jeder historischen Epoche, die die Kirche durchläuft, kann sie nicht ihren grundlegenden Zweck außer Acht lassen, nämlich den, die gute Nachricht der Erlösung durch Jesus Christus allen Menschen zu verkündigen. Die Missionsarbeit der Kirche muss jedoch jedes Mal den Kontext berücksichtigen, in dem die Verkündigung des Evangeliums von Jesus Christus stattfindet. Dieser Kontext ist jeder Epoche kulturell, wissenschaftlich, philosophisch und sozial eingeprägt. In diesen Zusammenhängen ist die Kirche Christi dazu berufen, das Heil und die Gabe Jesu Christi der ganzen Welt zu bezeugen. Also können zwischen der Notwendigkeit, das Evangelium des Heils zu verkündigen, und dem konkreten Kontext, in dem die Verkündigung durchgeführt wird, bestimmte Faktoren auftreten, die die christliche Mission in Frage stellen, aber zugleich ist die Kirche dazu berufen, den Menschen konkrete Antworten in Bezug auf die Verkündigung des Wortes Gottes zu liefern. Christliche Mission zu betreiben bedeutet, diese immer wieder auf die Grundlagen der Kirche und auf die der christlichen Identität zurückzuführen, um den Geist der Welt zu den Forderungen des Evangeliums von Jesus Christus zu bekehren.

Die Sendung der Kirche hängt mit ihrer eigenen Natur bzw. ihrem Wesen zusammen und stellt ihren eigenen Grund dar. Dies kann auch durch die Tatsache erklärt werden, dass sich unter den Eigenschaften der Kirche, die im Nizäno-Konstantinopolitanum genannt werden, auch die Eigenschaft der Apostolizität befindet. Es wurde theologisch festgestellt, dass die missionarische Berufung der Kirche sich auf ihren apostolischen Charakter bezieht. Die Kirche Jesu Christi ist apostolisch und weist eine historische Kontinuität auf, indem sie apostolische Institutionen und Missionsdienste besitzt, ohne die sie sich nicht als apostolische Kirche identifizieren lässt. Die Kirche erhielt von Christus selbst eine grundlegende missionarische Aufgabe, aufgrund Seiner Sendung durch den himmlischen Vater (Joh 20,21–23; Mt 28,18–20). So wie die Apostel des Herrn in die Welt gesandt worden sind, um das Evangelium zu predigen, ebenso wurde auch Seine Kirche in die Welt gesandt, um ihre apostolische Tätigkeit zu leisten, d.h. die Lehre, das Leben und die Heilsgaben Jesu Christi den Menschen mitzuteilen. Ohne diese grundlegende missionarische Dimension der Kirche, die ihr von Anfang an, nämlich vom Pfingstgeschehen an zukommt, hätte sich das Christentum in den ersten Jahrhunderten nicht so schnell verbreiten können. Diese Arbeit wurde durch die Apostel des Herrn und durch ihre Jünger durchgeführt, indem sie viel Eifer, Fleiß, Mut und Engagement aufwiesen. Dadurch haben die Apostel und ihre Nachfolger eine durch und durch christliche Mission geleistet und die Attraktivität des Christentums allen Menschen beispielhaft vorgetragen (vgl. 1 Petr 2,9).

Die Sendung der Kirche heute, die der der Vergangenheit entspricht, geht auf die erlösende Grundtat Gottes selbst zurück; sie besteht in der gegenseitigen Lebens- und Liebesbewegung zwischen den Personen der Heiligen Dreifaltigkeit, des Vaters und des Sohnes und des Heiligen Geistes, oder anders gesagt: der Sendung des Sohnes in die Welt durch den Vater und der Sendung des Heiligen Geistes vom Vater durch den Sohn und die Konkretisierung dieser Sendung als Kirche und durch die Kirche.

Bei der Entfaltung einer jeden Missionsstrategie der Kirchen im Allgemeinen, und nicht zuletzt der der Orthodoxen Kirche, sollten drei Hauptüberlegungen mitberücksichtigt werden:

1. Der zunehmende Säkularisierungsprozess stellt eine echte und dauerhafte Herausforderung für die Kirche dar, weil dieses komplexe Phänomen dem heutigen Menschen den Eindruck induziert, dass alle seine Probleme nur durch physische, materielle und natürliche Mittel vom Menschen selbst gelöst werden können. Demzufolge bräuchte der heutige Mensch sich nicht auf die Existenz Gottes und auf das Heil durch Jesus Christus zu beziehen. So erzeugt dieser in der Welt vorhandene säkularisierte Geist dem heutigen Menschen die Illusion einer Selbstgenügsamkeit, durch die in der Tat der Sinn seines Lebens infrage gestellt wird.

2. Angesichts dieser Realität ist die Kirche immer wieder dazu berufen, und die Rumänische Orthodoxe Kirche stellt in dieser Hinsicht keine Ausnahme dar, eine Missionsstrategie mit einem reichen theologischen und spirituellen Gehalt zu erstellen, mit der man dieser Entleerung des tieferen Sinnes des heutigen menschlichen Lebens entgegenwirken kann. Dabei ist es besonders angebracht, die theologischen Grundlagen der christlichen

Mission in Betracht zu ziehen und sie immer wieder herauszustellen. Auf diese Weise wird dieser Missionsstrategie Inhalt, Richtung und ihre lebendige Quelle erhalten, durch die sie ihre Zielsetzungen erreichen kann.

3. Schließlich muss die Missionsstrategie den jeweiligen Kontext, in dem sie durchgeführt wird, mitberücksichtigen, damit man auch den Herausforderungen der heutigen säkularisierten Welt gerecht wird. Die Kirche hat auch die Aufgabe, konkrete Antworten auf die Anfragen der heutigen Menschen anzubieten.

2. Theologische Grundlagen der christlichen Mission

Die Sendung der Kirche kann nicht ohne einen festen Grund und eine spezifische Motivation ihrer Wirkung gedacht werden. Durch sie erhält diese Aufgabe der Kirche ein solides Fundament, auf dem ihre gesamte Missionsarbeit, als Ganzes betrachtet, ruht; zugleich wird jedes Mitglied der Kirche Christi in diesen dynamischen Prozess miteinbezogen. So sind die theologischen Grundlagen der Sendung der Kirche gleichsam eine Art Grundpfeiler, die das missionarische Engagement der Kirche stützen können. Unter diesen theologischen Missionsfundamenten sind insbesondere zu erwähnen:

2.1 Der trinitarische Grund der Mission und sein Verständnis als Liebesbewegung Gottes des Vaters gegenüber dem Sohn im Heiligen Geist

Dadurch erhält die Sendung der Kirche ein göttliches Fundament. Letztendlich ist im Denken der Ostkirche die christliche Mission eine Anwendung der Trinitätstheologie auf das Wesen, die Präsenz und die Sendung der Kirche in die Welt. Die Sendung der Apostel in die Welt durch den Erlöser basiert darauf, dass Christus selbst durch den Vater im Heiligen Geist in die Welt gesandt worden ist (Joh 20,21–23). Die Bedeutung dieser Schriftaussage ist allseits anerkannt, aber die Trinitätstheologie in ihrer Bedeutung für die Missionsarbeit verdient mehr Aufmerksamkeit, als sie in der Regel erhält. Die Trinitätstheologie unterstreicht die Tatsache, dass Gott in seinem Wesen ein einziges vollkommenes göttliches Leben darstellt, das sich in einer vollkommenen trinitarischen Gemeinschaft befindet. Diese vollkommene trinitarische Gemeinschaft Gottes zielt darauf ab, die Menschheit und die Schöpfung im Allgemeinen in diese Gemeinschaft seines innertrinitarischen Lebens selbst miteinzubeziehen. Die Auswirkungen dieser Aussage sind für das orthodoxe Verständnis der Mission sehr wichtig. Die christliche Mission zielt in erster Linie nicht darauf ab, intellektuelle Überzeugungen, religiöse Lehren oder Moralprinzipien zu unterbreiten, sondern sie möchte vielmehr das Leben und die in Gott selbst bestehende Gemeinschaft den Menschen mitteilen.[1]

Der Ausgangspunkt der christlichen Mission liegt in erster Linie im Leben der Gemeinschaft der Heiligen Dreifaltigkeit, nämlich in der Liebesbewegung Gottes, des Vaters, gegenüber dem Sohn, im Lichte des Heiligen Geistes. Die Sendung der Kirche beruht auf der Tatsache, dass durch den Ratschluss der Heiligen Dreifaltigkeit der Sohn durch den Heiligen Geist vom Vater in die Welt gesandt worden ist, auf dass Er der ganzen Menschheit die ewige und erlösende Liebe der Trinität übermittle. Gleichermaßen beruht sie auf der Aussendung des Sohnes in die Welt und dann der des Heiligen Geistes (vgl. Joh 3,16) und schließlich der der Apostel durch den Erlöser selbst, so dass »Sendung« also ein echtes Paradigma der christlichen Mission darstellt. Der Glaube an die Heilige Dreifaltigkeit ist für die gesamte Kirche, für ihr inneres Leben, aber auch für die gesamte christliche Sendung eine ständige Motivation und Ermutigung. Der Glaube an die Dreifaltigkeit bestimmt den lebendigen und allliebenden Gott in Abgrenzung zu anderen Gotteslehren und Konzepten. In diesem Sinne stellt der lebendige Glauben an die Heilige Dreifaltigkeit, die den Menschen das Heil bringen kann, die Basis für jede Erfahrung mit dem lebendigen Gott dar. Das bedeutet, dass nur ein solcher Gott, der als einziger Heilsstifter ist, als Grund einer ewigen Lebens- und Liebesgemeinschaft mit den Menschen bestimmt werden kann. Die Offenbarung Gottes als Dreifaltigkeit beinhaltet die Tatsache, dass Gott in sich selbst der Grund der Lebensgemeinschaft für die Welt ist, indem Er die Menschheit und die Schöpfung in die innertrinitarische Gemeinschaft des Lebens hineinziehen will.[2]

1 Vgl. besonders: Valer Bel, Misiune, Parohie, Pastorație (Mission, Pfarrgemeinde, Geistliche Seelsorge; Übersetzung I. T.), Cluj-Napoca 2002, 6; Ion Bria, Mergi în pace! Perspective ortodoxe în misiune (Geh hin in Frieden! Orthodoxe Sichtweisen auf Mission; Übersetzung I. T.), übersetzt ins Rumänische von Anca Simona Tuhuț, Alba Iulia 2015, 15; David J. Bosch, Dynamique de la mission chrétienne, Paris/Genève 1995, 21f.

2 Weitere Informationen dazu finden Sie unter: Ion Bria, Go forth in peace. Orthodox Perspectives on Mission, compiled and edited by Ion Bria, WCC Mission Series 7, Geneva 1986, 3; Bel, Misiune (s. Anm. 1), 16; Valer Bel, Die Theologie der Mission, in: Ioan Vasile Leb / Konstantin Nikolakopoulos / Ilie Ursa (Hrsg.), Die Orthodoxe Kirche in der Selbstdarstellung. Ein Kompendium, Berlin 2016, 125–138.

Die Offenbarung der Dreieinigkeit in der Geschichte sowie ihre Gegenwart und Wirkung in der Kirche und in der Welt sind daher für den Inhalt und den Zweck der christlichen Mission von äußerster Wichtigkeit. Keine von der Kirche entwickelte Missionsstrategie kann die trinitarische Dimension der Mission außer Acht lassen.

2.2 Die christologische Grundlage der christlichen Mission

Ich erwähnte oben, dass Jesus Christus als der lebendige Sohn des Vaters die lebendige Liebesgemeinschaft der Dreifaltigkeit durch den Heiligen Geist in die Welt ausstrahlen lässt. Er wurde zum Botschafter der Liebe der Heiligsten Dreifaltigkeit für die ganze Welt. Die christliche Mission der Kirche, etymologisch betrachtet, bedeutet »Gesendetsein« und sie ist zu begreifen als »Beteiligung« an der Sendung des Sohnes vom Vater in die Welt durch die Mitwirkung des Heiligen Geistes. Der Sohn und der Heilige Geist wurden von Irenäus als die beiden Arme des Vaters bezeichnet, durch die Er in der Welt anwesend und wirkend ist. Der Apostel Johannes sagt in diesem Zusammenhang: »Denn das Leben ist erschienen, und wir haben gesehen und bezeugen und verkündigen euch das ewige Leben, das ewig ist, das beim Vater war und uns erschienen ist. Was wir also gehört haben, das verkündigen wir auch euch, damit auch ihr mit uns Gemeinschaft habt; wir haben aber die Gemeinschaft mit dem Vater und mit seinem Sohn Jesus Christus« (1Joh 1,2f.). Durch Jesus Christus, von dem der Apostel gepredigt hat, teilen die Gläubigen die Gemeinschaft mit dem Leben, der Liebe und der Gemeinschaft der Heiligen Dreifaltigkeit mit. Christus ist das zu Gott, dem Vater, gekehrte Gesicht, gemeinsam mit der ganzen Menschheit, die Er in der Menschwerdung angenommen hat. Dadurch dürfen die Menschen die heiligmachende Gnade und das Heil empfangen.

Die Person Jesu Christi, als Sohn Gottes und als unser Mitbruder, stellt den Mittelpunkt der Sendung der Kirche dar, als Person, die in Beziehung mit allen menschlichen Personen steht. Er ist unser »Partner« und die »Quelle«, die den Dialog der Menschen mit Ihm und untereinander stiftet und pflegt. Er ist das ewige Wort aller Dinge und als dieses Wort gilt Er als das Bild oder Gesicht des ewigen Vaters. Die Welt als solche besitzt eine ontologische Grundlage in Gott, weil alle Dinge mit dem Wort Gottes zusammenhängen. Die geschaffenen Dinge repräsentieren die Vielfalt des schöpferischen Denkens des ewigen Wortes des ewigen Vaters.[3]

[3] Bria, Mergi în pace (s. Anm. 1), 16.

2.3 Die pneumatologische Grundlage der Mission

Im orthodoxen Verständnis wird das Wirken des Heiligen Geistes nicht nur in der Kirche, sondern auch in der Welt betont. Das heißt, wir können von einer kosmischen Dimension der Gegenwart und der Wirkung des Heiligen Geistes sprechen. Nach der Heiligen Schrift ist der Heilige Geist in der Welt seit der Schöpfung anwesend: »der Geist Gottes schwebte über dem Wasser« (Gen 1,1).

Die Kirche verherrlicht den Heiligen Geist mit dem Vater, von dem Er ausgeht, und dem Sohn, durch den Er in die Welt gesandt wurde und auf dem Er ruht. Er wird der Geist des Herrn genannt, der bei der Taufe auf Jesus Christus herabstieg und der Ihn gesalbt hat, um den Armen die gute Botschaft zu überbringen (Lk 4,18f.). Die orthodoxe Theologie bekräftigt drei theologisch-missionarische Aussagen über den Heiligen Geist:

Erstens ist der Heilige Geist untrennbar mit Jesus Christus verbunden. Mit anderen Worten ist das Wirken des Heiligen Geistes als untrennbar mit dem Wirken Christi zu verstehen. Die beiden, Christus und der Heilige Geist, in einem vollkommenen trinitarischen Kontext gesehen, ergänzen sich gegenseitig in ihrem erlösenden Tun für die Menschen.

Zweitens ist der Heilige Geist der Eine, der die Quelle des Lebens darstellt, durch welche sich alle Dinge vervollkommnen können, weshalb Ihn das Gebet »Himmlischer König« nennt. So weist Er in Seinem Tun eine kosmische Dimension auf. Deswegen darf Sein Wirken nicht nur als auf den kirchlichen Raum beschränkt verstanden werden.

Drittens erhält die Umwandlung der Gaben von Brot und Wein, die von den Gläubigen in der göttlichen Liturgie dargebracht werden, eine neue Dimension durch das Wirken des Heiligen Geistes, genauer gesagt wird diese Verwandlung durch das Gebet der Anrufung des Heiligen Geistes – die Epiklese der Kirche – vollbracht.

Der Heilige Geist, der am Pfingsttag in die Welt herabgestiegen ist, öffnet die Menschen für das rettende Werk des in den Himmel aufgefahrenen Jesus Christus. Er ist der neue Lebensbringer, den die Gläubigen in ihrem Glauben, ihrem Gebet und ihrer Teilnahme am Wirken des Heiligen Geistes in der Kirche benötigen. Indem der Heilige Geist in die Welt herabkommt, vollbringt Er das Heilswerk Jesu Christi, das Er durch Sein Leiden, Seinen Tod, Seine Auferstehung und Seinen Aufstieg in den Himmel für alle Menschen vollbracht hat.[4] Mit anderen Worten: Jedes Missions-

4 Weitere Informationen zu diesen Aspekten finden Sie bei: Dumitru Stăniloae, Teologia Dogmatică Ortodoxă (Orthodoxe Dogmatische Theologie; Übersetzung I. T.),

werk der Kirche trägt die Prägung des Geistes und wird also vom Heiligen Geist bewegt und belebt.

2.4 Pfingsten als Beginn der Kirche und Einweihung der christlichen Mission

Durch den vom Vater in die Welt gesandten Heiligen Geist erschien zu Pfingsten, wie oben schon erwähnt wurde, die sichtbare, konkrete Gestalt der Kirche als lebendiger Leib Jesu Christi durch die Kraft des Heiligen Geistes in der Geschichte. Dann begannen die Apostel des Herrn, das Evangelium des Heils und des Reiches Gottes zu verkündigen, indem sie furchtlose Verteidiger des Wortes des Lebens und konkrete Zeugen Jesu Christi vor der Welt geworden sind.

Die Apostel des Herrn haben im Pfingstgeschehen die Fülle der Gnade Gottes empfangen und haben sich selbst als neue Menschen erfahren. Dieser Gnadenempfang gab ihnen die Chance, erneuerte Menschen zu werden. Ihr Wesen wurde verwandelt: aus dem ängstlichen und misstrauischen Wesen, wie sie es bis Pfingsten hatten, wurde ein tapferes und furchtloses; als vormals machtlose, orientierungslose Menschen erhielten sie die Klarheit und ganze Kraft. Dies geschah als der Heilige Geist sie verwandelte und sie zu Werkzeugen des in den Himmel aufgefahrenen Jesus Christus wurden.[5]

Eine wichtige Rolle spielte der Apostel Petrus, der am Pfingsttag eine hervorragende Rede hielt und die Besonderheit und Einzigartigkeit des Werkes Jesu Christi für die Errettung der Menschen hervorhob und herausstellte, dass die Apostel Zeugnis für Ihn ablegen sollen. Nach der apostolischen Predigt ließen sich dreitausend Seelen taufen, die den Kern der Kirche Christi bildeten, und so tauchte die Kirche erstmals in der Geschichte auf (siehe Apg 2). Die Tatsache, dass die Kirche Christi zu Pfingsten gegründet wurde und zur gleichen Zeit die christliche Mission begann, bedeutet, dass die beiden Wirklichkeiten, die Kirche und die christliche

Bd. 2, București [2]1997, 129; Bria, Mergi în pace (s. Anm. 1), 20f.; Ion Bria, Credința pe care o mărturisim (Der Glaube, den wir bekennen; Übersetzung I. T.), București 1987, 123; Vladimir Lossky, Teologia mistică a Bisericii de Răsărit (Betrachtungen über die mystische Theologie der Ostkirche; Übersetzung I. T.), übersetzt ins Rumänische von Pr. Vasile Răducă, București 2010, 197; Valer Bel, Misiunea Bisericii în lumea contemporan (Die Sendung der Kirche in der heutigen Welt; Übersetzung I. T.), Cluj-Napoca 2004, 71–73.

5 Siehe auch: Bel, Misiunea (s. Anm. 4), 75f.

Mission, untrennbar miteinander verbunden sind und dass sie einander bedingen und unterstützen.

2.5 Die kirchliche Dimension der christlichen Mission

Die christliche Mission hat nicht nur eine persönliche, individuelle Dimension, sondern sie besitzt zugleich auch eine gemeinschaftliche, kirchliche Dimension. Indem sie Mission betreibt, erfüllt die Kirche das Gebot Jesu Christi, das Er Seinen Aposteln nach Seiner Auferstehung übertragen hat: »Gehet hin in alle Welt, lehret alle Völker, und taufet sie im Namen des Vaters und des Sohnes und des Heiligen Geistes [...]« (Mt 28,19f.). Dieses Gebot Christi muss von der Kirche als Gebot verstanden werden; es ist nicht nur eine Möglichkeit, die sie vom Heiland erhalten hat, sondern eine Verpflichtung. Paulus sagt in diesem Zusammenhang: »Denn dass ich das Evangelium predige, dessen darf ich mich nicht rühmen; denn ich muss es tun. Und wehe mir, wenn ich das Evangelium nicht predigte« (1Kor 9,16). Deshalb darf die Kirche nie statisch werden und bleiben. Sie ist immer unterwegs auf ihrer Mission, lehrend und lernend, indem sie die gute Botschaft der Erlösung Jesu Christi auf der ganzen Erde verbreitet. Es gilt das apostolische Wort:

> »Aber ihr werdet die Kraft des Heiligen Geistes empfangen, der auf euch kommen wird, und ihr werdet meine Zeugen sein in Jerusalem, in ganz Judäa und Samarien und bis an die Enden der Erde« (Apg 1,8).

Daher beginnt die christliche Mission mit der Gründung der Kirche am Pfingsttag. Das bedeutet, dass Kirche und Mission untrennbar miteinander verbunden sind. Die sichtbare Entstehung der Kirche begann an Pfingsten, als zuerst die Apostel, zusammen mit ungefähr Dreitausend, hinzukamen und die Kirche ausmachten – den Leib Christi in der Geschichte –, und die Apostel empfingen die Gaben des Geistes, damit sie Zeugen für Christus in aller Welt sein konnten (Apg 1,8). Kirche selbst als »Leib Christi« und als »die Säule und Grundfeste der Wahrheit« (vgl. Tim 3,15) stellt die Bezeugerin des gekreuzigten, auferstanden und in den Himmel aufgefahrenen Christus mit einer besonderen Aufgabe dar. Denn die Kirche stellt eine solche Größe dar, die das Evangelium in seiner Fülle der Welt überträgt, indem sie die Gemeinschaft der Menschen mit Gott und mit den Menschen untereinander pflegt und vertieft, bis sie alle »zur Einheit des Glaubens und der Erkenntnis des Sohnes Gottes gelangen und so zum vollkommenen Menschen werden und das Maß der Fülle Christi erreichen« (Eph 4,13).[6] Mit anderen Worten beginnt die christliche Mission aus der Kirche heraus und kehrt in die Kirche zurück, in dem Sinne, dass die Kirche aufgrund ihrer Aufgabe und des von Christus empfangenen Gebotes dazu berufen ist, die Verkündigung des Evangeliums des Heils und des Reiches Gottes zu erfüllen und alle Früchte einer solchen Sendung gegenüber der Welt vorzutragen. Dadurch wird das Leben der Kirche immer wieder belebt und gestärkt.

2.6 Missionsimpulse aus der eucharistischen Liturgie

Im Zentrum des Lebens der Kirche, aus orthodoxer Sicht, befindet sich die eucharistische Liturgie. Sie gilt als ein Treffpunkt für alle Gläubigen, die ihre Gemeinschaft mit dem gekreuzigten und auferstandenen Jesus Christus und untereinander persönlich erfahren.

> »Eucharistische Liturgie stellt die Teilnahme der Gläubigen am Christusgeschehen und auch am von Ihm erbrachten Heil für alle Menschen dar. Die gegenseitigen Gaben zwischen Christus selbst und seinem Volk, die innerhalb der Heiligen Liturgie in Erscheinung treten und ihren Höhepunkt während der Verwandlung der Gaben von Brot und Wein durch die Kraft des Heiligen Geistes haben, bilden gleichsam eine Symphonie der Gaben, wodurch die Kirche ›zum Himmel auf Erden‹ wird.«[7]

Während der eucharistischen Liturgie erleben die Gläubigen die unaussprechliche Gemeinschaft mit der Heiligen Dreifaltigkeit und zugleich untereinander, so wie der Text der Liturgie herausstellt:

> »Lasset uns gehen in Frieden! Im Namen des Herrn«. Das Ziel der an der eucharistischen Liturgie teilnehmenden Gemeinde ist, dass sie als ganze »in der Gemeinschaft des gleichen Geistes vereint sein mögen«.

Im Rahmen der eucharistischen Liturgie sehnen sich die Gläubigen danach, mit einem Gedanken und einem Gemüt den Vater, den Sohn und den Heiligen Geist zu bekennen. Die Eucharistie vergegenwärtigt das ganze Christusgeschehen und die Schönheit des Himmelreiches Gottes als deren Vorwegnahme und lichtvolles Strahlen. Nach dieser Erfahrung preisen die Gläubigen den König Christus.

[6] Ebd.

[7] Bria, Mergi în pace (s. Anm. 1), 36.

»Die Eucharistie ist der perfekte Weg, wodurch die Gläubigen der Heilsökonomie in Christus teilhaftig werden. Das ist eigentlich auch das Ziel und der Inhalt der christlichen Mission. Die Kirche als Institution offenbart die eucharistische Gemeinschaft als ihr einziges und authentisches Gesicht und als transzendente Ikone Christi selber«.[8]

Gegen Ende der Göttlichen Liturgie ruft der Priester treu die ekklesiale Gemeinde auf:

»Lasset uns gehen in Frieden! Im Namen des Herrn!« »Dieser Aufruf der Gläubigen zur Wahrnehmung ihrer missionarischen Aufgabe gehört zur Struktur der Liturgie. Indem sie an dem Empfang der eucharistischen Gaben teilhaftig geworden sind und ebenfalls, indem sie an den Geheimnissen des Glaubens durch die während der Liturgie verlesene Heilige Schrift und auch durch die Predigt teilgenommen haben, sind die Christen dazu berufen, Zeuge des Glaubens zu sein. Dies kann geschehen, wenn sie von der eucharistischen Liturgie her in ihre Familien und zu ihren Verwandten und in ihr soziales Lebensmilieu zurückgekehrt sind. Die an der Liturgie Teilnehmenden haben die Berufung, dass sie die in der Liturgie empfangene Freude und anderen geistlichen Gaben ihren Mitmenschen mitteilen, damit sie auch an dieser Freude teilhaftig werden können. Auf diese Weise soll jeder Tag der Woche so gestimmt werden. Es ist nur zu fragen: Wo, wann und wie soll das geschehen? Beispielsweise durch Segenshandlungen gegenüber Orten, Menschen, Objekten oder Lebensmitteln, indem über ihnen das Zeichen des Kreuzes gezeichnet wird. Oder aber durch die Zusammenführung derer, die zerstreut und entfremdet sind. Solche Mitmenschen brauchen Hoffnung, Lebenssinn und Liebe, und diejenigen die an der eucharistischen Liturgie teilgenommen haben, sind dazu berufen, diese Sendung *extra muros ecclesiae* im Geiste der Liturgie zu wirken. Dazu sind sie bestimmt und gesalbt, zu Zeugen und Mitarbeitern Christi zu werden, der als einziger der Welt Hoffnung gibt.«[9]

Die missionarischen Koordinaten der eucharistischen Liturgie sind offensichtlich und tiefgreifend, was eine Dynamik der christlichen Mission aufzeigt, indem sie zum Ziel hat, eine Verwandlung des alltäglichen Lebens aufgrund der eucharistisch empfangenen Gaben, nach dem Gebot und Willen Jesu Christi, durchzuführen.

8 Ciprian Ioan Streza, Liturgie, Gottesdienste, Liedgut, in: Leb/Nikolakopoulos/Ursa (Hrsg.), Die Orthodoxe Kirche (s. Anm. 2), 139f. Vgl. a. a. O., 38f.

9 Ion Bria, Liturgie nach der Liturgie. Eine Typologie der apostolischen Mission und des christlichen Zeugnisses von heute, Obernhausen 1996, 66.

2.7 *Christliche Mission – Vorwegnahme und Vorbereitung auf das Reich Gottes*

Jesus Christus, der Heiland, kam in die Welt, um das Kommen des Reiches Gottes anzukündigen. »Tut Buße, denn das Himmelreich ist nahe herbeigekommen!« (Mt 4,17) Sein Leben, Seine Lehre und Seine wunderbaren Taten veranschaulichen diesen Zweck Seines Kommens in die Welt, nämlich, das Kommen des Königreichs zu verkünden. Er überwand das Böse, den Teufel, die Sünde und den Tod, um die Realität des Königreichs zum Triumph zu führen. Mit der Gründung der Kirche hat Christus den Weg eröffnet, auf dem die Menschen der Gaben dieses Königreiches teilhaftig werden. Das Himmelreich wird in der Kirche und besonders in der Liturgie erfahren. Das beginnt mit der Verkündigung des Reiches Gottes am Anfang des Gottesdienstes. Durch die eucharistische Liturgie öffnen sich dann die Türen des Himmelreiches weit, indem die Liturgie die endgültige Vollendung der Schöpfung zum Ausdruck bringt und den Menschen die Möglichkeit bietet, im Voraus und als Vorwegnahme die unsagbaren Gaben dieses Königreiches zu schmecken.

> »Ihre Zeichen sind überall auf der Welt präsent, wo sich die Gnade Gottes manifestiert und wo Menschen für Gerechtigkeit, Liebe und Frieden tätig werden. Die Mitglieder der Kirche erhalten in der Liturgie die Gabe der Versöhnung und sie werden dazu berufen und bevollmächtigt, Diener der Versöhnung unter den Menschen zu werden und zugleich die großzügige Freude der Auferstehung zu erfahren und zu bezeugen.«[10]

Die christliche Sendung der Mitglieder der Kirche, die durch den Empfang der Eucharistie gestärkt und inspiriert wurden, zeugt von der Existenz des Reiches Gottes mitten unter den Menschen, sie wird durch sie beschrieben und die Empfänger der Eucharistie laden ihre Mitmenschen ein, dieser Gaben des Reiches selbst teilhaftig zu werden und von ihnen Zeugnis abzulegen. Aber dieses Schmecken der Gaben des Königreichs Gottes auf der Erde ist nicht selbst bereits die Vollendung, sondern zielt darauf, die Menschen zu ermutigen in Erwartung der kommenden, vollkommenen, endgültig geoffenbarten Fülle des Himmelreiches zu leben und in der Hoffnung auf sein zukünftiges Kommen zu glauben, zu beten und den himmlischen König Jesus Christus ständig zu preisen. In diesem Sinne spricht der vollziehende Liturg nach der Kommunion:

[10] A.a.O., 149.

»O großes Pascha, o heiligstes Pascha, Christus! O Weisheit und Gottes Wort und Kraft! Gib uns, vollkommenerer teilzuhaben an Dir an dem abendlosen Tage Deines Reiches«.

3. Schlussfolgerungen

1. Die Existenz der Kirche in der Welt kann nicht vollständig verstanden werden, wenn wir nicht die Tatsache anerkennen, dass der Grund ihrer Existenz ist, immer missionarisch zu wirken. Aber was bedeutet es, dass die Kirche wesentlich missionarisch ist? Missionar sein bedeutet in Bezug auf die Kirche, dass sie sich in der ständigen Bereitschaft und Dynamik befindet, ihr Gewissen, ihren Glauben und ihr Leben vor der Welt darzustellen und den Menschen die Möglichkeit anzubieten, an diesen teilhaftig zu werden. Mit anderen Worten: Es gibt wichtige Gründe, warum die Kirche ein missionarisches Bewusstsein besitzt und sie selbst sich als missionarisch definiert.

2. Die Kirche erhielt den Auftrag bzw. den Befehl oder das Gebot, missionarisch zu sein, von Jesus Christus selbst, den Gott, der Vater, in die Welt gesandt hat, um den Menschen das Heil zu schenken. Aus demselben Grund ist das Ziel der Sendung der Kirche in die Welt die Errettung der Menschen und das Heil in Jesus Christus. »Wie mich der Vater gesandt hat, so sende ich euch u.a. [...].« (Joh 20,21f.)

3. Die Kirche verfügt über einen einzigartigen Schatz von großem Wert, der allen Menschen mitgeteilt und bekannt gemacht werden kann. Indem sie es hören, werden sie ermutigt, das Licht der Gnade und den Glauben an Christus zu empfangen und dadurch Seine Zeugen zu werden.

4. Die Kirche ist eng verbunden mit tiefen und legitimen Bestrebungen und Sehnsüchten der Menschen, die sich danach sehnen, ein sinnerfülltes Leben zu führen, das sich für mehr Gerechtigkeit, Liebe, Wahrheit und Versöhnung einsetzt. Diese Werte sind jedoch echte Schätze der Kirche Jesu Christi. Zugleich hat die Kirche auch die Aufgabe, ihre prophetische Stimme in der Arena der Gesellschaft zu erheben, indem sie mahnt und auf die permanente Wahrnehmung und Aufnahme dieser Werte hinweist, damit sie nicht bloße Worte bleiben, sondern vielmehr als konkrete Lebensäußerungen der Gesellschaft Gestalt finden.

5. Jede historische Zeit oder Epoche, die die Kirche durchlief, hatte eine bestimmte Art, sie mit der Gesellschaft in Verbindung zu setzen. Je nach Verfasstheit der kulturellen, sozialen, geistigen und spirituellen Werte in der Gesellschaft hat die Kirche bestimmte Weisen durchreflektiert, stets

missionarisch tätig zu sein, um ihrer Urberufung gerecht zu werden. Die Kirche versuchte durch die Zeiten hindurch, nicht nur Standards für Methoden und Mittel in Bezug auf die Kommunikation zu entwickeln, um ihre Lehre, ihren Glauben und ihre Kirchenzucht bekannt zu machen; sie war vielmehr auch dazu gezwungen, ihr Wirken immer neu kreativ durchzureflektieren, indem sie neue Formen des Dienstes und der Mission hervorbrachte.

6. Die heutige Zeit, die durch eine Vielzahl neuer wissenschaftlicher, kultureller, philosophischer, wirtschaftlicher, technischer und sozialer Entwicklungen gekennzeichnet ist, stellt an die Kirchen in Europa den Anspruch, diesen neuen Entwicklungen gerecht zu werden. Es ist angebracht, uns die Tatsache zu vergegenwärtigen, was für tiefgreifende Veränderungen in der Mentalität der heutigen Menschen zu beobachten sind; diese haben wir zur Kenntnis zu nehmen. In diesem komplexen, schwierigen und widersprüchlichen Kontext ist die Kirche aufgerufen, ihre Botschaft von Wahrheit, Liebe, Gemeinschaft und Versöhnung zu vermitteln und dazu Strategien missionarischer Artikulation zu entfalten.

7. In diesem Zusammenhang dürfen wir die Tatsache nicht übersehen, dass die heutigen Gesellschaften in Ost und West sich immer mehr durch das wachsende Phänomen der Säkularisierung auszeichnen, ein Phänomen, das auch positive Aspekte aufweist, die zur Entwicklung der Gesellschaft im Allgemeinen beitragen, das aber zugleich die grundlegenden Wahrheiten des Christentums infrage stellt oder sie sogar direkt bestreitet. Dieses Säkularisierungsphänomen versucht den heutigen Menschen von seiner transzendenten Grundexistenz zu entfernen und in ihm die Illusion zu erzeugen, dass er auch ohne diesen Bezug auf das Jenseits gut leben kann und sich dabei nur auf sich selbst beziehen muss. Wenn die Kirche den heutigen Generationen den christlichen Glauben vermitteln will, kann und darf sie diesen immer säkularer werdenden Kontext, in dem sie missionarisch tätig sein muss, nicht außer Acht lassen.

8. Auf diese Weise ist die Kirche dazu berufen, in ihren missionarischen Methoden und Strategien sich diesen neuen Kontext vor Augen zu halten, d. h. einige ihrer Missionstypologien zu erneuern, neue Wege zu durchdenken und geistlich kreativ zu sein, um die Gaben des christlichen Glaubens den heutigen Menschen fruchtbar mitteilen zu können. Andererseits ist es vonnöten, diese geistliche Mitteilung des Glaubens in Verbindung mit den tiefgreifenden Bedürfnissen und echten Erwartungen des modernen Menschen zu bringen. Um noch konkreter zu werden: Die heutige missionarische Wirkung der Rumänisch-Orthodoxen Kirche wird in folgenden gesellschaftlichen Bereichen erwartet: Es geht um den Religi-

onsunterricht in den Schulen, um die Arbeit mit der Jugend in den Gemeinden und an den Universitäten, die Projekte mit jungen Familien und so weiter. Daraus ergeben sich einige konkrete Missionsprojekte, wie z. B. der geistige Dialog mit allen Schichten der Gemeinden, thematische theologische Konferenzen und geistliche Gespräche, Pilgerreisen zu Klöstern und Kirchen, Pastoralbesuche bei erwachsenen Gläubigen und bei Kranken und einsamen Menschen etc. All dies sind nur einige der praktischen Möglichkeiten, die der Kirche und den Christen als Mitgliedern der Kirche zur Verfügung stehen, um die lebendigen Schätze des Glaubens zu teilen und die Werte der christlichen Spiritualität in einem für viele Menschen sinnlos gewordenen Leben überzeugend zu vermitteln.

9. Durch ein solches missionarisches Engagement erfährt die Kirche ihr eigenes Pastoralgewissen und ähnelt sich in einer solchen Haltung dem Apostel Paulus, der sich dessen bewusst war, dass er alles in seinen Kräften stehende tun muss, um so viele wie möglich für Christus zu gewinnen. In diesem Sinne sollte die verantwortungsvolle Haltung der Kirche so aussehen, dass sie nie aus den Augen verliert, dass ihre missionarische Wirkung darauf zielt, die Schönheit, das Licht und die Freude des Himmelreiches für alle Menschen innerhalb der Realitäten und Herausforderungen der heutigen Welt zugänglich zu machen.

TEIL IV

Praktische Herausforderungen der kirchlichen Arbeit unter den Bedingungen der Gegenwart

Auswirkungen des Rückgangs der Mitgliederzahlen auf die Arbeit der Kirche in der Region

Birgit Schlegel

Wie eine kleine Bombe schlug im Frühjahr (2019) ein Bericht über die Mitgliederentwicklung der evangelischen und der römisch-katholischen Kirche in Deutschland ein.

Die so genannte *Freiburger Studie*[1] war ursprünglich von der Bischofskonferenz der römisch-katholischen Kirche in Deutschland in Auftrag gegeben worden, um die Mitgliederentwicklung und insbesondere auch das zukünftige Kirchensteueraufkommen in den nächsten Jahren absehen zu können. Die EKD hatte sich dieser Beauftragung angeschlossen und hat nun auch die eigenen Zahlen vorgelegt.

Das Ergebnis der Studie war für viele niederschmetternd, wenn auch nicht wirklich überraschend. Bis zum Jahr 2060 – so die Prognose des *Forschungszentrums Generationenvertrag* an der Albert-Ludwig-Universität Freiburg unter der Leitung des Ökonomen Prof. *Bernd Raffelhüschen* – würden die beiden Kirchen die Hälfte ihrer Mitglieder verlieren. Gehört jetzt noch gut die Hälfte der Deutschen entweder der evangelischen Kirche oder der römisch-katholischen Kirche an, wären dann nur noch 22,7 Millionen Menschen Mitglieder einer der beiden Kirchen in Deutschland. Besonders würde sich das im Norden und im Osten Deutschlands bemerkbar machen.

Dieser deutliche Rückgang der prognostizierten Mitgliederzahlen liegt nicht nur an der Altersstruktur der Kirchenmitglieder. Sicher, jetzt kom-

1 Kirche im Umbruch. Projektion 2060. Zwischen demografischem Wandel und nachlassender Kirchenverbundenheit. Eine langfristige Projektion der Kirchenmitglieder und des Kirchensteueraufkommens der Universität Freiburg in Verbindung mit der EKD, 2019, https://www.ekd.de/ekd_de/ds_doc/Kirche-im-Umbruch-2019.pdf (zuletzt abgerufen am 25.06.2020).

men die breiteren Geburtenjahrgänge in die Zeit des Ruhestands und des dritten Lebensalters, weniger Menschen rücken auf der Alterspyramide nach. Aber schon länger ist auch festzustellen, dass immer mehr Menschen ganz bewusst der Kirche den Rücken zuwenden – insbesondere im Alter von 25 bis 35 Jahren, in einer Lebensphase also, in der oft umfassende Entscheidungen getroffen und viele Weichen im Leben gestellt werden. Studium und Berufsausbildung, Eheschließung und Familiengründung erfolgen oft in dieser Zeitspanne. Für die Entscheidung mag die Überlegung: »Was bringt mir eigentlich die Zugehörigkeit zur Kirche und was kostet sie mich, gerade jetzt, wo ich mir meine Existenz aufbaue und mein Geld auch gut für etwas anderes brauche?«, eine größere Rolle spielen.

Für unsere Kirche hat dies jedoch weitreichende Auswirkungen, denn von einer solchen Entscheidung ist auch schon gleich die nächste Generation mit betroffen, die nicht evangelisch aufwachsen wird. Wir können also die von einem Traditionsabbruch sprechen, der nachhaltige Folgen hat: Auf die kirchliche Arbeit, auf das kirchliche Selbstverständnis und auf die zukünftige Rolle von Kirche in der Gesellschaft.

Anfang Juli 2019 berichteten die Medien, dass die Kirchenaustritte in Deutschland sowohl in der römisch-katholischen Kirche wie auch in den zwanzig Mitgliedskirchen der EKD im letzten Jahr enorm zugenommen haben. Die aktuellen Zahlen für die Evangelische Kirche in Hessen und Nassau (EKHN), der ich angehöre, sprechen eine deutliche Sprache.[2]

Weniger Taufen, sowohl bei Kindern wie auch bei Erwachsenen, weniger Wiedereintritte, überraschenderweise auch weniger Konfirmationen und Trauungen und kirchliche Bestattungen. Die einzige Zahl, die gewachsen ist, ist die der Austritte. Waren es 2017 noch 15.594 Menschen, die der EKHN den Rücken kehrten, so sind es im Jahr 2018 schon 17.674 Männer und Frauen gewesen, die ihren Austritt erklärt hatten. Die Entwicklung der EKHN ist nicht ungewöhnlich, sie liegt vielmehr im Trend. Auch von anderen Landeskirchen ist Ähnliches zu berichten. Der Rückgang der Mitgliederzahlen liegt in der EKD im Durchschnitt bei 1,8%. Ende 2018 hatten die zwanzig Gliedkirchen insgesamt noch 21.140.599 Mitglieder.[3]

Sowohl der Ratsvorsitzende der EKD, Bischof Prof. Dr. Heinrich Bedford-Strohm,[4] wie auch der Kirchenpräsident meiner Landeskirche, der EKHN, Pfarrer Dr. Volker Jung, äußerten ihr großes Bedauern.

2 An die Gemeinden und Dekanate und Einrichtungen der EKHN am 22.7.2019 versandt.

3 Pressemitteilung der EKD vom 19.7.2019.

4 A.a.O.; vgl. dazu die Frankfurter Allgemeine Zeitung vom 19.7.2019.

»Die Entwicklung tut weh. Wir bedauern jeden einzelnen Kirchenaustritt, zumal wir Anstrengungen unternehmen, Menschen in der evangelischen Kirche eine geistliche Heimat zu bieten und als Kirche die Gesellschaft aktiv mitzugestalten, so dass wir zu einem guten, gerechten und friedlichen Miteinander beitragen«,[5] so Jung.

Und er fügt hinzu: »Gemeinden, Dekanate und Einrichtungen arbeiten sehr engagiert und entwickeln auch immer wieder neue Ideen und Angebote.«[6]

Ich kann diese Einschätzung für die Region, in der sich das Dekanat befindet, deren Dekanin ich bin, durchaus bestätigen.[7] In den größeren Städten mit bis zu 67.000 Einwohnern leben Menschen aus ungefähr 120 Nationen. Die Christen, darunter evangelische, orthodoxe, römisch-katholische und freikirchliche, bilden dort schon eine Minderheit. Daneben gibt es aber ländlich geprägte Orte mit gut verwurzelten, volkskirchlich ausgerichteten Kirchengemeinden sowie in der Tradition der Erweckungsbewegung stehende Gemeinden.

66.000 Evangelische in 35 Ortsgemeinden leben in dieser Region, 47 Kolleginnen und Kollegen sind im gemeindlichen Pfarrdienst, als Seelsorgerin und Seelsorger in Kliniken und im Bereich Altenseelsorge, Ökumene und gesellschaftliche Verantwortung tätig.

Dazu kommen noch 25 Mitarbeitende auf Dekanatsebene in Verwaltung, Bildung, Öffentlichkeitsarbeit, Kirchenmusik und gemeindepädagogischem Dienst, der im Bereich Kinder und Jugend, aber auch in Altenheimen, bei Tafeln und in der Sozialarbeit an Schulen arbeitet. Sie alle entwickeln neue Angebote, angepasst an den Sozialraum und die Themen, die in der Gesellschaft bzw. vor Ort relevant sind. Doch die Resonanz ist höchst unterschiedlich. Manche Angebote werden sehr gut angenommen, aber andere, auch durchaus gut vorbereite Veranstaltungen, haben nicht die erwünschten Auswirkungen, nämlich viele Menschen zu erreichen und für die Themen zu interessieren. Allenfalls durch den Pressebericht, der regelmäßig nach der Veranstaltung erscheint, geschieht das möglicherweise. Bei Besuchen in Gemeinden erlebe ich oft, wie die Menschen dort

5 Volker Jung, Presseerklärung vom 19.7.2019, als Rundschreiben an die Gemeinden und Dekanate versandt.

6 A. a. O.

7 Das Dekanat Groß-Gerau–Rüsselsheim befindet sich südlich von Frankfurt am Main, in der Schnittstelle zweier Metropolregionen. Es ist ein zweimal fusioniertes (2016; 2019) Dekanat von eher mittlerer Größe, geprägt von unterschiedlichen Traditionen und Kulturen.

sich anstrengen, um ein attraktives Gemeindeleben zu gestalten und Unterschiedliches für viele Zielgruppen anzubieten, um Menschen, die der Kirche den Rücken zugekehrt haben, zurückzugewinnen. »Wenn doch jetzt fünf oder zehn Leute wieder eintreten würden ...«, »Wenn wir hier neues Bauland haben, dann kommen junge Familien, für die wir da sein werden. Dann wird auch unsere Gemeinde wieder wachsen ... gegen den Trend«, heißt es da. Gerade aber die Hoffnung auf junge Familien erweist sich oft leider als vergeblich, jedenfalls in Bezug auf das erwünschte Wachstum der *Kirche in der Region*. Eigentlich nicht erstaunlich: 29 % der Menschen in Deutschland gehören keiner Religionsgemeinschaft oder anderen weltanschaulichen Gruppierung an. Weltweit sind es im Durchschnitt nur 16,5 %.[8]

Ist diese Entwicklung die Kehrseite der besonderen Situation der Kirche in Deutschland, mit dem Staat verbunden durch Staatskirchenverträge und eine starke konfessionelle Ausprägung? Die Entwicklung betrifft jedoch nicht nur die kirchlichen Akteure. »Auch die jüdischen Gemeinden sind längst in das religionspolitische Vertragssystem fest eingebunden. Der Islam tritt gegenwärtig als Akteur in dieses System ein«,[9] konstatiert Arnulf von Scheliha. Die großen Religionsgemeinschaften tragen den Zivilstaat mit und übernehmen für den Staat hoheitliche Aufgaben. Doch ist das Subsidiaritätsprinzip nach meiner Erfahrung auch unter Politikern erschreckend wenig präsent, und die Vorteile, die dem Staat und der Gesellschaft durch die Kooperation entstehen, werden eher selten wahrgenommen.

Interessanterweise sind aber immerhin 31 % der Konfessionslosen durchschnittlich religiös, 2 % sogar hoch-religiös.[10] Eine Heimat in der Kirche haben sie für sich jedoch nicht gefunden oder diese Heimat längst verlassen und andere Möglichkeiten eines ethisch motivierten Engagements gefunden. Den Glauben, die christliche Gemeinschaft brauchen sie nicht (mehr) dazu.

Auch die Taufe hat für viele Menschen an Relevanz verloren. Es werden deutlich weniger Kinder durch die Taufe in die Kirche aufgenommen als in vergangenen Jahren. Wir haben festgestellt: Auch christliche Eltern, bzw. christliche Mütter – an ihnen hängt in der Regel die Entscheidung für oder gegen die Taufe des Kindes –, lassen ihre Kinder oft nicht mehr

8 Vgl. Arnulf von Scheliha, Plurale Religionskultur und Theorie des Christentums, in: Miriam Rose / Michael Wermke (Hrsg.), Konfessionslosigkeit heute. Zwischen Religiosität und Säkularität, StRB 5, Leipzig 2014, 83.

9 A. a. O., 82.

10 Ebd.

taufen, in der Annahme, die Kinder könnten, wenn sie groß sind, selbst entscheiden, ob sie sich taufen lassen wollen. Man wolle da nicht vorgreifen und dem Kind alle Optionen offenhalten.

Aber wenn Kinder nicht in ihrer Tradition aufwachsen und ihren Glauben wirklich kennenlernen und erleben können, ist es recht unwahrscheinlich, dass sie sich später für die Taufe entscheiden. Noch unwahrscheinlicher ist es, dass sie später selbst einmal ihre eigenen Kinder taufen lassen werden. Haben früher 100% eines evangelischen Jahrgangs plus ein paar noch nicht getaufte Freunde und Freundinnen ganz selbstverständlich am Konfirmandenunterricht teilgenommen und sich konfirmieren lassen, so lässt sich auch in diesem Bereich ein Einbruch feststellen. Diese Entwicklungen sind übrigens nicht nur in der evangelischen oder ähnlich in der römisch-katholischen Kirche in Deutschland spürbar, sondern auch in den Immigrantenkirchen. Orthodoxe Christen und freikirchlich geprägte evangelische Christen brachten und bringen ihren Glauben mit nach Deutschland. Oft kommen sie in der Hoffnung und im Vertrauen, hier eine christliche Mehrheitsgesellschaft vorzufinden. Sie finden, auch wenn es eine knappe christliche Mehrheit in Deutschland gibt, aber doch eher eine postsäkular geprägte Gesellschaft vor, in der Religion und Glauben oft sehr kritisch betrachtet werden. Pfarrer Joachim Bundschuh, in unserer Landeskirche zuständiger Referent am *Zentrum Ökumene* für die *christlichen Gemeinden anderer Sprache und Herkunft*, berichtet, dass schon in der nächsten Generation eine Veränderung eintritt und die Jüngeren vieles in Frage stellen und ihrer Gemeinde eher nur noch locker oder gar nicht mehr verbunden sind.

Sie werden Teil der Gesellschaft, die der Religion und auch dem christlichen Glauben stärker indifferent oder sogar ablehnend gegenübersteht.

Der Mainzer Praktische Theologe Prof. Kristian Fechtner brachte es so auf den Punkt:

> »Kirche [sc. in Deutschland] bewegt sich heute in einem sozialen und kulturellen Feld, das sich vervielfältigt hat. Gesellschaftliche *Pluralisierung* bedeutet im Blick auf Kirche, dass sie, gesellschaftlich betrachtet, eine partikulare Größe darstellt und nicht mehr zwingend ist ... Die persönliche und soziale Gestaltung des eigenen Lebens – Lebensform und berufliche Existenz, Lebenseinstellung und Wertorientierung, damit auch religiöse Überzeugung und kirchliche Mitgliedschaft – wird als Entscheidung dem Individuum zugerechnet.«[11]

[11] Kristian Fechtner, Späte Zeit der Volkskirche. Praktisch-theologische Erkundungen, Praktische Theologie heute 101, Stuttgart 2010, 41.

In der Dekanatskonferenz unseres Dekanats haben wir uns seit dem Sommer 2017 verstärkt mit dem Thema der »Super-Diversity« beschäftigt. Im Sommer 2017 luden wir Dr. Jens Schneider von der Universität Osnabrück ein. Er forscht und arbeitet an diesem Thema und analysiert die Entwicklung, die überall auf der Welt in den großen Städten und Metropolregionen zu beobachten ist: Menschen unterschiedlicher Herkunft, Sprache und Religion bzw. Weltanschauung leben auf engem Raum zusammen. Es gibt keine Mehrheitsgesellschaft mehr, sondern eine Gesellschaft, die aus Minderheiten unter Minderheiten besteht. Sie ist im Sinne von Jürgen Habermas postsäkular und vielfältig.

Verschiedene Religionen, Konfessionen und auch areligiöse Gruppierungen existieren im negativen Fall nur nebeneinander oder gar gegeneinander, im besten Sinne aber in einer friedlichen Koexistenz und Kooperation.

Sieht unsere Zukunft in Deutschland auch so aus? Im September 2018 wollten wir es genauer wissen. Zusammen mit einem Großteil der Pfarrerschaft und einigen Gemeindepädagogen und Kirchenmusikerinnen fuhren wir im Rahmen einer selbst organisierten Fortbildung nach Amsterdam, einer Stadt mit einem christlichen Bevölkerungsanteil unter 10%. Thema war *Anders Kirche sein – Amsterdam als Arrival City zwischen Säkularisation und Diversität*.

Wir hatten interessante Begegnungen und Eindrücke. Kirche ist in dieser Stadt nicht vorgesehen und dennoch findet sie ihre Nischen durch gemeinsam genutzte kirchliche Räume und Gemeindezentren und durch ungewöhnliche missionarische Aktionen, beispielsweise eine wöchentliche Mittagsandacht für Banker – vor Ort. Nicht alles gelingt, aber das wäre auch nicht gut, haben wir erfahren, es muss auch Projekte geben, die scheitern. »Sonst«, so eine Mitarbeiterin, »hätten wir zu wenig riskiert.«

Riskieren auch wir etwas? Können wir der Entwicklung etwas entgegensetzen und – gemäß unseres Auftrages, das Evangelium weiter zu geben – zeitgemäß und überzeugend vermitteln, dass Menschen Sinn, Halt, Glauben bei Gott und eine tragende Gemeinschaft in der Kirche finden können? Für mich sind vier Faktoren wichtig: Seelsorge und Begleitung wahrnehmen; Veränderung der Gottesdienstkultur andenken; gesellschaftliches Engagement fortsetzen; Kommunikationsstrukturen verbessern.

1. Seelsorge und Begleitung wahrnehmen

Eine wichtige Rolle spielt meines Erachtens die Begleitung von Menschen auf ihrem Lebensweg durch Pfarrerinnen und Pfarrer. Und das gilt nicht nur für den innerkirchlichen Bereich. Wir setzen in unserem Dekanat im Rahmen unserer Möglichkeiten – denn uns ist auch die Anzahl der Pfarrstellen vorgegeben, wir haben sozusagen ein Budget – einen Schwerpunkt auf öffentliche Seelsorge und haben in diesem Bereich nicht nur nicht gekürzt, sondern sogar eine weitere Seelsorgestelle, nämlich für Altenseelsorge, errichtet. Neben der praktischen Tätigkeit in einem Altenheim mit einer ausgeprägten Fürsorge auch für die Angehörigen von Altenheimbewohnern und für das Pflegepersonal geht es in dieser Stelle um die Entwicklung von Projekten und die Weitergabe von Informationen an Kirchengemeinden und Kolleginnen und Kollegen im Pfarramt.

Mit der größten Klinik im Umkreis haben wir einen Kooperationsvertrag abgeschlossen. Seit einem Jahr ist eine neue evangelische Seelsorgerin dort zuständig, die bereits mehrfach in schwierigen Situationen (Kindstod, Tod einer Mutter und ihres Kindes bei der Geburt, Unfalltod des Pflegedienstleiters) durch ihre schnelle Intervention und seelsorgerliche Begleitung Gutes bewirkt hat. An den Grenzsituationen des Lebens werden wir wahrgenommen. Menschen fragen uns an Wendepunkten des Lebens nach Sinn, nach Glauben, nach dem, was Hoffnung gibt. Auch Menschen, die nicht oder nicht mehr Mitglieder einer Kirche sind.[12] Meine ehemalige Vikarin sagte einmal treffend: »Wir reichen den Menschen ein Glas Wasser am Wegrand, damit sie ihren Weg weitergehen können.« Nicht mehr, aber auch nicht weniger. Es zeugt von einem immer noch vorhandenen Vertrauen, vielleicht nicht unbedingt in die Institution Kirche, aber zu den Menschen, die in ihr arbeiten und sich engagieren – Hauptamtliche und auch Ehrenamtliche –, dass wir so wahrgenommen werden können. Weniger Erfolg versprechend scheint dagegen oft die Suche nach neuen Zielgruppen zu sein. Der exklusive Kochabend für Manager in der Küche von Schloss Beuggen – beim Sautieren übers Evangelium plaudern ... Oder

12 Ein Cousin einer Pfarrkollegin erzählte ihr, er habe mit Kirche nichts mehr am Hut, aber er bleibe Mitglied und zahle auch gern Kirchensteuer, denn »die Kirche kümmert sich zum Beispiel um alte Leute, besucht sie, kocht Kaffee und lädt sie ins Gemeindehaus ein«. Das findet er gut, auch wenn er selbst nicht in Gottesdienste geht und keine gemeindlichen Veranstaltungen besucht. Mir erklärte ein Mann, er komme nicht in die Gottesdienste, aber »wenn etwas wäre«, dann wüsste er, wohin er gehen kann, wo er Hilfe findet.

der EKHN-Sommerabend für Unternehmer, um mit bestimmten Gesellschaftsschichten im Gespräch zu bleiben, wobei gezielt Leitungen von mittelständischen Unternehmen angeschrieben und eingeladen werden. Es gibt einen guten Vortrag, Podiumsgespräche, moderiert von einer bekannten Fernsehmoderatorin, Musik, Fingerfood, Getränke und Zeit, miteinander ins Gespräch zu kommen. Ich halte es für effizienter, neue *Geh-Strukturen* zu schaffen und Menschen dort aufzusuchen, wo sie sich befinden.

2. Veränderung der Gottesdienstkultur andenken

Gottesdienste in neuer Form sind sehr oft anziehend und schaffen neue Gemeinschaften.

Dr. Peter Scherle, Professor für Kirchentheorie und Kybernetik am Theologischen Seminar in Herborn, forderte bei einem Vortrag vor der Dekanatssynode im Sommer 2018 weniger, dafür gemeinsam sehr sorgfältig vorbereitete Gottesdienste an ausgewählten Orten und mit besonderen Höhepunkten an wichtigen Tagen im Jahreskreis. Dazu zählt er nicht nur die Hochfeste, sondern z. B. auch Erntedank. Ich könnte mir auch noch mehr meditative, ruhige oder auch interaktive Gottesdienste für kleinere Sonntagsgemeinden vorstellen und Orte der Stille in unserer unruhigen und von vielen Ansprüchen überladenen Zeit.

Schon jetzt gibt es in unserer Landeskirche immer öfters Tauffeste, bei denen an öffentlichen Orten wie Seen oder Flüssen Kinder und Erwachsene aus unterschiedlichen Gemeinden gemeinsam getauft werden. Nach den Taufen wird miteinander gefeiert, gegessen und getrunken. Dies wird gut angenommen, oft kommen mehrere hundert Menschen zusammen. Es stärkt die Gemeinschaft, auch Menschen mit geringem Einkommen, die sich keine Feier leisten könnten, diese aber gerne hätten, oder auch Menschen, die Scheu haben, sich in einer Kirche taufen zu lassen und sozusagen vor allen in der Öffentlichkeit dazustehen, sind von dieser Form angetan.

3. Gesellschaftliches Engagement fortsetzen

Kirche ist nicht um ihrer selbst willen da. Sie ist ein Geschöpf des Wortes Gottes und bezeugt das in Wort und Tat. *Diakonisches Handeln* gehört von Anfang an zu ihrem Selbstverständnis dazu. Dies schließt nicht nur die Fürsorge für den Nächsten in seiner konkreten Not, sondern auch den Einsatz für Frieden, Gerechtigkeit und einen bewahrenden Umgang mit Gottes Schöpfung ein. Mir scheint es in unserer Zeit wichtig zu sein, den Mut zu haben, dafür die Stimme zu erheben und zu versuchen, das eigene Handeln und Leben in der Gemeinschaft danach auszurichten. In diesen Bereichen müssen wir vielleicht noch stärker mit anderen gesellschaftlichen Kräften zusammenarbeiten, aber auch deutlich machen, dass wir aus unserem Vertrauen auf Gottes liebende Zuwendung zu seinen Menschen und seiner Welt heraus handeln.

4. Die Kommunikation verbessern

Oder anders gesagt: Reden wir darüber.[13] Darüber, was wir tun und woraus wir leben. Nicht nur innerhalb des kirchlichen Raums, in Gottesdiensten und Gemeindeleben oder in den Dialogen der Kirchen miteinander, sondern gerade auch in der Gesellschaft und in der Welt, die wir mitgestalten. Die fortschreitende Digitalisierung stellt uns dabei vor besondere Herausforderungen, die wir, denke ich, beherzt annehmen können.

13 »Hier [sc.: im Diskurs über die Relevanz von Kirche heute] müssen wir viel deutlicher machen, was wir als Kirche in der persönlichen Begleitung und auch für das Zusammenleben der Gesellschaft leisten«, so Kirchenpräsident Dr. Volker Jung, Frankfurter Allgemeine Zeitung, 19.7.2019.

Nach dem Ende der Säkularisierungsthese

Volkskirchentum und Aufkommen neuer Selbsttranszendierungen

Philipp Walter

Sehr geehrter Herr Vorsitzender, sehr geehrte Frau Vorsitzende,
sehr geehrte Mitglieder der Dialogkommissionen,

hier auf unserem Dialog spreche ich bewusst nicht aus einer akademischen Perspektive zu Ihnen, sondern aus den Erfahrungen einer pastoralen Tätigkeit in einer südwestdeutschen Landgemeinde, von der manch einer sagen würde, dort sei »die Welt noch in Ordnung«. Auch dort begegnet man vielfältigen Formen der Auflösung traditioneller religiöser Bindungen, ein generelles Zurückgehen oder ein Verschwinden von Religiosität zugunsten einer »aufgeklärten« Weltsicht kann ich dabei aber nicht feststellen.

Auch im akademischen Bereich ist ja das Credo, dass religiöse Formen der Legitimation im Zuge der Modernisierung von Gesellschaften an Bedeutung verlieren, seit einigen Jahrzehnten ins Wanken geraten. Selbst glühende Anhänger dieser klassischen Säkularisierungsthese waren angesichts offenkundiger religiöser Vitalität in- und außerhalb Europas gezwungen ihre Meinung zu revidieren. Peter Ludwig Berger etwa, der die Säkularisierungsthese im Anschluss an Max Weber in seinem 1967 erschienenen Werk »The Sacred Canopy« noch einmal pointiert zum Ausdruck brachte, bezeichnete dieselbe in seinem Spätwerk von 2014 als »Eurocentric view of the world«[1]. Es ist ein Spezifikum der Europäischen Geistesgeschichte, dass Modernisierung, Industrialisierung und das allmähliche Schwinden traditioneller religiöser Bindungen zeitlich miteinander einhergehen. In anderen Erdteilen, auch und gerade in Nordamerika, zeigt sich ein vollkommen gegensätzliches Bild. Und ein etwas schärferer

1 Peter Ludwig Berger, The Many Altars of Modernity. Towards a paradigm for religion in a pluralistic age, Berlin 2014, 19.

Blick auf die Gesellschaften Europas zeigt, dass »Säkularisierung« oder »Entzauberung« auch hier nicht ausreichen, um die vergangenen und gegenwärtigen Entwicklungen wirklich zu verstehen. »Die Bekämpfung von Magie, die Schwächung von Heiligkeitsvorstellungen und der Verlust von Transzendenz etwa sind drei völlig unterschiedliche Prozesse ...«,[2] die man nicht ohne Weiteres unter einem Begriff subsumieren darf. Was wir beobachten, ist nicht ein Zurückgehen oder Verschwinden von Religion, sondern eine Pluralisierung und eine Privatisierung religiöser Ausdrucksformen. »Die Moderne verändert nicht so sehr das *Was* religiösen Glaubens als vielmehr das *Wie*.«[3]

Trotz oder gerade wegen eines Rückgangs institutionalisierter Religiosität konstatiert der Berliner Religionssoziologe Hans Joas »die Entstehung immer neuer Sakralisierungen. [...] Auch in unserer Zeit kommen neue Formen des Heiligen auf.«[4] Reinhard Thöle hat das einmal auf den Punkt gebracht: »der säkulare Mensch bleibt auf seine Weise religiös und überhöht quasi religiös die Lebensbereiche seiner Existenz, um ihnen Sinn zu geben.«[5] Bei den Menschen, die in meiner Gemeinde leben, erlebe ich eine Vielzahl von religiösen Deutungsmustern und Ritualen: eine Collage aus traditionellen Vorstellungen des christlichen Glaubens, anderer Religionen sowie esoterischer und psychologischer Allerweltsweisheiten.

Im Folgenden möchte ich das mit einigen Beispielen aus meiner pfarramtlichen Tätigkeit verdeutlichen. Wenn man einen Spaziergang durch das beschauliche Dorf mit etwa 450 Seelen macht – mit romantischen Fachwerkhäusern, in deren Mitte sich eine 1000jährige Wallfahrtskirche erhebt –, wird man in einigen Vorgärten kleine Buddhas erblicken, in einem sogar eine Statue Vishnus. Manchmal ist das einfach nur Dekoration. Aber manchmal höre ich auch Sätze wie: »Er hilft mir einfach zur mir selbst zu kommen.« Die Besitzerin der Vishnustatue ist übrigens Mitglied im katholischen Pfarrgemeinderat und bietet Yogakurse an. Sie kann das mit ihrem Glauben vereinbaren, so erzählte sie mir: »Als ich in das Yogazentrum kam, wo ich meine Ausbildung machte, hatte ich zuerst Zweifel, aber als ich auf dem Altar dort neben den Bildern von Göttern verschiedener Religionen auch eine Christusikone sah, war ich beruhigt.«

2 Hans Joas in einem Interview mit der Berliner Zeitung. Quelle: https://www.berliner-zeitung.de/29971768 (zuletzt abgerufen am 26.06.2020).

3 Peter Ludwig Berger, Nach dem Niedergang der Säkularisierungsthese, Münster 2013, 8.

4 Joas, Interview (s. Anm. 2).

5 Reinhard Thöle, Die Göttliche Liturgie und die Versuchungen Jesu in der Wüste, Halle (Saale) 2019, 14.

Eltern, die für ihr Kind die Taufe erbitten, geben in 95% der Fälle als Motivation für ihr Taufbegehren an, dass sie sich einen höheren Beistand für ihr Kind erhoffen. »Schaden kann es ja nicht.« Ich habe bewusst von einem »höheren Beistand« gesprochen, nicht von »göttlichem Beistand«, denn die Vorstellung eines personalen Gottes ist selten anzutreffen. Man begegnet vielmehr einem magischen Verständnis dieses Sakramentes. Vielleicht werden deshalb noch so viele Kinder getauft; das Angebot einer »Namensgebungsfeier« seitens der Freien Redner und Ritualdesigner scheint diesem Bedürfnis nicht gerecht zu werden.

Seit es Usus geworden ist, die Eltern den Taufspruch für ihr Kind selbst auswählen zu lassen, wird bei 8 von 10 Taufen jener Vers aus dem 91. Psalm gewählt: *Er hat seinen Engeln befohlen über dir, daß sie dich behüten auf allen deinen Wegen.*

Engel stehen hoch im Kurs als geheimnisvoller Begleiter und Beschützer, doch losgelöst vom dem, den wir im Sanctus als den »Herrn Zebaoth« besingen.

Beliebt bei Geburten und bei Sterbefällen ist nach wie vor Bonhoeffers Gedicht »Von guten Mächten«, das im Zweiten Deutschen Fernsehen vor kurzem in folgender Form zu hören war:

> »Von guten Mächten wunderbar geborgen, / erwarten wir getrost, was kommen mag. / *sie* sind bei uns am Abend und am Morgen / und ganz gewiss an jedem neuen Tag.« Bei Bonhoeffer heißt es bekanntlich: »*Gott* ist bei uns am Abend und am Morgen ...«

In der Grundschule gibt es einige Kinder, die nicht an den Schulgottesdiensten teilnehmen dürfen. Zwei davon sind Siebenten-Tags-Adventisten, bei zwei anderen wurde uns gesagt, der Vater sei heidnischer Priester. Er hat eine alte keltische Opferstätte auf dem Maimont, einem Berg an der französischen Grenze, wiederbelebt und bringt dort Tieropfer dar.

Bei den Schülern der höheren Klassen begegnet mir als fester Glaubenssatz die Lehre vom Karma: in der Form eines primitiven Tun-Ergehen-Zusammenhangs, der durch die jüdisch-christliche Tradition im Buch Hiob zum Beispiel längst überwunden schien.

Bei Trauungen ist stärker als bei Taufen ein Abwandern zu freien Rednern oder esoterischen Zeremonienmeistern zu beobachten. Bei diesen sogenannten »freien Trauungen« gehört aber das Erfragen des Konsenses durchweg zum liturgischen Ordinarium, ebenso wie eine Trauformel und oft auch das Zusammenbinden der Hände des Brautpaares, das doch unweigerlich an das Umwickeln mit der Stola im römisch-katholischen Trauritus erinnert. Als festes Ritual der Brautpaare außerhalb der Trauung hat sich auch das Anbringen eines Vorhängeschlosses an einer Brücke etabliert, dessen Schlüssel dann in den Fluss geworfen wird.

Interessant ist, dass das Personenstandsrecht in der Bundesrepublik Deutschland dahingehend geändert wurde, dass religiösen Trauungen nicht mehr die standesamtliche Trauung vorausgehen muss, obgleich sie die Kirchen immer noch als notwendig ansehen. Seit dieser Gesetzesänderung wurde das Verlangen nach einer kirchlichen Trauung ohne standesamtliche Trauung schon mehrfach an mich herangetragen.

Menschen, die in eine Lebenskrise geraten sind, können nun bei einer Frau Hilfe suchen, die sich als »Herzlicht-Healerin« bezeichnet. Sie bietet eine Veranstaltung unter dem Titel »Urkraftmeditation auf dem Disibodenberg« an. Der Disibodenberg war einmal der Standort eines Benediktinerklosters, ein Zentrum der Germanenmission und Wirkungsort der Hl. Hildegard. Solche Stätten christlicher Gottesverehrung sind häufig das Ziel esoterisch veranlagter Zeitgenossen, die in ihnen einen numinosen »Kraftort« entdeckt haben wollen. Eine Journalistin unserer Regionalzeitung sagt über die Pfarrkirche unserer Gemeinde, sie sei »der kräftigste Punkt auf dem Planeten«, an dem sie mit sich und dem Universum in Einklang kommt.

Wenn es ans Sterben geht, begegnet mir häufig die Vorstellung der Seelenwanderung. Die Tochter einer Verstorbenen sagte: »Seit Mutter weg ist, kommt jeden Tag diese Elster und klopft ans Fenster.«

Ein Kind fragt seine Mutter nach dem Unfall des großen Bruders: »Wo ist jetzt der Kevin?« Die Antwort lautet: »Er sitzt jetzt auf einer Wolke und winkt herunter.« Als das Kind irgendwann zu der Einsicht kam: »Kevin ist doch auf dem Friedhof«, lautete die Antwort: »Er lebt in unserer Liebe weiter.«

Oft höre ich auch den Satz: »Einer kommt, einer geht.«, wenn Geburt und Sterben in einer Familie eng beieinander liegen. Die Vorstellung, dass die Alten für die Jungen Platz machen müssen, ist ebenso verbreitet, wie die andere, dass Menschen in ihren Kindern weiterleben – eine Vorstellung, die eigentlich auf den Ahnenkult des Nationalsozialismus zurückgeht und dennoch großen Anklang findet.

Auch bei christlichen Beerdigungsfeiern werden die Lieder »Er lebt in dir« oder »The circle of life« aus dem Musical »Der König der Löwen« gewünscht. Musikwünsche wie dieser zeigen das zunehmende Bedürfnis nach einer möglichst individuellen und persönlichen Gestaltung des Abschieds. So werden Andreas Gabalier mit »Amoi segn ma uns wieder« oder Captain Cook mit »Eine Reise ins Glück« die Schlüssel zur Trauerbewältigung. Die Entwicklung der Sprüche in Traueranzeigen verläuft ähnlich; und wer sein Beileid ausdrücken möchte, der kann dann auf der Homepage der Tageszeitung noch eine virtuelle Kerze entzünden.

Nachdem ein Mann mittleren Alters aus unserem Dorf bei einer Bergtour in den Alpen tödlich verunglückte, ging ich zu seiner Witwe. Dort wurde ich mit den Worten empfangen: »Damit sie es gleich wissen. Ich bin von der anderen Seite.« Sie meinte damit, dass sie eine Anhängerin des Satanismus sei. Sie nahm den Tod ihres Mannes erschreckend nüchtern zur Kenntnis. Ihre Ausführungen endeten – und ich bitte das, was ich gleich sagen werde, zu entschuldigen, es handelt sich um ein Zitat – in dem Satz: »Wenn es Gott gibt, ist er ein Arschloch.« Eine Überzeugung, die sie schon lange vor dem Unfalltod ihres Mannes propagiert hat. Eine kirchliche Bestattung hat sie dem Verstorbenen verwehrt. Die Beisetzung fand mit diversen Zeremonien in einem sogenannten Friedwald statt. Bei den restlichen Angehörigen hat das schwere Verwundungen ausgelöst. Mutter und Tochter des Verstorbenen kamen nach einem Jahr zu mir, weil sie mit dieser Form des Abschieds einfach nicht fertig geworden sind. Das Ergebnis war, dass die fünfzehnjährige Tochter des Verstorbenen sich taufen ließ.

Die Aufzählung all dieser Beispiele mag auf den ersten Blick erschreckend sein, aber ich denke, dass es auch bisher in den Zeiten blühender Volkskirchen im Untergrund immer einen Bodensatz an dissidierenden Vorstellungen gab, die nur nicht so deutlich wie jetzt an die Oberfläche getreten sind. Die christlichen Kirchen stehen heute m. E. mitnichten in einem Kampf mit einer aufgeklärten religionslosen Gesellschaft. Wir konkurrieren vielmehr mit einer Vielzahl von Selbsttranszendierungen und -ritualisierungen des menschlichen Lebens. Das Bedürfnis nach einer rituellen Begleitung, Deutung und Transzendierung der Lebensläufe, scheint tiefer im Menschen verankert zu sein, als Aufklärung und Pädagogik das wahrhaben wollen. »Die Sakralisierung des Lebens als anthropologisches Phänomen«[6] muss ernst genommen werden. Wo das Christentum diesem Bedürfnis nicht oder nicht mehr nachkommt, entstehen neue Formen der Religiosität, neue Rituale, die aber selten tragfähig sind; die nicht das leisten, was sie verheißen. Ich denke da an das Wort Jesu aus dem Johannesevangelium: *Ihr seid von unten her, ich bin von oben her; ihr seid von dieser Welt, ich bin nicht von dieser Welt.*[7]

6 Hans Joas, Die Macht des Heiligen, Berlin 2017, 423.
7 Joh 8,23.

Der christliche Ritus, der Träger der Offenbarung ist, der also von oben her ist, steht in Konkurrenz zu Riten, die von unten her sind: Riten der Selbsttranszendierung, die an die Stellen getreten sind, die bisher durch christliche Deutungen besetzt waren und oft genug durch eine aus dem Christentum selbst kommende Säkularisierung frei geworden sind. In modernen Gesellschaften müssen sich die christlichen Kirchen auf dem Markt der Religionen behaupten, aber sie müssen sich vor dieser Konkurrenz weder fürchten noch verstecken. Unsere Kirchen können sich, um es einmal so zuzuspitzen, auf die Macht und Wirkung ihrer Rituale verlassen, weil sie sich auf unseren machtvollen Dreieinigen Gott verlassen können.

Jetzt soll'n wir auch noch beten!

Erfahrungen einer Pfarrerin der Evangelischen Landeskirche in Württemberg

Senta Zürn

1. Eine sogenannte moderne Spiritualität – Ist die Säkularisierung in der Mitte der Kirche angelangt?

»Auf dem Weg zu einer säkularen Spiritualität. Stressbewältigung durch Achtsamkeit als kirchliches Angebot«.[1] So überschreibt einer meiner Kollegen im Pfarrdienst der Evangelischen Landeskirche in Württemberg seinen Beitrag im Deutschen Pfarrerblatt. Fazit:

> »Außerhalb der Kirchen hat sich längst eine seriöse und wissenschaftlich untersuchte Form der Spiritualität etabliert, die keinen Glauben verlangt. Sie fragt nicht, wie ein vorgegebenes Bekenntnis nachträglich erfahrbar werden kann, sondern setzt am anderen Ende an: bei dem, was die Menschen tatsächlich erfahren und wie sie es deuten. In der heutigen gesellschaftlichen Situation scheint diese Haltung besonders anschlussfähig. Die etablierten Kirchen, die sich um das Überleben ihrer bekenntnisgebundenen Verfasstheit Sorgen machen, werden diesen grundlegenden Wandel entweder mitgestalten oder sich selbst weiter marginalisieren [...]«.[2]

Man könnte den Gedanken einer säkularisierten und aufgrund wissenschaftlicher – genauer medizinischer – Herkunft vielleicht besonders attraktiv erscheinenden, sogenannten modernen Form von Spiritualität einfach abtun. Sein Beitrag gibt mir aber zu denken, wenn er etwa formuliert: »Säkulare Spiritualität trennt das für alle Menschen Zugängliche und We-

1 Michael Seibt, Auf dem Weg zu einer säkularen Spiritualität. Stressbewältigung durch Achtsamkeit als kirchliches Angebot, in: Deutsches Pfarrerblatt. Die Zeitschrift Evangelischer Pfarrerinnen und Pfarrer, 119. Jahrgang 2019, Heft 7, 399–401.

2 Seibt, Auf dem Weg (s. Anm. 1), 399.

sentliche von religiöser und konfessioneller Einkleidung.«[3] In seinem Beitrag beschreibt er diese Form der Spiritualität nachvollziehbar, verhehlt die Kritik der Weltanschauungsbeauftragten am Konzept nicht und berichtet ausführlich von seinem eigenen spirituellen Lernweg.

Er kommt nicht umhin, die Herkunft der Achtsamkeitsübungen aus dem Buddhistischen zu benennen und Parallelen in der christlichen Mystik aufzuweisen. Er gibt damit m. E. zu, dass es in seinem Beitrag nicht wirklich um säkulare Spiritualität gehen kann. Des Widerspruches ungeachtet hält er seine gegenteilige Behauptung aufrecht und kommt zu dem Schluss:

> »Das [...] ist genau das, wonach die spirituelle Situation der Gegenwart ruft. Die Menschen wollen, sofern sie darauf ansprechbar sind, keinen kirchlich vermittelten und gelehrten Glauben übernehmen. Stattdessen suchen sie offene Erfahrungsräume, um das, was sie erleben bzw. vor allem auch das, was sie nicht erleben, obwohl sie es vielleicht erwarteten, dann eigenständig zu deuten. Dabei kann der reiche Schatz an christlichen Deutungsangeboten durchaus hilfreich sein. Allerdings steht er nicht am Anfang, sondern am Ende des Prozesses in der geistlichen Begleitung.«[4] »Diese Kurse [sc.: Mindfulness Based Stress Reduction, kurz MBSR, die u. a. er erteilt] verlangen ein neues Verständnis von geistlicher Begleitung und der Ausbildung darin.«[5]

Es klingt nicht sehr evangelisch, wenn er schreibt:

> »Es geht hier nicht mehr primär um Vermittlung von geistlichem Wissen, um Auslegung des Wortes Gottes und die ›Verwaltung‹ der Sakramente, sondern um eine Einführung in die Haltung des Nicht-Wissens, der völligen Hingabe an das Leben, wie es sich einem gerade zeigt [...]«.[6]

Er schließt seinen Gedankenkreis mit dem kühn anmutenden Satz: »Das könnte die kirchliche Arbeit der Zukunft vom Kopf auf die Füße stellen – mehr als alle Strukturreformen.«[7]

Was sollen wir nun hierzu sagen?

Ist die Säkularisierung in der Mitte der Kirche angelangt?

3 Ebd.
4 A. a. O., 401.
5 Ebd.
6 Ebd.
7 Ebd.

2. Herausforderungen religiöser Unmusikalität

Womit haben wir es heute nicht alles zu tun an gesellschaftlichen Entwicklungen und Verwicklungen in Ost und West? Eine von vielen Herausforderungen ist m. E. der Umgang mit den Folgen der politisch und ideologisch erzwungenen Säkularisierung in den Ländern des ehemaligen Ostblocks. Ein Beispiel aus meiner Erfahrung im Geistlichen Amt: Eine Bekannte ruft mich an. Sie und ihr Mann sind in der DDR aufgewachsen und fangen mit Kirche und Glauben gar nichts an. Das wird in unseren Begegnungen immer wieder deutlich. Freunde fragen sie – wie selbstverständlich –, ob sie nicht auch kirchlich heiraten wollten. Ebenso selbstverständlich fragen sie zurück: Wieso denn? Ihre Kinder melden sie Jahre nach ihrer standesamtlichen Hochzeit zum Religionsunterricht an. Die Mutter meldet sich bei mir. Die Tochter komme mit vielen Fragen aus dem Religionsunterricht nach Hause. Sie könne sie nicht beantworten. Sie kenne die biblischen Geschichten nicht. Sie wisse überhaupt nicht, wovon der Pfarrer spreche. Ihr Mann genauso wenig. Sie könnten das Kind nicht unterstützen. Das Kind sei unglücklich. »Jetzt soll'n wir auch noch beten!«, habe das Kind eines Tages gesagt. Und warum werde die Klasse überhaupt in evangelisch und katholisch getrennt?

Fragen über Fragen! Was tun?

Die Mutter und ich tauschen uns aus. Auf meinen Rat hin spricht die Mutter mit dem Pfarrer und schildert ihre Situation. Wie ausgewechselt ruft sie wieder an. Das Kind komme nun ganz anders aus dem Religionsunterricht nach Hause. Der Kollege geht wohl auf dessen Bedürfnisse gezielt ein, seitdem er informiert ist. Für mich ein Wunder im Alltag.

Weitere Beispiele kennt meine neue Mitarbeiterin, Kollegin aus der Evangelischen Kirche in Estland. Einen ihrer Vorträge betitelt sie: *Morgens Kristalle, abends die Bibel.* Wovon kann sie anschaulich berichten? Viele Menschen in Estland fühlten sich keiner Religion zugehörig. Estland gilt als das säkularisierteste Land in Europa. Die Evangelische Kirche in Estland zählt 160.000 getaufte Mitglieder. Die Organistin in der früheren Gemeinde meiner Kollegin habe Kristalle an der Orgel ausgelegt. Alte religiöse Vorstellungen mischten sich mit christlichem Glauben. Die Kollegin Sääsk schöpft aus dem Vollen, sie malt die Buntheit im Glaubensleben Estlands heute aus. Dabei berichtet sie von Phänomenen der Säkularisierung in einem Land, das erst vor knapp 30 Jahren seine Freiheit wiedererlangt hat. Die Schäden, die in den Jahrzehnten der Unfreiheit davor gerade im

Bereich von Glauben und Kirche angerichtet worden sind, beschäftigen die Kirche m. E. noch länger.

3. Die Forderung nach einer zweckdienlichen Religiosität

Wo verlorene Erfahrungen und Kenntnisse, sagen wir: religiös bzw. spirituell nicht eingeübte und praktizierte Musikalität, uns in der Kirche zu schaffen machen und dies in allen Lebensbereichen, fordern uns an anderer Stelle oder vielleicht auch an der Schnittstelle von beidem die Postulate der Moderne. Wir bräuchten moderne Angebote für den Menschen von heute, den Menschen, der ohne Religion auskommen soll und zugleich die Leere füllen will, die dort entsteht, wo im Bereich von Weltanschauung und Religion eine Lücke klafft. Religion soll heute wie alles andere auch zweckdienlich oder nützlich sein. Die Menschen möchten entschleunigen, sich entspannen, die Zeit für einen Augenblick anhalten, wieder auftanken, Kraft schöpfen, gesund werden, Orientierung finden, verstanden werden etc. Mit welchen Erwartungen und Forderungen sind wir konfrontiert!

Lösungen für ersteres habe ich exemplarisch am Gespräch mit einer Familie skizziert. Es sind Einzelfälle und sie lassen sich kaum verallgemeinern. Die Ämter für Missionarische Dienste in unseren Landeskirchen arbeiten an immer neuen Glaubenskursen für Erwachsene. Die Pädagogen erarbeiten neues Material, damit Lehrerinnen und Lehrer, Pfarrerinnen und Pfarrer, Diakoninnen und Diakone die bleibenden Themen und Fragen Kindern und Jugendlichen vermitteln können. Jugendreferenten lassen sich viele Angebote für die Jugendlichen von heute einfallen. Menschen mit abnehmender Bindung an Kirche kommen wir im Bereich der Kasualien entgegen beispielsweise mit speziellen Taufangeboten und der dazu gehörenden Vorbereitung. Pfarrerinnen und Pfarrer besuchen immer mehr Schulungen, um liturgisch und sprachlich anschlussfähig zu bleiben in den Herausforderungen unserer Zeit. Es gäbe hier vieles zu nennen, was unsere Kirche tut, um Menschen heute anzusprechen in ihren Situationen. Zu schaffen macht mir das Verzwecken von Glauben und viele falschen Vorstellungen, etwa die von der Kirche als Dienstleisterin. »Wir sind kein Nagelstudio!«, möchte ich manchmal laut aussprechen. Wir verkaufen keine Versicherungen. Wir tun Dienst in einem anderen Sinne. Und wir stiegen ein in ein theologisches Gespräch und trieben Dogmatik …

Zurück zum Angebot der Mindfulness Based Stress Reduction, die auf der Höhe der Zeit sein will: Der Kollege macht sich die um sich greifende Skepsis in unserer Gesellschaft gegenüber Dogmatik und gegenüber Ethik oder Moral zu eigen. »Dogmatisch« ist für manchen Zeitgenossen fast schon ein Schimpfwort. Moralisieren darf heute niemand, auch die Kirche nicht. Damit sind zwei Kernaufgaben der Kirche angesprochen, die heute infrage stehen. Kirche solle nicht dogmatisieren und sie solle nicht moralisieren. Glaube soll privat sein, jeder Mensch soll nach seiner Façon glücklich werden, und dabei möglichst undogmatisch. Wenn auch Geistliche in solches Reden öffentlich einstimmen, wird die Verwirrung von Begriffen eher noch größer. Mir scheint das kein Lösungsansatz in den heutigen Herausforderungen zu sein. Im Gegenteil. Mit fast schon schelmischer Freude beobachte ich doch auch die Widersprüchlichkeit in seinem Ansatz. Wo der Kollege in seinem Beitrag Erfahrung vor den Begriff stellt, bleibt er im Grunde ein guter Theologe, geht doch theologische Reflexion aus von zuvor gemachter Erfahrung und lässt sie Resonanzen erzeugen, etwa im Dialog mit anderen Theologen. Was er fordert, muss eigentlich kein Widerspruch zum Unternehmen Dogmatik oder aber zu dem der Ethik sein. Es ist dort vielmehr gute Praxis und sein neuer Weg ist nicht so neu, wie man meinen könnte. So ist es auch wieder: Wo Menschen heute beides von sich weisen, sie in ihre scheinbar legitimen oder gesellschaftlich erträglichen (akzeptablen) Grenzen verweisen wollen, verwickeln sie sich unter Umständen in Widersprüche, ohne sich darüber im Klaren zu sein.

4. Gemeinde als »Haus des Gespräches«

Wie erreichen wir Menschen heute? Darüber wird viel nachgedacht und versucht. Patentlösungen gibt es nicht. Vielmehr sollten wir uns darüber austauschen, was hier und dort, bei Ihnen und bei mir jeweils gelingt und darüber nachdenken, aus welchen Gründen.

Die Anregung von Adolf Martin Ritter in der siebten Begegnung im bilateralen Theologischen Dialog zwischen der Rumänischen Orthodoxen Kirche und der Evangelischen Kirche in Deutschland in Selbitz, 1995, halte ich nach wie vor für wegweisend und zitiere ihn:

> »Im Hinblick auf die beiden Hauptgefahren, von denen menschliches Leben weltweit heute bedroht ist: einerseits die Unterdrückung und andererseits die Fragmentierung des Lebens, lässt sich […] auch so formulieren: es kommt darauf an, Kirche, christliche Gemeinde als ›Haus des Gespräches‹ des Dialogs

mit Gott und untereinander erfahrbar zu machen, als Ort, an dem sich Identität und Gemeinschaft finden lassen«.[8]

Lassen Sie uns in ein Gespräch über unsere guten Ansätze eintreten.

8 Gemeinschaft der Heiligen – Berufung unserer Kirchen und ihre Erfüllung in der säkularisierten Welt. Siebtes Gespräch im bilateralen Theologischen Dialog zwischen der Rumänischen Orthodoxen Kirche und der Evangelischen Kirche in Deutschland vom 27. November bis 5. Dezember 1995 im Haus der Communität Christusbruderschaft Selbitz, Bayern (Goslar VII), in: Theologische Gespräche mit der Rumänischen Orthodoxen Kirche, hg. v. Rolf Koppe, Studienheft 24, Hermannsburg 1999, 84.

Missionarische Strategien der Rumänischen Orthodoxen Kirche in der säkularisierten rumänischen Gesellschaft

Praktische Aspekte

Constantin Patuleanu

»Geht in alle Welt und verkündigt das Evangelium und wenn nötig, gebraucht Worte dazu.«

Franziskus von Assisi

1. Vorbemerkungen[1]

Die Menschheit wurde durch die Geschichte hindurch von verschiedenen Krisen geknechtet, angefangen von religiösen, moralischen, spirituellen, sozialen, politischen bis hin zu den wirtschaftlichen und ökologischen Krisen. Auch die Kirche steckt gerade mitten in den genannten Krisen. Die Säkularisierung als Produkt der Aufklärung hat die Menschheit von Gott entfremdet. Dieser Prozess wird durch den Postmodernismus, Globalismus und Konsumismus noch weiter vertieft. In vielen Aspekten gleichen sich diese Krisen unserer Zeit und die Kirche ist dazu berufen, eine geeignete Antwort zu allen diesen Herausforderungen zu geben. Sie muss unbedingt passende missionarische und pastorale Strategien entwickeln, um Lösungen in den genannten Krisen zu finden.[2] M. E. könnte das Christentum solche Krisen mildern oder sogar überwinden, indem es darauf nicht theoretisch antwortet, sondern ganz strategisch, missionarisch und pastoral handelt, gemäß der Unterweisung der Kirchenväter.[3] Ein authentisches

1 Diese kurzen Vorbemerkungen greifen gekürzt Gedanken auf, die veröffentlicht sind in der Studie: Constantin Patuleanu, Filantropia creştină între reperele ei istorice şi actualitate (Die christliche Philanthropie in der Geschichte und Gegenwart), in: Constantin Patuleanu (Hrsg.), Asistenta social-filantropică şi medicală organizată de Biserica Ortodoxă Română în trecut şi astăzi, Bukarest 2012, 213–216.

2 Eine interessante Analyse findet man in: Ioan I. Ică / Germano Morani (Hrsg.), Gândirea Socială a Bisericii (Das Sozialdenken der Kirche), Sibiu 2002; ebenso findet man wichtige Impulse für die Mission der Kirche bei: Aurel Pavel, Ethosul Bisericii Primare – Paradigmă pentru misiunea Bisericii contemporane (Das Ethos der Frühkirche – Ein Paradigma für die Mission der heutigen Kirche), in: Adrian Lemeni / David Pestroiu (Hrsg.), Rela ia dintre Parohie şi Şcoală în viaţa şi misiunea Bisericii din contextul actual, Bukarest 2015, 329–342.

3 Luigi Padovese, Dimensiunea socială a gândirii patristice (Die soziale Dimesion

Christentum sollte im Geiste der Wahrheit und der Weisheit das Gotteswort verkündigen und im Geiste der Christusliebe handeln.

Die Kirche als geistliche und menschliche Institution kann und darf nicht mit der Gesellschaft verwechselt werden, aber sie soll und darf sich ebenso wenig von der Gesellschaft trennen lassen. Wenn ich behaupte, dass die Kirche heute in einer stark säkularisierten Gesellschaft lebt (man könnte auch sagen »überlebt«), dann sage ich damit nichts Neues. Man muss hier unterstreichen, dass das Problem nicht darin liegt, dass die Gesellschaft säkularisiert ist, sondern dass sich die Kirche in ihrem Inneren säkularisieren lässt.[4] Das geschieht dann, wenn die Kirche versucht, sich selbst an die Welt anzupassen, oder wenn die Kirche ihre Sendung in die Welt und zu den Menschen nicht wahrnimmt. Die Existenz der Kirche *in* der Gesellschaft zeigt sich schon daran, dass sie selbst eine religiöse und moralische Gemeinschaft von Menschen bildet, die ihre Unterschiedenheit von der Gesellschaft aber darin zeigt, dass die Menschen in dieser Gemeinschaft an Gott glauben. Die Kirche lebt und ernährt sich von der Liebe Christi.[5] So ist es zu verstehen, dass die Kirche dazu berufen ist, für jede Seele Sorge zu tragen sowie auch für die ganze Gesellschaft.[6]

Die Orthodoxe Kirche hat nie die sie umgebende gesellschaftliche Realität ignoriert, obwohl die Mission, die Jesu Christi seiner Kirche anvertraute, nie aufging in ihrer politischen, wirtschaftlichen oder sozialen Dimension, sondern vielmehr immer ausnehmend religiös bestimmt war. Aber gerade aus dieser religiösen Dimension werden die missionarischen Strategien abgeleitet, die zur Vervollkommnung der Gesellschaft beitragen müssen. Der Metropolit Hierotheos Vlachos unterstreicht, dass die Orthodoxie kein philosophisches System und keine unfruchtbare Ethik ist, sondern vielmehr eine heilende Methode und eine strategische Mission an der Welt und an den Menschen sein muss.[7]

des patristischen Denkens), in: Ioan I. Ică / Germano Morani (Hrsg.), Gândirea Socială a Bisericii (s. Anm. 2), 279–281; siehe auch: Constantin Patuleanu, Filantropia creştină (s. Anm. 1), 213.

4 Ion Stancu, Exigenţele misiunii Bisericii în lumea secularizată (Die missionarischen Herausforderungen der Kirche in einer säkularisierten Welt), in: Glasul Bisericii, nr. 5–8, 1996, 43 ff.

5 Ioan I. Ică jr, Biserică, societate, gândire în Răsărit, în Occident şi în Europa de azi (Kirche, Gesellschaft, Denken im Osten, im Westen und im heutigen Europa, in: Ioan I. Ică / Germano Morani (Hrsg.), Gândirea Socială a Bisericii (s. Anm. 2), 37.

6 Christian Möller (Hrsg.), Geschichte der Seelsorge in Einzelporträts, Bd. 1: Von Hiob bis Thomas von Kempen, Göttingen/Zürch 1994, 9 ff.

7 Ierotheos Vlachos, Psihoterapia Ortodoxă (Orthodoxe Psychotherapie), traducere din limba greacă de Ion Diaconescu şi Nicolae Ionescu, Bukarest 2001, 184.

Jesus Christus ist in die Welt herabgekommen, um die Menschen zu heilen, ihnen das ungeschaffene göttliche Licht zu bringen und sie zugleich mit sich ins Gottesreich zu führen. Wir müssen die Kirche so betrachten, als eine Wissenschaft der Heilung. So ist sie, wie der Heilige Johannes Chrysostomus sagt, ein Krankenhaus, das alle Menschen aufnimmt, um sie zu heilen. Die Sorge für die seelische und körperliche Gesundheit der Menschen gehörte schon immer zu den bedeutendsten Missionen der Kirche. So hat Seine Seligkeit Daniel, Patriarch der Rumänischen Orthodoxen Kirche, die Bedeutung der Einheit zwischen Liturgie und Philanthropie, zwischen Wort und Tat, wiederholt unterstrichen.[8] Franziskus von Assisi (auch als *il poverello* bekannt) sagte einmal: »Geht in alle Welt und verkündigt das Evangelium und wenn nötig, gebraucht Worte dazu.«[9] Die liebevolle Präsenz Jesu Christi durch den Heiligen Geist in den Christen, die sich in der Kommunion mit Leib und Blut Christi verbinden, verwirklicht also die Beziehung zwischen der göttlichen Philanthropie der Heiligen Trinität und der ekklesialen oder sozialen Philanthropie.

In der Tradition der Rumänischen Orthodoxen Kirche steht das Kerygma der Heiligen Schrift im Zentrum, also das Wort Jesu Christi an die Welt bzw. das Wort des Evangeliums.[10] Unsere Kirche versteht darunter nicht allein das Wort, sondern vielmehr Gottes Wort in Verbindung mit den guten Taten. Wortverkündigung und soziales Tun gehören also zusammen, Liturgie und Philanthropie, Glaube und Tat. So kann man sagen, dass selbst der Glaube allein für das Heil des Menschen in unserer Kirche nicht genug ist. Das bedeutet, dass der Glaube und die guten Taten unbedingt zusammengehören.

Der ehemalige Professor der Theologie, Dumitru Popescu, äußerte sich dazu wie folgt:

> »Nachdem unsere Kirche viele Jahrzehnte vom kommunistischen Regime gezwungen wurde, ihre kultische und soziale Tätigkeit nur hinter den Mauern der Kirche zu verwirklichen, ist die Kirche heute berufen, zur spirituellen und moralischen Wiederherstellung der rumänischen Gesellschaft, die mit

8 Daniel, Patriarhul Bisericii Ortodoxe Române, Liturghie euharistică şi filantropie socială (Eucharistische Liturgie und soziale Philanthropie), in: Credinţă pentru fapte bune, Bukarest 2011,187.

9 Magisteriu.ro/discursul-papei-la-intalnirea-cu-tinerii-din-umbriea-2013 (zuletzt aufgerufen am 04.07.2020).

10 Valer Bel / Radu Preda, Dezvoltarea studiilor misionare şi sociale (Entwicklung von Missions- und Sozialstudien), in: Viorel Ioniţă (Hrsg.), Teologia Ortodoxă în secolul al XX-lea şi la începutul secolului al XXI-lea, Bukarest 2011, 649.

> vielen Schwierigkeiten und Problemen kämpft, beizutragen. Um den wahren Sinn der Mission der Kirche in der zeitgenössischen Gesellschaft zu erkennen, soll die Theologie die Trennung zwischen Geist und Materie überwinden, um mehr Raum für die soziale und missionarische Verantwortung der Kirche zu schaffen«.[11]

Im Kontext der modernen Gesellschaft kann die Philanthropie der Kirche sich nicht authentisch verwirklichen, wenn sie nicht klar und richtig dargelegt wird. Sie soll keine Mode sein, sondern selbst das Modell der missionarischen Existenz der Kirche in der Welt. Die Philanthropie der Kirche muss also die dynamische Ikone der göttlichen Liturgie sein, denn: Liturgie ohne Philanthropie wird schnell nur ein hermetisches Ritual und umgekehrt wird die Philanthropie ohne Liturgie schnell zu Image und Propaganda. Die Berufung der Kirche Christi ist immer zugleich philanthropisch und diakonisch ausgerichtet. Der liturgische und der diakonische Dienst der Kirche sind untrennbar. *Leiturgia*, *Martyria* und *Diakonia* gehören zusammen, denn die Essenz der Kirche ist es, immer für den anderen einzustehen.

Es ist bekannt, dass die Kirche in der Vergangenheit eine intensive Diakonie entwickelt hat. Diese philanthropische Realität der Kirche wächst aus der Liebe zu Gott sowie aus der Liebe zum Nächsten. Auf diesem Grund erwuchs die intensive soziale Arbeit der damaligen Zeit. So hat die Kirche mehrere Sozialeinrichtungen der Altenpflege sowie der Unterstützung von Witwen, Waisenkindern, Armen und Fremden (Geflüchteten) gegründet. Heute zwingt uns der Säkularismus im religiösen Leben und im sozialen und politischen Leben der Kirche zu einer zielgerichteten und intensiven Mission, wie auch zu einer tiefen Reflexion über die Bedeutung des sozialen Denkens der Kirche.[12]

Im Folgenden werde ich die Praxis der Mission der Rumänischen Orthodoxen Kirche nach der Wende des Jahres 1989 veranschaulichen. Die Diakonie der Kirche vor der kommunistischen Regierung war sehr gut aufgestellt, aber seit 1945 wurden die philanthropischen Institutionen der Kirche vom totalitären Staat im Beschlag genommen und die Diakonie der Kirche brutal unterdrückt. So muss man unterstreichen, dass nach der

11 Dumitru Popescu, Teolgie şi cultură (Theologie und Kultur), Bukarest 1993, 5.

12 Pierpaolo Donati, Ştiinţele sociale şi gândirea creştină în faţa societăţii contemporane (Sozialwissenschaften und christliches Denken angesichts der heutigen Gesellschaft), in: Ioan I. Ică / Germano Morani (Hrsg.), Gândirea Socială a Bisericii (s. Anm. 2), 319ff.

blutigen Wende im Jahre 1989 die Kirche von Neuem angefangen hat, missionarische Strategien zu entwickeln, neue diakonische Einrichtungen und Institutionen zu gründen, um ihre missionarische Sendung zu erfüllen. Seit 1990 sind bis heute in allen Bistümern des rumänischen Patriarchates zusammen 800 diakonische und philanthropische Einrichtungen gegründet worden.[13]

Wie wichtig heute die Mission für die Rumänische Orthodoxe Kirche ist, wird darin deutlich, dass die Heilige Synode unserer Kirche das Jahr 2015 als Hommagejahr für die Mission der Kirche und ihrer Klöster sowie als Gedenkjahr des Johannes Chrysostomos und der großen Seelsorger aus den Diözesen im Rumänischen Patriarchat ernannte. Dies bot Theologen die Gelegenheit, wieder in einen Diskurs über die soziale Mission unserer Kirche sowie über die missionarischen Strategien einzutreten. So wurden von verschiedenen theologischen Fakultäten zu diesen Themenkomplexen Kongresse und Konferenzen veranstaltet. Die Ergebnisse wurden in verschiedenen Sammelbänden veröffentlicht.

13 Für einen breiten Überblick über die diakonischen Aktivitäten und die missionarischen Strategien der Rumänischen Orthodoxen Kirche, siehe: Ion Dragos Vladescu (Hrsg.), The Romanian Patriarchate: history, structure, internal and external activities (2007–2017), Bukarest 2017; Sorin-Vasile Tancău (Hrsg.), Fidelitate eclezială și misiune socială, un deceniu de slujire a Bisericii Ortodoxe Române (Kirchliche Treue und soziale Mission: ein Jahrzehnt des Dienstes der Rumänischen Orthodoxen Kirche), Bukarest 2017; Constantin Patuleanu (Hrsg.), Asistența social-filantropică și medicinală organizată de Biserica Ortodoxă Română în trecut și astăzi (Sozialphilanthropische und medizinische Hilfe, die in Vergangenheit und Gegenwart von der Rumänischen Orthdoxen Kirche organisiert wurde), Bukarest 2012; Cezar Antonio Dumitrascu (Hrsg.), Faptele iubirii milostive, lucrarea instituțiilor social-filantropice înființate și administrate de Biserica Ortodoxă Română (Die Taten der barmherzigen Liebe und die Arbeit socialphilantropischer Institutionen, die von der Rumänischen Orthodoxen Kirche gegründet und verwaltet werden), Bukarest 2015; Marius Tepelea, Aspecte ale vieții sociale în Biserica primară (Aspekte des sozialen Lebens in der Frühkirche), Deva 2004; Dumitru Vanca / Alin Albu (Hrsg.), Mărturisire și slujire misionară în societatea contemporană (Bekenntnis und Dienst in der heutigen Gesellschaft), Alba Iulia 2013.

2. Missionarische Strategien der Rumänischen Orthodoxen Kirche

Im Folgenden werde ich versuchen, die Mission der Kirche schematisch in fünf Hinsichten zu veranschaulichen:

1. Sozial-diakonische Einrichtungen im rumänischen Patriarchat und in den Bistümern der Rumänischen Orthodoxen Kirche.
2. Mediale Einrichtungen, die den Missionsauftrag der Kirche wahrnehmen: Radio Trinitas, Trinitas TV, Nachrichtenagentur Basilica, die Zeitung Lumina, die Pressestelle des Rumänischen Patriarchates.
3. Missionarische Strategien für Kinder und Jugendliche. Pastorale und missionarische Projekte: *Wähle die Schule*! (Alege Scoala!), *Christus den Kindern dargebracht*, *Die Begegnung der orthodoxen Jugendlichen*.
4. Die theologischen Schulen und ihre Verantwortung für die Mission der Kirche.
5. Die Mission der Kirche in der Diaspora.

Das Rumänische Patriarchat und alle Bistümer der Rumänischen Orthodoxen Kirche haben Abteilungen für Diakonie und Sozialdienst, die die ganze philanthropische Tätigkeit der Kirche koordinieren. Die Rumänische Orthodoxe Kirche gründete nach der Wende im Jahre 1989 mehr als 800 Sozialeinrichtungen. Im Folgenden möchte ich die sozial-philanthropischen Abteilungen des rumänischen Patriarchates und einige diakonische Einrichtungen in der Archidiözese von Bukarest vorstellen.

Die sozial-philanthropische Abteilung des Patriarchates hat unter anderem folgende Aufgaben: Die Analyse und die Identifizierung der spezifischen sozial-philanthropischen Probleme in der ganzen Rumänischen Orthodoxen Kirche sowie in den Militäreinheiten, Gefängnissen und Krankenhäusern. Die Abteilung koordiniert auch die missionarischen, kulturellen und jugendfürsorglichen Tätigkeiten sowie die Beziehungen zu den NGOs. Die Abteilung informiert die Bistümer über die Beschlüsse der Heiligen Synode der Rumänischen Orthodoxen Kirche und der rumänischen Regierung in den genannten Bereichen. Das Rumänische Patriarchat entwickelte selbst *sozial-philanthropische Einrichtungen*, die sogenannten *Stauropegialen Einrichtungen und nationalen Programme*, wie:

2.1.1 *Das kulturelle und missionarischen Zentrum »Familia«.*[14] Diese Einrichtung befindet sich in der Stadt Pantelimon und bietet kulturelle, Bil-

[14] Cezar Antonio Dumitrascu (Hrsg.), Faptele iubirii milostive (s. Anm. 13), 23.

dungs- und missionarische Angebote für in Not befindliche Familien. Das Ziel dieser Einrichtung ist es, die Rolle und die Bedeutung der Familie in der rumänischen Gesellschaft zu unterstreichen sowie spirituell und intellektuell hochbegabte Jugendliche zu unterstützen, die durch materielle Not oder schwierige Herkunftsverhältnisse nicht die Möglichkeit einer angemessenen Förderung haben. Ebenso unterstützt das Zentrum Waisenkinder, Alte und Menschen mit Behinderungen. Eine zentrale Rolle innerhalb des Zentrums spielt die Vermittlung von Wissen über die orthodoxe Spiritualität, den internationalen und interkonfessionellen Dialog sowie auch eines Bewusstseins für die Auswirkungen der Verweltlichung in der christlichen Familie. Das Zentrum fördert auch den Dialog zwischen Theologie und Kultur, Glaube und Wissenschaft, Gebet und Kunst.

2.1.2 *Das Pastoralzentrum »Heilige Maria«.* Es liegt am Schwarzen Meer in Techirghiol und hat das Ziel, sozial-diakonische, ärztliche und pastoral-missionarische Tätigkeiten zu entfalten.[15]

2.1.3 *Das nationale Programm Lebensmittelhilfe »Masa Bucuriei«.* Die wirtschaftlichen und sozialen Entwicklungen in Rumänien haben eine ganze Fülle von sozialen Problemen verursacht und die Kirche ist dazu berufen, hier an Lösungen mitzuwirken. Die ökonomischen Uneinigkeiten und die finanzielle Krise führten dazu, dass viele Menschen, gerade aus benachteiligten Gruppen und Schichten, auf Hilfe angewiesen sind. In diesem Sinne haben die S.C. SELGROS Cash&Carry S.R.L. und das Rumänische Patriarchat beschlossen, in Partnerschaft das Project *Masa Bucuriei (der Freudentisch)* zu entwickeln. Das Project *Masa Bucuriei* spendet Lebensmittel in gutem Verbrauchszustand an 208 Zentren.

2.1.4. *Die Kampagne »Spendet Leben! Komm und spende Blut!«.* Diese Kampagne wird mit dem Segen des Patriarchen Daniel und mit der Unterstützung der Heiligen Synode der Rumänischen Orthodoxen Kirche von den Freiwilligen der Patriarchats-Kapelle unter Koordinierung von Archimandrit Ciprian Gradinaru durchgeführt.[16] Die Kampagnie versucht Krankenhäusern zu helfen, indem Gläubige, Studenten und auch Priester Blut spenden. Dieses Projekt hat eine sozial-philanthropische Dimension und deshalb spielt es eine prägende und missionarische Rolle in der rumänischen Gesellschaft.

[15] A. a. O., 28.
[16] A. a. O., 32.

2.1.5 *Die Medizinische Karawane »Gesundheit für die Dörfer«.* Am 3. September 2015 haben Seine Seligkeit Daniel, Patriarch der Rumänischen Orthodoxen Kirche, und Herr Minister Nicolae Banicioiu das Protokoll zwischen dem Rumänischen Patriarchat und dem Gesundheitsministerium unterzeichnet, um damit das Programm *Gesundheit für die Dörfer* zu fördern.[17] Damit werden verschiedene medizinische Maßnahmen in den Städten und Dörfern organisiert. Empfänger sind benachteiligte Personengruppen, wie ältere, einkommensschwache und behinderte Menschen. Die Gruppe von Freiwilligen, die die medizinische Hilfe anbietet, ist von Ärzten, Arzthelfern und Medizinstudenten gegründet worden.

2.2 Mediale Einrichtungen (Basilica Einrichtungen)

Am 30. September 2007 wurde Metropolit Daniel als sechster Patriarch der Rumänischen Orthodoxen Kirche inthronisiert. In seinem Wort zu diesem Anlass sagte seine Seligkeit unter anderem, dass es für uns auch eine Pflicht sein wird, die spirituelle Mission der Kirche in der Gesellschaft, jenseits der Mauern der Kirche, durch andere nationale kirchliche Institutionen zu intensivieren, insbesondere durch einen Radio- und Fernsehsender und eine kirchliche Zeitung. Heute gibt es im Rumänischen Patriarchat die folgenden Medienanstalten: Radio Trinitas, Trinitas TV, die Zeitung Lumina (Licht), die Nachrichtenagentur Basilica sowie die Pressestelle des Rumänischen Patriarchates.[18]

2.2.1 *Radio Trinitas*[19] wurde im Jahre 1996 auf die Initiative und mit dem Segen von seiner Seligkeit Daniel, Patriarch der Rumänischen Orthodoxen Kirche, damals Metropolit von Moldau und Bukovina, gegründet. Die erste Radiosendung fand am 17. April 1998 statt, mit der Übertragung des Karfreitagsgottesdienstes. Mit seinem 24h-Programm hat sich Radio Trinitas als deutlich hörbare Stimme in der rumänischen Medienlandschaft behauptet.[20]

Seit 2001 ist Radio Trinitas Mitglied der Europäischen Konferenz der christlichen Radios (CERC). Die Radioprogramme werden im Zentralstudio

17 A. a. O., 34.

18 The Basilica Press Center. Orthodox Media Ministry in the early 3rd Millennium, Bukarest 2014, 9 ff.

19 Für Radio Trinitas siehe: Ion Dragos Vladescu (Hrsg.), The Romanian Patriarchate (s. Anm. 13), 229; Sorin-Vasile Tancău (Hrsg.), Fidelitate eclezială (s. Anm. 13), 40.

20 Informationen findet man auch im Internet, siehe: www.radiotrinitas.ro (zuletzt abgerufen am 14. 07. 2020).

in Bukarest wie auch in den lokalen Studios von Iasi, Sibiu, Cluj, Craiova, Alba Iulia und Timisoara aufgenommen.[21]

Die Programme von Radio Trinitas sind ganz verschiedenen Alters- und Zielgruppen von Hörern gewidmet und fördern damit von klein auf christliche, soziale und kulturelle Werte im europäischen- und weltweiten Kontext. Ebenso unterstützt Radio Trinitas den Dialog und die Zusammenarbeit unter den Christen. Die Gläubigen haben die Möglichkeit, täglich die Heilige Liturgie, die Vesper, die Morgen- und die Abendgebete sowie auch den Mitternachtsgottesdienst zu hören. Dazu kommen spezielle Programme für die religiöse Erziehung, rumänische Folklore, klassische Musik, verschiedene Sendungen zur Berichterstattung über kirchliche Ereignisse, Nachrichten, Debatten über aktuelle Probleme des sozialen und kulturellen Lebens, Sendungen für Kinder und Jugendliche.

2.2.2 *Trinitas TV.*[22] Dies ist ein Projekt, das den natürlichen Dialog zwischen Glauben und Gesellschaft in den rumänischen Medien wieder zu etablieren versucht. Nach dem Jahre 1990 und noch stärker nach dem Jahre 2000 haben audiovisuelle Medien zunehmend große Bedeutung im Bewusstsein der rumänischen Gesellschaft eingenommen. So war es wichtig, in die rumänischen Massenmedien auch eine religiöse Dimension hineinzutragen. So wurde im Oktober 2007 mit dem Segen von Seiner Seligkeit Daniel, Patriarch der Rumänischen Orthodoxen Kirche, mit *Trinitas TV* der erste christliche Fernsehsender gegründet. Durch diesen kulturellen und religiösen Fernsehsender informiert das Rumänische Patriarchat die Öffentlichkeit über kirchliche Ereignisse, über die pastoral-missionarische, soziale, pädagogische und kulturelle Arbeit der Kirche. Damit wird dem Publikum die Geschichte, die Kultur und der Reichtum des Glaubens und der christlichen Spiritualität Rumäniens im europäischen Kontext dargelegt. Durch Trinitas TV wird es kranken, behinderten und alten Menschen, die ans Bett gebunden sind, möglich, an der Heiligen Liturgie teilzunehmen.

2.2.3 *Die Zeitung* »Lumina« *(Das Licht)*.[23] Die schriftliche Presse wird in der Rumänischen Orthodoxen Kirche auf Patriarchatsebene durch drei Publikationen wahrgenommen: Die Zeitung Lumina, die Wochenzeitung

[21] Ion Dragos Vladescu (Hrsg.), The Romanian Patriarchate (s. Anm. 13), 230.
[22] A. a. O., 236; siehe auch die Internetseite: www.trinitas.tv/despre-noi/ (zuletzt abgerufen am 14.07.2020).
[23] A. a. O., 242; Sorin-Vasile Tancău (Hrsg.), Fidelitate eclezială (s. Anm. 13), 42.

Lumina de Duminica (das Sonntagslicht)[24] und das regelmäßige landesweite Mitteilungsschreiben (Herold der Orthodoxie).

Die Zeitung Lumina ist eine täglich erscheinende Publikation des Rumänischen Patriarchates. Die erste Ausgabe der Zeitung wurde am 7. Februar 2005 in Iasi veröffentlicht. In der Zeitung Lumina werden Nachrichten aus Kirche und Kultur veröffentlicht sowie Berichte aus der sozial-philanthropischen Arbeit der Kirche.

2.2.4 *Die Nachrichtenagentur Basilica.ro* hat ihre Arbeit am 16. Juni 2008 aufgenommen.[25] Die Presseagentur informiert die rumänische Gesellschaft über Dokumente, Artikel, Pressenachrichten, Institutionen, Aktivitäten und Stellungnahmen der Rumänischen Orthodoxen Kirche.[26] Die Nachriten der Basilica Presseagentur sind digital abrufbar auf der Webseite www.basilica.ro. Sie enthält Nachrichten, Fakten des religiösen Lebens der Kirche, Aktivitäten des Patriarchen, Entscheidungen der Heiligen Synode, Tätigkeiten innerhalb der Bistümer, Klöster und Gemeinden, in den theologischen Schulen und Fakultäten sowie in den religiösen Vereinigungen. Die Presseagentur übermittelt auch Informationen über Dialoge der Kirche mit der Gesellschaft, über die interorthodoxe Zusammenarbeit sowie über interkonfessionelle und interreligiöse Dialoge.

2.2.5 *Pressestelle und Öffentlichkeitsarbeit.* Die Pressestelle hat die Aufgabe über die Aktivitäten der Heiligen Synode, Seiner Seligkeit, des Patriarchen Daniel sowie des Nationalrates der Kirche und der Nationalvollversammlung der Kirche zu berichten. Ebenfalls berichtet die Presseagentur Basilica über pastoral-missionarische, sozial-philanthropische Aktivitäten auf zentraler und lokaler Ebene der Rumänischen Orthodoxen Kirche.[27] Man kann behaupten, dass in der stark säkularisierten Wirklichkeit, in der wir leben, die Botschaften der Kirche sehr aktuell sind. Damit bleibt die Kirche der göttlichen Offenbarung sowie den moralisch-christlichen Werten treu. Unsere Kirche ist sich bewusst, dass ihre Evangeliumsverkündigung im Konflikt mit den progressiven, antichristlichen, neomarxistischen Ideologien steht.

24 Siehe: ziarullumina.ro/editii (zuletzt abgerufen am 14.07.2020).

25 Siehe: www.basilica.ro; siehe auch: Ion Dragos Vladescu (Hrsg.), The Romanian Patriarchate (s. Anm. 13), 252.

26 Die Presseagentur Basilica ist auch auf Facebook (@basilica.en), auf Twiter (#basilicanews) und auf Instagram (@basilica.ro) zu verfolgen.

27 Siehe: patriarhia.ro/biroul-de-presa-si-relatii-publice-143.html (zuletzt abgerufen am 14.07.2020), 256.

2.3 Missionarische Strategien für Kinder und Jugendliche

Die Rumänische Orthodoxe Kirche entwickelte seit 1990 auch missionarische Strategien für Kinder und Jugendliche. Im Rumänischen Patriarchat gibt es zwei nationale Vereine für Jugendliche: Die Versammlung der christlichen orthodoxen rumänischen Studenten (ASCOR) und den christlich-orthodoxen rumänischen Jugendverein (LTCOR). Dazu kommen 67 Jugendvereine und 233 Jugendgruppen in den rumänischen Bistümern. Die Abteilungen für Jugendliche der Bistümer haben mehr als 143 Projekte zur Annäherung der Jugendlichen an die Kirche entwickelt. Im Folgenden werde ich nur einige der wichtigsten Projekte und Aktivitäten präsentieren.

2.3.1 *Das Projekt »Christus den Kindern dargebracht« (Hristos împărtășit copiilor).* Die moralische und spirituelle Erziehung der Kinder spielt eine wichtige Rolle für die Rumänische Orthodoxe Kirche. Seit der Wende im Jahr 1989 hat die Kirche versucht, neue katechetische Projekte für die Kinder und Jugendlichen zu entwickeln. In der neuen Satzung für die Organisation und Leitung der Rumänischen Orthodoxen Kirche wurde der Katechismus für die Kinder, Jugendlichen und Erwachsenen als ein wichtiges Feld der Pastoraltheologie definiert (siehe Artikel 50). Im Jahr 2006 begann mit Genehmigung der Heiligen Synode der Rumänischen Orthodoxen Kirche das Projekt *Christus den Kindern dargebracht* mit der Veröffentlichung eines Handbuchs für die Arbeit mit Kindern im Alter von 6 bis 17 Jahren.[28] Inzwischen wurden mehr als 1200 katechetische Zentren gegründet.

2.3.2 *Das Projekt* »Wähle die Schule!« *(Proiectul »Alege Școala!«).* »Wähle die Schule!« ist eine erfolgreiche Initiative des rumänischen Patriarchats und der Stiftung World Vision Rumänien.[29] Das Projekt wurde im Jahr 2009 in drei verschiedenen Regionen in Rumänien entwickelt und im Jahre 2010 auf nationaler Ebene erweitert. Es wird durch die Europäische Union im Rahmen der Förderung strategischer Projekte unterstützt und

[28] Constantin Naclad (Hrsg.), Hristos împărtășit copiilor, Ghid pentru profesori (Christus den Kirndern dargebracht, Katechetische Anleitung für Lehrer), Partea I (11–12 ani), Bucurerști 2010, 3.

[29] Für weitere Informationen darüber siehe: Constantin Naclad / Florin Marica / Constantin Patuleanu (Hrsg.), Toolkit educațional (Bildungs-Toolkit), Bukarest 2014, 7; Gheorgeh Holbea (Hrsg.), Curs de formare pentru formatori (Schulung für Trainer), Iași 2011, 2ff.

durch den Europäischen Sozialfonds finanziert. Das Ziel des Projekts ist die Vorbeugung und Bekämpfung des vorzeitigen Schulabbruchs sowie auch die Prävention der Jugendkriminalität durch die Entwicklung alternativer Bildungsangebote. Kindern wird durch den Besuch der Sonntagsschule geholfen, eine moralische Grundbildung zu erlangen und eine Motivation zu entwickeln, die nötig ist, um in der Schule zu bestehen. Zu den spezifischen Zielen des Projekts gehört die Entwicklung positiver Verhaltensweisen und die Verbesserung der Einstellung gegenüber der Schule und gegenüber Gleichaltrigen. Innerhalb des Projekts werden Schulungen für Trainer angeboten sowie Katechese gezielt für Kinder, bei denen das Risiko eines vorzeitigen Schulabbruchs oder eines Verbrechens besteht, kreative Camps werden organisiert, Wettbewerbe mit Preisen zu bestimmten Themen, und in alledem wird eine moralische Grundbildung gewährleistet.

Es ist zu erwähnen, dass ein Forschungsteam unter der Leitung des berühmten Psychologen und Universitätsprofessors Adrian Opre von der Universität Babes-Bolyai in Cluj Napoca eine komplexe und umfassende psychologische Studie zu den Risikofaktoren von Schulabbrechern durchführte, um die Ergebnisse des Projekts »Wähle die Schule!« auszuwerten. Die Studie zeigte die Rolle und die Bedeutung der Eltern und der Kirche im Prozess der Ausbildung der Kinder deutlich. Es wurde unterstrichen, dass die Kirche erhebliche Anstrengungen unternimmt, um eine gute Ausbildung und eine harmonische Entwicklung der Kinder zu gewährleisten, und das gerade weil die Mission der Kirche sehr verankert in den Realitäten der Welt ist.[30] In seiner allgemeinen Bewertung unterstrich Professor Opre, dass ersichtlich ist, dass die im Rahmen dieses Projekts entwickelten Programme erfolgreich waren. Andererseits zeigt die Analyse der gesammelten Daten eindeutig die Effizienz und Nützlichkeit des von den Projektexperten entwickelten Toolkits.[31] Die Analyse zur Wirksamkeit des Toolkits in Bezug auf die verschiedenen soziodemographischen und pädagogischen Prädispositionen der Kinder haben gezeigt, dass die mit den Kindern durchgeführten Aktivitäten statistisch nachweisbare Auswirkungen haben. Ein sehr wichtiges Ergebnis des Projekts bezieht sich auf das Verhältnis zwischen dem Bildungsniveau der Mutter und den verschiedenen psychoedukativen Prädispositionen der Kinder: Es wurde festgestellt, dass mit zunehmendem Bildungsniveau der Mutter auch die Selbstwirk-

30 Adrian Opre, Komplexe und umfassende psychologische Studie zu den Risikofaktoren von Schulabbrechern (unveröffentlicht), Cluj Napoca 2015, 1.
31 A. a. O., 17.

samkeit, die Erfolgserwartungen, die Schulmotivation, der schulische Erfolg und die Identifikation der Kinder mit den Bildungszielen zunehmen. Die oben genannte Studie zeigte eindeutig, dass tatsächlich mit dem Anstieg des Bildungsniveaus der Mutter auch die Wirksamkeit der Ausbildungsintervention steigt. Das heißt, die Mutter wird zu einem wichtigen Faktor, der über den Erfolg solcher Programme entscheidet.[32]

Das Forschungsteam betonte, dass die Ergebnisse des Projektes die Bedeutung der religiösen und moralischen Erziehung als Vermittler von Beratungs- und psychoedukativen Hilfsprogrammen für Kinder verstärken.[33] Es zeigt einmal mehr die Schlüsselrolle der religiösen moralischen Erziehung in Verbindung mit der Entwicklung psychosozialer Fähigkeiten bei der Vorbereitung junger Menschen auf das Leben. Auf diese Weise ausgestattet können die Kinder und Jugendlichen die Herausforderungen eines pädagogischen und späteren beruflichen Umfelds erfolgreich meistern. Schließlich sind diese Ergebnisse ein echtes Plädoyer für eine engere Zusammenarbeit zwischen den Priestern und Religionslehrern einerseits und Experten auf dem Gebiet der Psychologie und den Erziehungswissenschaften andererseits.[34]

2.3.3 *Die Begegnung der orthodoxen Jugendlichen in der Orthodoxen Kirche (im Folgenden ITO genannt).* Der Zweck dieser Begegnungen ist es, einen Raum zu schaffen, in dem Jugendliche für sich Vorbilder finden und prägende Erfahrungen machen können und an dem sie christliche Werte bewusst wahrnehmen. Durch diese Veranstaltungen wird auch ein Dialog zwischen orthodoxen Jugendlichen aus aller Welt initiiert.

Die erste Begegnung 2014 in Baia Mare. Die erste Begegnung der orthodoxen Jugendlichen fand vom 3. bis 6. September 2014 in Baia Mare statt. Über 3500 Jugendliche aus dem In- und Ausland haben daran teilgenommen. Etwa 200 Jugendliche kamen aus verschiedenen orthodoxen Ländern. Die Jugendlichen konnten an verschiedenen Veranstaltungen teilnehmen, darunter viele verschiedene Konferenzen mit kulturellen und spirituellen Inhalten.[35]

Die zweite Begegnung ITO fand in Cluj (Klausenburg) vom 4. bis 7. September 2015 statt. Die Bedeutung dieser Begegnung wird dadurch

32 A. a. O., 16f.

33 A. a. O., 18.

34 Ebd.

35 ziarullumina.ro/actualitate-religioasa/stiri/întalnirea-tinerilor.ortodocsi-din-tara-la-baia-mare-94633.html (zuletzt abgerufen am 14. 07. 2020).

unterstrichen, dass 2015 die Stadt Cluj als europäische Hauptstadt der Jugend bezeichnet wurde. Neben den Teilnehmenden aus den rumänischen Bistümern reisten Jugendliche aus der Moldau, wie auch aus der rumänischen Diaspora und aus Russland, Griechenland, der Ukraine, Georgien, Bulgarien, Serbien, Polen, der Slowakei, Finnland und Albanien an. Das Thema der Begegnung war: *Die orthodoxen Jugendlichen – gemeinsam für die Zukunft Europas.*[36]

Die dritte Begegnung ITO wurde vom 1. bis 4. September 2016 in Bukarest veranstaltet. Das Jahr 2016 wurde von der Heiligen Synode der Rumänischen Orthodoxen Kirche zum Gedenkjahr der Jugend-Erziehungswissenschaft ernannt. Seine Seligkeit Daniel, Patriarch der Rumänischen Orthodoxen Kirche, hat in seiner Eröffnungsrede über die Freude der Kommunion und die Dynamik der christlichen Mission gesprochen.[37] Bei dieser Begegnung wurden die Präsenz und die Aktivitäten der Jugendlichen in der Kirche als zentrale Koordinaten der christlichen Mission vorgestellt. Gerade die erste Arbeitssitzung stand unter dem Thema: *Der Platz, die Rolle und die Bedeutung der jungen Menschen in der Kirche*. Abschließend kann man sagen, dass diese Begegnung eine Herausforderung und eine reale Chance für die rumänischen Kirche war, neue Perspektiven für eine umfassende Ausbildung der Jugendlichen, aber auch einen verbesserten Dialog zwischen Kirche und Jugend zu etablieren. Gerade dort wurde sich die Kirche der Wichtigkeit und Notwendigkeit einer sehr spezifischen und strategischen Mission bewusst, um eine geistliche und spirituelle Erziehung der Jugend in einer säkularisierten Gesellschaft zu gewährleisten.

Die vierte Begegnung der Jugend fand vom 1. bis 4. September 2017 in Iasi statt. Das Thema der Begegnung war *Der Jugendliche auf der Suche nach Freiheit*. In Iasi kamen 6000 Jugendliche zusammen. Das Besondere daran war die Teilnahme von Jugendlichen aus aller Welt, aus Europa, aus Afrika und aus Amerika.[38] *Die fünfte Begegnung* der Jugend fand vom 6. bis 9. September 2018 in Sibiu statt. Diese Begegnung stand unter dem Thema: *Einheit-Glaube-Volk*. Das Programm der Begegnung war sehr interessant mit vielen Workshops, mehreren Konzerten, einer Einheitspro-

36 Basilica.ro/intalnirea-tinerilor-ortodocsi-europeni-la-cluj-napoca/ (zuletzt abgerufen am 05.07.2020).

37 Ito2016.ro; für eine Zusammenfassung der Begegnung siehe: http://ito2016.ro/wp-content/uploads/2016/09/Educat%CC%A6ia-religioasa-%E2%80%93-formarea-tinerilor-pentru-viata.pdf (zuletzt abgerufen am 05.07.2020).

38 Siehe: https://ito2017.ro/; https://www.youtube.com/watch?v=bYQ1FowPIRw (zuletzt abgerufen am 05.07.2020).

zession sowie der Konferenz *Einheit, Glaube, Volk. 100mal Rumänien. Die sechste Begegnung* wurde vom 5. bis 8. September 2019 in Craiova veranstaltet unter dem Thema *Wir alle sind ein Kelch. Glaube, Hoffnung und Liebe.*[39]

2.4 Die theologische Ausbildung und der Religionsunterricht und ihre Verantwortung für die Mission der Kirche

2.4.1 *Die theologische Ausbildung an den orthodoxen theologischen Fakultäten.* Die theologische Ausbildung des Nachwuchses stellt eine große Herausforderung für die Rumänische Orthodoxe Kirche dar. Diese Tatsache wird dadurch hervorgehoben, dass die Kirche in der letzten Zeit wichtige Maßnahmen ergriffen hat. Zum Beispiel wurde das Jahr 2016 von der Heiligen Synode der Rumänischen Orthodoxen Kirche zum Hommagejahr des Religionsunterrichts der orthodoxen christlichen Jugend ernannt. Dies führte dazu, dass die theologischen Fakultäten und die Theologieprofessoren dieses Thema in Kongressen und Konferenzen schwerpunktmäßig erörterten. Die Ergebnisse wurden in verschiedenen Büchern veröffentlicht.[40] Ein flüchtiger Blick in diese Debatten gibt schon einen Überblick über die Fülle der Ideen und missionarischen Strategien für den postmodernen rumänischen Kontext. Im rumänischen Patriarchat gibt es 39 theologische Seminare und sieben orthodoxe Gymnasien (Lyzeen). Die meisten Absolventen schreiben sich anschließend an den theologischen Fakultäten ein, doch auch ein großer Teil wählt eine andere Ausbildung. Im rumänischen Patriarchat gibt es elf theologische Fakultäten und drei theologische Abteilungen. Die theologischen Fakultäten haben die folgenden Spezialisierungen: Pastoraltheologie, Religionspädagogik, sozialdiakonische Theologie, Byzantinische Musik, sakrale Kunst. Jede theologische Fakultät bietet

39 www.basilica/marturii-de-la-tio.2019-saracii-de-voi-ne-a-strigat-un-om/; basilica.ro/retrospectiva-ito-2019-in-ganduri-si-imagini/.

40 Varlaam Ploieşteanul / Adrian Iemeni / Florin Marica, Educaţia religioasă a tinerilor în contextul secularizării actuale (Der Religionsunterricht der Jugend im aktuellen säkularisierten Kontext), Bukarest 2017; Adrian Lemeni / David Pestroiu (Hrsg.), Relaţia dintre parohie şi şcoală în viaţa şi misiunea Bisericii din contextul actual (Die Beziehung zwischen der Gemeinde und der Schule im Leben und der Mission der Kirche im aktuellen Kontext), Bukarest 2015; Ion Vicovan / Paul-Cezar Hârlăoanu / Emilian-Iustinian Roman (Hrsg.), Teologia academică şi responsabilitatea în misiunea Bisericii (Akademische Theologie und ihre Verantwortung für die Mission der Kirche), Iaşi 2016; Dorin Opris / Ioan Scheau, Educaţia din perspectiva valorilor (Bildung aus der Sicht der Werte), Alba Iulia 2010.

mehrere Masterabschlüsse. Darüber hinaus bieten acht Fakultäten auch Promotionskurse an.

Gerade die Vielzahl der theologischen Fakultäten und ihrer Absolventen in Rumänien zwang die Theologieprofessoren zu einer gewissenhaften Evaluierung und Reflexion über die Verantwortung der akademischen Theologie für die Mission der Kirche.[41] Auf der theologischen Konferenz in Iasi im Jahre 2015, die unter dem Thema der Verantwortung der akademischen Theologie für die Mission der Kirche stattfand, sprachen sich viele Theologen für die Notwendigkeit einer Reform in der theologischen Ausbildung der jungen Menschen aus. Vater Daniel Benga, Theologieprofessor in Bukarest und München, äußerte dazu einige selbstkritische Reflektionen sowie Gedanken über eine missionarische Theologie in der akademischen Ausbildung in Rumänien. Er sprach sich für eine akademische Theologie aus, die zu einem Missionsbewusstsein führen soll. In der rumänischen Kirche kann man zwar von einer inneren Mission sprechen, aber leider nicht von einer nach außen gehenden Mission der Kirche. Prof. Benga stellte die Frage, ob es nicht doch Zeit wäre, eine Debatte über die Mission der Kirche zu eröffnen, um eine neue missionarische Mentalität zu begründen. Er sprach ebenso von der Notwendigkeit, über eine gezielte missionarische Vorbereitung der Absolventen der Religionspädagogik und der Pastoraltheologie zu sprechen.[42] Vater Ioan Tesu, Theologieprofessor in Iasi, referierte über die Möglichkeiten und das Ziel einer Reform des Religionsunterrichtes und der theologischen Ausbildung im Denken von Vater Dumitru Stăniloae.[43] Vater Constantin Patuleanu, Theologieprofessor in Bukarest, sprach über die Bedeutung der drei heiligen

41 Es ist darauf hinzuweisen, dass im Jahr 2012 die Heilige Synode der Rumänischen Orthodoxen Kirche eine Richtungsentscheidung für die theologische Ausbildung getroffen hat. In Übereinstimmung mit dieser Entscheidung sollten die theologischen Fakultäten auf die sechs Metropolitansitze beschränkt werden, ebenso wie die theologischen Seminare. Die übrigen sollten in orthodoxe Gymnasien verwandelt werden. Leider blieb diese Initiative erfolglos.

42 Daniel Benga, Teologia academică română contemporană. Câteva refelcții autocritice și gânduri pentru o teologie misionară (Zeitgenössische rumänische akademische Theologie. Einige selbstkritische Überlegungen und Gedanken für eine Missionstheologie), in: Ion Vicovan / Paul-Cezar Hârlăoanu / Emilian-Iustinian Roman (Hrsg.), Teologia academică, 128 ff.

43 Ioan Tesu, Nevoia și sensul reformei educa iei religioase și a învățământului teologic în concepția părintelui profesor Dumitru Stăniloae (Die Notwendigkeit und die Bedeutung der Reform des Religionsunterrichts und der theologischen Ausbildung in der Konzeption von Pater Professor Dumitru Stăniloae), in: Ion Vicovan / Paul-Cezar Hârlăoanu / Emilian-Iustinian Roman (Hrsg.), Teologia academică, 48 ff.

Hierarchen Basilius der Große, Gregorius von Nazianz und Johannes Chrysostomos für eine geistliche theologische Ausbildung. Er unterstrich, dass es für eine richtige Ausbildung in den theologischen Fakultäten notwendig ist, ein ausgewogenes Verhältnis zwischen akademischer und geistlicher Ausbildung zu finden.[44] In dieser Hinsicht sind die Kirchenväter Wegweiser für das innere Leben der Gläubigen wie auch Modelle für eine strategische Mission der Kirche von heute.

2.4.2 *Religionsunterricht an den rumänischen Schulen.* Der Religionsunterricht ist in Rumänien im Gesetz für die nationalen Erziehungswissenschaften verankert. Die Berechtigung dieser gesetzlichen Verankerung des Religionsunterrichtes in Rumänien wird jedoch fortwährend von verschiedenen Organisationen und Personen infrage gestellt. Seit 2015 müssen die Schüler, um den Religionsunterricht besuchen zu können, ein Anmeldeformular unterzeichnen. Auch ein Wechsel in der Teilnahme am Religionsunterricht hat schriftlich zu erfolgen. In Rumänien unterrichten ungefähr 6500 Religionslehrer. Zur Förderung und für eine bessere Zusammenarbeit im Religionsunterricht der Schulen wurden über 5600 Partnerschaften zwischen Gemeinden und Schulen unterzeichnet. Dies zeigt, wie wichtig die Beziehungen zwischen den Gemeinden und den Schulen für die Mission der Kirche im Prozess der spirituellen und geistlichen Ausbildung der Jugend ist. Wie schon erwähnt, wurde das Jahr 2016 von der Heiligen Synode der Rumänischen Orthodoxen Kirche als Hommagejahr des Religionsunterrichts der orthodoxen christlichen Jugend ernannt. In diesem Rahmen haben die theologische Abteilung des rumänischen Patriarchats und die theologische orthodoxe Fakultät »Justinian Patriarhul« zu Bukarest einen internationalen Kongress über das Thema *Religionsunterricht der Jugend im aktuellen säkularisierten Kontext* veranstaltet. Zu diesem Anlass haben sich viele Theologieprofessoren und Teilnehmer mit den verschiedenen Aspekten des Religionsunterrichts befasst. Ich werde hier nur einige Themen und Gedanken nennen, die von Teilnehmern hervorgehoben wurden. Ein wichtiger Beitrag zum Thema kommt von Bischof Justin, damals Vikarbischof für das Bistum von Maramures und Satmar, heute Erzbischof. Sein Referat lautete: *Perspektiven des Religionsunterrichtes in der rumänischen Gesellschaft.*[45] Es wurde in dem Referat unter-

44 Constantin Patuleanu, Sfinții Trei Ierarhi – Modele duhovnicești pentru școlile de teologie (Die drei heiligen Hierarchen – Spirituelle Modelle für theologische Schulen), în: Ion Vicovan / Paul-Cezar Hârlăoanu / Emilian-Iustinian Roman (Hrsg.), Teologia academică, 343 ff.

strichen, dass der Religionsunterricht Teil der Mission der Kirche ist und dass er an das religiöse Leben tief gebunden ist. Im Prozess der Ausbildung der Kinder und Jugendlichen kann man drei Akteure herausstellen, die nur in Kooperation und Zusammenarbeit Erfolg haben werden: die Familie, die Schule und die Kirche. Leider hat die Säkularisierung einen starken Einfluss auf die heutige Gesellschaft und damit auch auf den Religionsunterricht. Darüber hinaus ist zu sehen, dass die Religionslehrer im Unterrichtsprozess nicht immer die geeigneten Methoden verwenden. Weiterhin sollten auch die Lehrbücher immer weiter verbessert werden, um neue und für die Schüler attraktive Inhalte aufzunehmen. Seit einigen Jahren, in meiner Amtszeit als Patriarchalberater, haben wir angefangen, die Lehrbücher und die Studienprogramme neu zu überarbeiten. Dieser Prozess ist heute noch im Gang. Aber für eine erfolgreiche Mission im Religionsunterricht ist es erforderlich, sofort eine bessere Ausbildung der Religionslehrer in unseren theologischen Fakultäten zu schaffen.

2.5 Die Mission der Kirche in der Diaspora

Migration ist heute ein sehr heikles und viel debattiertes Thema. Das Thema Migration ist auch ein hochrangiges und dringendes Problem für die Mission der Rumänischen Orthodoxen Kirche heute. Es ist bekannt, dass Rumänien mit dem Phänomen der Emigration kämpft. Viele Rumänen haben in der letzten Zeit das Land verlassen, um im Ausland zu arbeiten.[46] Man geht dabei von 2,5 bis 4 Millionen Menschen aus.[47] Die rumänische Diaspora ist die fünftgrößte Diaspora der Welt, wie aus dem internationalen

45 Bischof Justin, Perspectivele educației religioase în societatea românească (Perspektiven des Religionsunterrichtes in der rumänischen Gesellschaft), in: Varlaam Ploieșteanul / Adrian lemeni / Florin Marica, Educația religioasa (s. Anm. 41), 69ff.

46 Ioan Sauca, Efectul migrației asupra vieții parohiale (Der Effekt der Migration auf das Leben der Gemeinde), in: Adrian Lemeni / David Pestroiu (Hrsg.), Relația dintre parohie și școală (s. Anm. 41), 295; für die rumänische Diaspora in den USA siehe: Gabriel Gardan, Episcopia Ortodox Română din America parte a Ortodoxiei americane (Das orthodoxe rumänische Bistum von America als Teil der amerikanischen Orthodoxie), Cluj-Napoca 2007.

47 Raluca Sănduș, Biserica Ortodoxă Română – actor transnațional. Relațiile dintre Biserica Ortodoxă Română și comunitățile ortodoxe române din Europa Occidentală după 1990 (Rumänische Orthoodxe Kirche – ein transnationaler Akteur. Die Beziehungen zwischen der Rumänischen Orthodoxen Kirche und den rumänischen orthodoxen Gemeinden in Westeuropa seit dem Jahr 1990), Facultatea de Studii Europene, Cluj-Napoca 2013, 10.

Bericht der Organisation für wirtschaftliche Zusammenarbeit und Entwicklung (OECD) hervorgeht.[48] Auch in dieser Hinsicht sollte die Kirche pastorale und missionarische Strategien entwickeln, um ihre Gläubigen in der Diaspora seelsorgerlich zu begleiten.[49] Es war der dringende Wunsch der im Ausland lebenden Rumänen, eine Gemeinde zu gründen, um beten zu können, aber auch ein Stück Heimat in der Fremde zu finden.[50] Seit der Wende im Jahr 1989 sind bis heute mehrere Bistümer und noch mehr Gemeinden gegründet worden. In diesen Gemeinden werden viele Projekte für Kinder und Jugendliche, wie »Sonntagsschule«, »Christus den Kindern dargebracht« und »Wähle die Schule!«, durchgeführt. Durch diese Projekte versucht die Kirche für die Rumänen einen Raum zu schaffen, in dem sie ihre Identität und ihren Glauben bewahren können. Es ist auch eine Realität, dass viele Kinder im Ausland geboren wurden und werden. Sie wachsen dort auf und werden auch dort ihre Ausbildung bekommen. Die Frage ist, wie sie die rumänische Sprache, den Glauben und die nationalen Werte oder Traditionen vermittelt bekommen können. Diese Rolle wurde von der Kirche übernommen, was keine leichte Mission ist.

3. Kurze Zusammenfassung

In den letzten 30 Jahren versuchte die Rumänische Orthodoxe Kirche, sich an die neuen Umstände anzupassen und neue missionarische Strategien zu entwickeln. Vieles wurde in dieser Richtung schon getan. Anderes wartet noch auf seine Umsetzung. Die Rumänische Orthodoxe Kirche hat sich stärker für die innere Mission eingesetzt, nicht aber für eine Mission nach außen. Hier bleibt noch viel Raum für das künftige Schaffen.

Ich denke, dass die Rumänische Orthodoxe Kirche bereits viele notwendige Beschlüsse und missionsstrategische Entscheidungen getroffen

48 https://www.agerpres.ro/romania-in-lume/2019/07/17/diaspora-romaneasca-este-a-cincea-cea-mai-mare-din-lume-raport-ocde—342480.

49 Für die Struktur und Organization der Diaspora siehe: Ion Armași-Vartan, Biserica Ortodoxă Română în diaspora. Scurt istoric și organizare actuală (Die Rumänische Orthodoxe Kirche in der Diaspora. Kurze Geschichte und ihre aktuelle Organisation), Teză de doctorat suținută la Facultatea de Teologie Ortodoxă »Justinian Patriarhul«, Bukarest 2011; Ciprian Campineanul / Ion Dragos Vladescu (Hrsg.), Autocefalie și comuniune, Biserica Ortodoxă Română în Ddialog și cooperare externă (1885–2010) (Autokephalie und Gemeinschaft – die rumänisch-orthodoxe Kirche im Dialog und ihre Zusammenarbeit nach außen), Bukarest 2010.

50 Ioan Sauca, Efectul migrației (s. Anm. 47), 297.

hat. Ebenso hat unsere Kirche viele philanthropische und missionarische Einrichtungen gegründet, aber vielleicht noch zu wenig in die Menschen investiert, um gewissenhafte, aufopferungsvolle und liebevolle Missionare auszubilden, obwohl wir so viele soziale Studienabteilungen an unseren Fakultäten haben.

Zusammenfassend lässt sich feststellen, dass die Kirche verschiedene Programme und Projekte für Kinder und Jugendliche entwickelt hat. Ich bin hoffnungsvoll, dass die nächsten Generationen von Priestern und Missionaren die Mission der Kirche weitertreiben und sicher auch verbessern werden, um Liturgie und Philanthropie zu verbinden, zum Dienst Gottes und zum Wohl der Menschen.

Die Autorinnen und Autoren

Daniel Benga ist Priester und Professor für Liturgik, Patrologie und Alte Kirchengeschichte an der Ausbildungseinrichtung für Orthodoxe Theologie der Ludwig-Maximilians-Universität München.

Petra Bosse-Huber ist Bischöfin und Vizepräsidentin des Kirchenamtes der EKD und Leiterin der Hauptabteilung für Ökumene und Auslandsarbeit.

Viorel Ioniţă ist Priester und ehemaliger amtierender Generalsekretär der Konferenz Europäischer Kirchen und ehemaliger Professor für Kirchengeschichte an der Orthodoxen Theologischen Fakultät der Universität von Bukarest.

Ioan Moga ist Priester und Ass.-Professor für Theologie und Geschichte des christlichen Ostens an der Katholisch-Theologischen Fakultät der Universität Wien.

Bernd Oberdorfer ist Professor für Evangelische Theologie mit Schwerpunkt Systematiache Theologie und theologische Gegenwartsfragen an der Universität Augsburg und Mitglied in der Kommision für Glauben und Kirchenverfassung des ÖRK.

Constantin Patuleanu ist Priester und Professor für Patrologie an der Orthodoxen Theologischen Fakultät der Universität von Bukarest.

Birgit Schlegel ist Pfarrerin und Dekanin des Dekanats Groß-Gerau – Rüsselsheim.

Serafim Joantă ist Erzbischof der Rumänischen Orthodoxen Erzdiözese von Deutschland, Österreich und Luxemburg und Rumänisch-Orthodoxer Metropolit von Deutschland, Zentral- und Nordeuropa.

Henning Theißen ist Verwaltungsprofessor für Systematische Theologie an der Leuphana Universität Lüneburg und Mitglied der Kammer für weltweite Ökumene der EKD.

Stelian Tofană ist Priester und Professor für Neues Testament an der Orthodoxen Theologischen Fakultät der Universität Babeş-Bolyai von Klausenburg.

Ioan Tulcan ist Priester und Professor für Dogmatik, Fundamentaltheologie, Missionswissenschaft und Ökumene an der Orthodoxen Theologischen Fakultät der Universität Aurel Vlaicu von Arad.

Philipp Walter ist Gemeindepfarrer in Schönau-Rumbach und Vorsitzender des Gustav-Adolf-Werkes der Pfalz.

Senta Zürn ist Gemeindepfarrerin in Großbettlingen und war bis 2019 Prälaturpfarrerin im Dienst für Mission, Ökumene und Entwicklung.